中等职业教育改革创新示范教材

汽车维护实训教材

(第3版)

朱 军 汪胜国 王瑞君◎主 编
麻建林 徐红辉◎副主编

人民交通出版社股份有限公司
北 京

内 容 提 要

本书是中等职业教育改革创新示范教材。本书主要涉及汽车二级维护作业,具体内容包括顶起位置1、顶起位置2、顶起位置3、顶起位置4、顶起位置5、顶起位置6、顶起位置7、顶起位置8、顶起位置9、实操评分标准和工作流程表。

本书适合中等职业学校汽车运用与维修专业的学生使用。

图书在版编目(CIP)数据

汽车维护实训教材/朱军,汪胜国,王瑞君主编. —3版. —北京:人民交通出版社股份有限公司,2023.1

ISBN 978-7-114-18217-4

Ⅰ.①汽… Ⅱ.①朱…②汪…③王… Ⅲ.①汽车—车辆修理—中等专业学校—教材 Ⅳ.①U472.4

中国版本图书馆 CIP 数据核字(2022)第 168923 号

Qiche Weihu Shixun Jiaocai

书　　名:	汽车维护实训教材(第3版)
著 作 者:	朱　军　汪胜国　王瑞君
责任编辑:	李　良
责任校对:	赵媛媛　龙　雪
责任印制:	刘高彤
出版发行:	人民交通出版社股份有限公司
地　　址:	(100011)北京市朝阳区安定门外外馆斜街3号
网　　址:	http://www.ccpcl.com.cn
销售电话:	(010)59757973
总 经 销:	人民交通出版社股份有限公司发行部
经　　销:	各地新华书店
印　　刷:	北京市密东印刷有限公司
开　　本:	880×1230　1/16
印　　张:	15
字　　数:	324千
版　　次:	2010年9月　第1版
	2017年4月　第2版
	2023年1月　第3版
印　　次:	2024年1月　第3版　第2次印刷　累计第20次印刷
书　　号:	ISBN 978-7-114-18217-4
定　　价:	46.00元

(有印刷、装订质量问题的图书,由本公司负责调换)

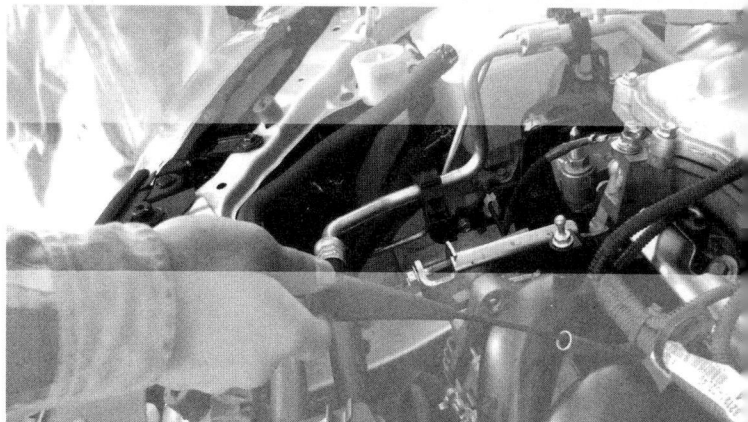

序

　　我国的汽车保有量急剧增加，公路交通建设快速发展，这对汽车维修等汽车后市场的发展提出了更高的要求。近年来，尽管我国职业教育取得了很大的成就，但是有些职业院校的教学并没有契合企业的实际需求和学生的职业发展规律。职业教育的"职业性"不强，这已成为困扰职业教育适应行业及企业发展需要的瓶颈问题。

　　事实上，这并不是我国所独有的问题，世界各国和地区也都在通过不同手段探索相应的解决方案。20世纪末，大众、宝马、福特、保时捷等六大国际汽车制造巨头曾在德国提出《职业教育改革七点计划》，建议职业教育应在以下七个方面做出努力：

　　1. 加强文化基础教育——为青年人的生涯发展打下良好基础，包括掌握基本文化基础和关键能力。

　　2. 资格鉴定考试中加强定性评估——将职业资格鉴定与企业人力开发措施结合起来，资格考试按照行动导向和设计(Shaping)导向的原则进行。

　　3. 传授工作过程知识——职业院校应针对特定的工作过程传授专业知识，采用综合性的案例教学，并着力培养团队能力。

　　4. 学校和企业功能的重新定位——通过学校和企业的共同努力，提高职业教育质量：学校是终身学习的服务机构，企业成为学习化的企业。

　　5. 采用灵活的课程模式——通过核心专业课程奠定统一而扎实的专业基础，必要时包含具有地方和企业特征的教学内容。

　　6. 职业教育国际化——建立学校教育和企业培训质量互认，促进各国职业资格证书的可比性和透明度。

　　7. 促进校企合作的发展——企业和职业院校合作创办高水平职业教育机构，促进贴近工作岗位的职业教育典型实验和相关研究。

　　这一建议至今看来都十分重要的意义。职业院校以市场和需求为导向的课程和教材建设，应当从专业所面向的职业工作任务出发，明确学习目标和学习内容，从而为学生的就业和职业生涯发展奠定必要的基础，这不论是在理论上还是实践上都面临着巨大的挑战。这里不仅要引入先进的职业教育理念，需要丰富的职业实践经验，而且还需要把先进、实用的技术有针对性地与职业院校的教学工作有机结合起来。

中国汽车工程学会组织编写的这套教材在以上方面进行了有益的探索。教材充分利用了"蕴藏在实际工作任务的教和学的潜力",按照工作内容组织安排学习,可以为学习者提供面向实际的学习机会。希望这套教材的出版不但能帮助职业院校更快、更好、更容易地培养出社会急需的技能型人才,而且也能为我国职业教育的教学改革提供有价值的经验。

北京师范大学职业与成人教育研究所

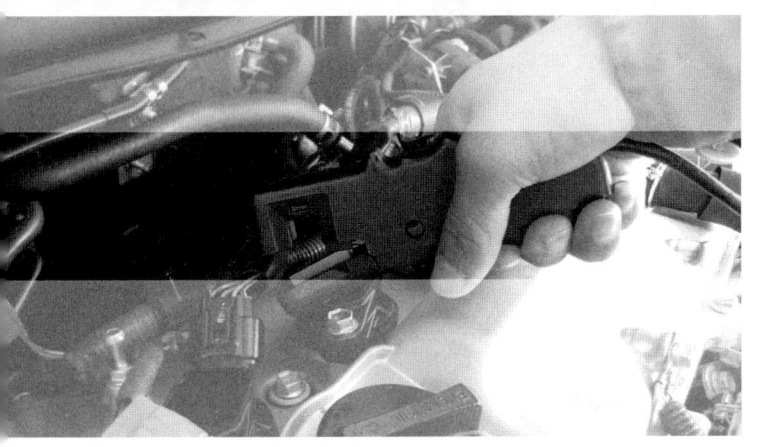

第3版前言

本套教材第1版是由中国汽车工程学会汽车应用与服务分会与宁波市鄞州职业高级中学于2010年合作编写完成。中国汽车工程学会汽车应用与服务分会的指导专家主要从"教什么"入手,结合一线教师企业调研提炼汽车维修的"典型工作任务",之后围绕这些典型工作任务逐项提升教师自身的动手能力。在帮助教师熟练掌握维修技能后,指导他们将典型工作任务转化为学习任务,并据此设计课程、编写教材,解决了"怎么教"的问题。教材自出版以来,反馈良好,已数次重印。

本套教材以最基本的汽车维护实训项目、最典型的汽车"发、底、电"维修检测实训项目以及为完成以上维修项目所必须掌握的汽车维修基础技能实训项目为出发点,以任务式的模式来开展汽车维修理实一体化的教学工作,旨在使学生通过学习,能将知识与技能融合起来,理论支撑实践,实践巩固理论。同时,本套教材注重体现汽车服务企业的5S管理,以使学生在掌握技能的同时提高职业素养。

近年来,汽车行业飞速发展,职教改革不断深入,对汽车专业的教学提出了新的要求。因此,人民交通出版社股份有限公司于2016年、2019年启动了对本套教材的修订工作,并于2021年启动了本套教材第3版的修订出版工作。本次修订结合了一线教师教学过程的总结与企业实践的思考,对前版中部分不尽合理的操作步骤做了调整,对表述不规范的地方做了修改,对读者反馈的问题做了梳理,使内容更加规范合理,更加贴近教学要求。本次修订工作的主要特点有:

(1) 在实训项目的选取上,继承前版教材的优良经验。紧扣中等职业学校汽车维修专业的培养目标,充分体现"必需、够用"原则,同时完全贴合教育部"全国职业院校技能大赛"中职汽车维修专业的比赛项目。

(2) 在教学内容的设计上,紧扣理实一体化的教学需求。以图文并茂的形式展现技能教学的全过程,每个步骤中都有要领提示,强化汽车维修作业的规范性和作业技巧,任务的最后设计了技能考核的参考标准,以辅助教学效果的考评。同时,此次修订对任务内容进行了微调,以使其更加符合学生的认知习惯。

(3) 对前版教材中的错漏部分进行了修订。

本书由朱军、汪胜国、王瑞君担任主编。

限于编者的经历和水平,书中难免有不妥或错误之处,敬请广大读者提出修改意见和建议,以便再版修订时改正。

编 者
2022 年 8 月

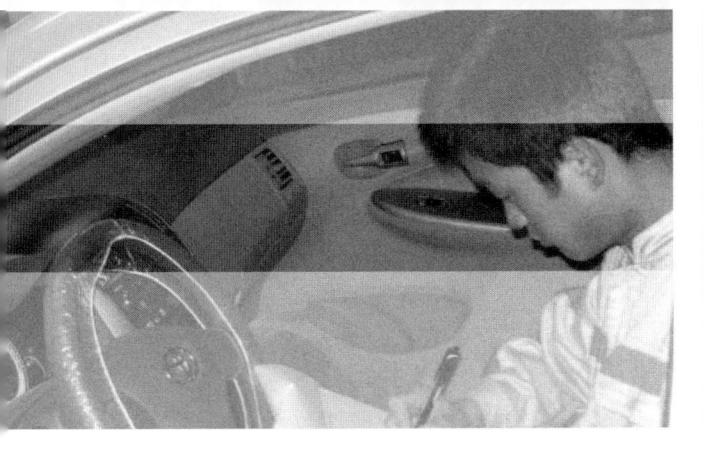
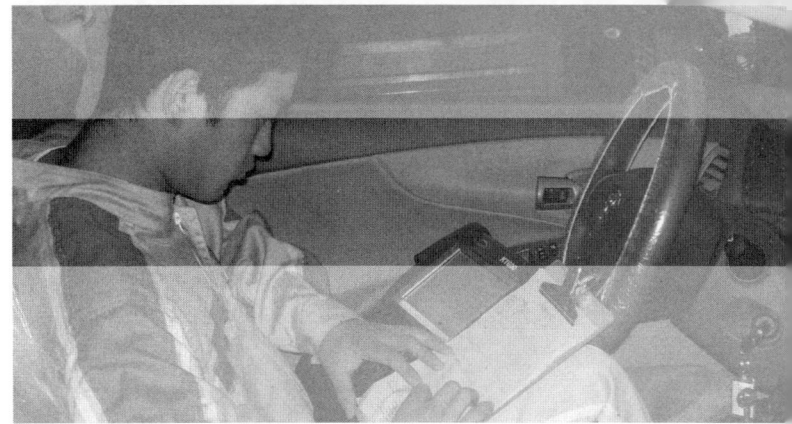

目录 CONTENTS

概述		1
任务1	顶起位置1—预检工作	3
任务2	顶起位置1—驾驶人座椅	18
任务3	顶起位置1—车门、油箱盖、后部	45
任务4	顶起位置1—前部、举升准备 顶起位置2—球节、举升准备	67
任务5	顶起位置3—发动机机油（排放）、手/自动变速驱动桥、驱动轴护套、 机械转向机、制动管路、悬架、燃油箱、排气管	83
任务6	顶起位置3—螺母和螺栓、动力转向液、传动皮带、发动机油排放塞、 机油滤清器、举升机	108
任务7	顶起位置4—车轮轴承、轮胎、盘式制动器	134
任务8	顶起位置4—盘式制动器和鼓式制动器、举升机	152
任务9	顶起位置5—驾驶人座椅、发动机舱、每个车轮位置、举升机 顶起位置6—每个车轮位置、举升机	169
任务10	顶起位置7—发动机起动前	184
任务11	顶起位置7—发动机暖机、发动机暖机后、发动机停机后	202
任务12	顶起位置8—最终检查 顶起位置9—恢复/清洁	222

概 述

一 维护内容

（1）工作检查，涉及灯、发动机、刮水器、转向机构等。

（2）目视检查，涉及轮胎、外观等。

（3）定期更换零件，涉及发动机机油滤清器等。

（4）紧固检查，涉及悬架、排气管等。

（5）机油和液位检查，涉及发动机机油、动力转向液、冷却液、制动液等。

关于检查任务细节，包括标准值、旋紧扭力和润滑剂量等，具体请参考修理手册。

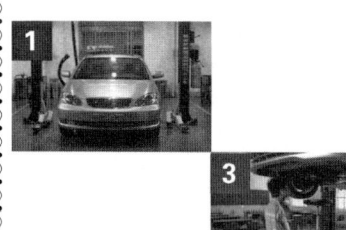

二 顶起位置

这里有一份各个顶起位置上工作活动路线图的说明。在这9个顶起位置，技术员可完成其全部操作，即通过减少举升操作的次数来高效地完成检查工作。

1 顶起位置1（举升器未升起）。在此位置可检查车辆内部和外部，从检查驾驶人座椅开始，然后将车辆四周彻底检查一遍。

2 顶起位置2（举升器稍稍升起，即升至低位）。在此位置上可检查悬架球节。

3 顶起位置3（举升器升至高位）。在此位置可检查车辆的底盘。为了缩短检查时间，在排放发动机机油的同时，从车辆前方移动至后方,然后再从后方回至前方来检查车辆。

4 顶起位置4(举升器升至中位)。绕车辆一周,主要检查车轮和制动器。

5 顶起位置5(举升器升至低位)。检查制动器和制动拖滞情况。将制动液从制动主缸排出。

6 顶起位置6(举升器升至中位)。更换制动液和安装车轮。

7 顶起位置7(举升器降至低位,轮胎触及地面)。在此位置主要检查发动机。但同时也要检查其他部位,所以必须有效地组合检查方式。

为缩短检查时间,应该科学地组织这些操作内容。这些工作要在发动机起动前,以及预热时和预热后有效地进行。

8 顶起位置8(举升器升至高位)。对检查过的部位,更换过的零件,以及机油等油液泄漏情况,进行最后一次检查。

9 顶起位置9(举升器未升起)。清洗车辆的各个部位,然后交车或进行其他的维修工作。

任务1　顶起位置1——预检工作

一　任务说明

预检工作是汽车定期维护检查中的基础任务，十分重要。完成定期维护检查中的其他任务，必须要先做好以下预检工作：

（1）在驾驶人座椅位，安装地板垫、座椅套、转向盘套、换挡杆套，拉起发动机舱盖释放杆；

（2）在车辆前部，安装车轮挡块、尾气管，打开发动机舱盖，安装翼子板布、前格栅布；

（3）在发动机舱中，检查喷洗液液面、发动机冷却液液位、发动机机油液位、制动液液位、离合器主缸液体泄漏，拆除翼子板布、前格栅布，关闭发动机舱盖等。

发动机舱中的喷洗液液面、发动机冷却液液位、发动机机油液位、制动液液位、离合器主缸液体泄漏为检查任务，其他的任务为操作任务。

二　技术标准与要求

（1）在操作开始前，检查所有的设备、工具应齐全有效；

（2）安装车轮挡块时，可以用举升机顶起部分车辆重量；

（3）防护三件套（地板垫、座椅套、转向盘套）和翼子板布、前格栅布的安装方法要正确；

（4）检查喷洗液液面、发动机冷却液液位、发动机机油液位、制动液液位时，注意液位是否在规定的刻度线之间，而且检查动作要到位；

（5）离合器主缸液体泄漏的检查方法要正确；

（6）实训时间和考核时间均为10min。

三　实训教学目标

（1）了解预检工作的重要性；

（2）掌握预检工作中驾驶人座椅、车辆前部、发动机舱中各个任务的操作流程和操作方法；

（3）重点掌握发动机机油的检查方法；

（4）学会预检工作中各个任务的操作，并能够在规定的时间内完成。

四 实训器材

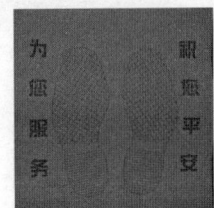 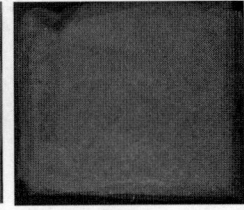 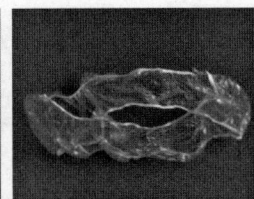 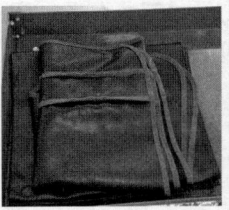 

  地板垫   座椅套   转向盘套 翼子板布、前格栅布 车轮挡块

其他工具以及器材:纱布。

五 教学组织

1 教学组织形式

单人操作,每辆车安排4名学生参与实训。双人操作,则可每辆车安排8名学生,自行编排流程。

2 学生站位分工和要求

4名学生,一名进行操作前准备,一名进行操作,两名进行评分。

3 实训教师职责

(1)讲解操作任务的作业流程、操作步骤、技术规范和注意事项;

(2)组织、管理学生进行操作;

(3)在实训中进行检查、指导和纠正学生的错误。

4 学生职责变换

4名学生实行职责轮流变换制度:第一遍,1号学生操作,2号学生进行操作前准备,3号学生、4号学生进行检查评分;第二遍,2号学生操作,3号学生进行操作前准备,4号学生、1号学生进行检查评分。这样依次循环进行。

六 操作步骤

1 顶起位置1(举升器未升起)

在此位置检查车辆内部和外部时,可从检查驾驶人座椅开始,然后将车辆四周彻底检查一遍。

使用工具:钢直尺、轮胎气压表、轮胎花纹深度计。

备件:地板垫、转向盘套、座椅套,简称防护三件套;机油、制动液、冷却液、喷洗液、肥皂水、毛笔等。

2 预检操作。

①把前格栅布、翼子板布、防护三件套放好。放好车轮挡块。

②检查油和液体。

3 检查。

①驾驶人座椅：车灯、风窗玻璃喷洗器、风窗玻璃刮水器、喇叭、驻车制动拉杆、制动器、离合器、转向盘以及举升汽车前的外部检测准备。

②左侧前门：门控灯开关、车身螺母及螺栓（门、座椅和安全带）。

③左侧后门：门控灯开关、车身螺母及螺栓（门、座椅和安全带）。

④燃油箱盖。

⑤后部：悬架、车灯、车身螺母及螺栓（行李舱门）、备用轮胎。

⑥右侧后门：门控灯开关、车身螺母及螺栓（门、座椅和安全带）。

⑦右侧前门：门控灯开关、车身螺母及螺栓（门、座椅和安全带）。

⑧前部：悬架、车灯、车身螺母及螺栓（发动机舱盖）。

1. 驾驶人座椅

1 开始前准备。

在操作开始前，学生在车辆正前方跨立站好，做好操作的准备。

提示 在操作开始之前，应检查确认所有的设备与工具到位，可以正常使用。

2 准备工具。

操作开始前，学生首先准备好在操作过程中所要用到的工具，并将工具放置在两辆工具车上。

提示 在操作开始前先准备要用到的工具，是为了在操作过程中节省拿取工具的时间，拿出的工具必须放置整齐。

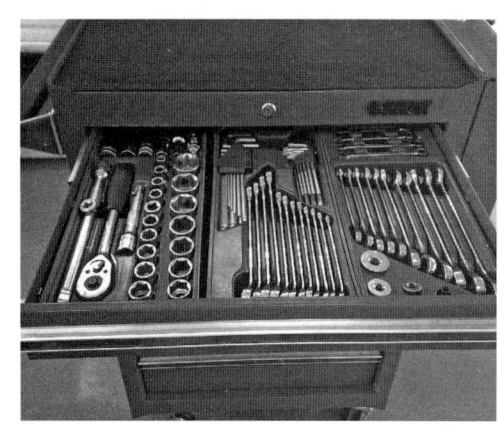

3 安装防护三件套前的准备。

第一步：左手拿好车钥匙，右手拿好防护三件套及钢直尺。

提示 把转向盘套和座椅套夹在地板垫里面，拿的时候注意防止转向盘套掉落。

第二步：学生走到车辆的左侧，按钥匙的开锁键，当汽车的危险警告灯亮时，车门

就可以打开了。

提示 车门开启后,要把钥匙放在右手上,以防止车钥匙留在左手拉车门时会不慎划伤车身。

第三步:用左手拉开车门,把右手拿着的防护三件套放在地板上,然后把钢直尺放在车内地板的左侧(靠近门边上)。

提示 由于学生此时处于车辆的左边,因此,用左手拉开车门方便。

注意 使用钢直尺时,不要划伤车辆内部。

第四步:把车钥匙插入点火开关锁孔。

提示 在将钥匙插入点火开关时,要注意钥匙与孔对准,以免钥匙划伤钥匙孔周边表面。

①安装地板垫。将地板垫铺设在转向盘下方的地板上,要求有字的面朝上,双手平铺。

提示 铺设地板垫主要是为了保持驾驶室内地板清洁,便于清除维修人员带入驾驶室内的脏物。

②安装座椅套。先将座椅套打开,然后找到座椅套的开口处,从上往下整齐地套在驾驶座椅上,并确保与座椅服帖。

提示 座椅套由薄塑料制成,极易破

顶起位置1—预检工作 任务1

损。安装座椅套时,用力要均匀,拉齐端面后套装,避免因用力过大,端面不齐,导致座椅套破损。

③安装转向盘套。展开转向盘套,先套好转向盘靠近风窗玻璃一侧,然后由上往下拉直至完全套好。

提示 转向盘套由薄塑料制成,极易破损。安装转向盘套时,不要生拉,避免造成其损坏。

⑥发动机舱盖释放杆拉起后,走到车外,同时,注意用左手握车门把手处关闭车门。

④安装换挡杆套。这里不做要求。

⑤拉起发动机舱盖释放杆。用右手往上拉动发动机舱盖释放杆。

提示 拉发动机舱盖释放杆时,只要听到"嗒"的一声,表明发动机舱盖已经弹开。

2. 车辆前部

1 安装车轮挡块(可以用举升机顶起部分车辆重量)。

第一步:学生走到举升机左边立柱旁,单腿蹲下,用双手拿车轮挡块,然后站起来以规定步数走向左后车轮处。

提示 此时发动机舱盖处于弹开位置。在此位置,一般操作人员的手指都能够伸入到里面进行操作。如果没有弹开,一个是检查其是否真正拉开,另一个是从灯罩侧伸入打开。

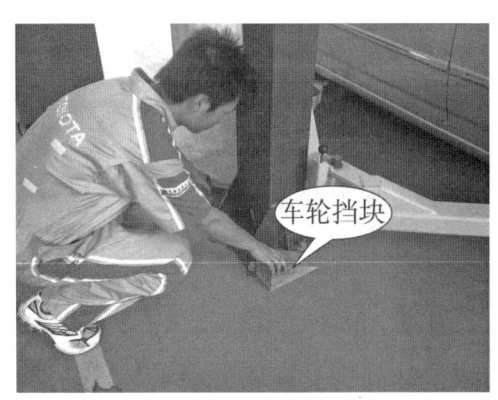

提示 这里的规定步数是根据挡块的原始位置而定的。

第二步:学生走到左后车轮处单腿蹲下,将挡块安放在车轮前、后方中间位置。挡块不要慢慢地安放,要有一定的力度,以防松动。

提示 车轮挡块要安装在后轮,每轮2块,共4块,若安装在前轮会影响前轮的摆动;在安装挡块时要注意安装位置,此时的挡块应该贴住轮胎,并与轮胎侧面对齐。

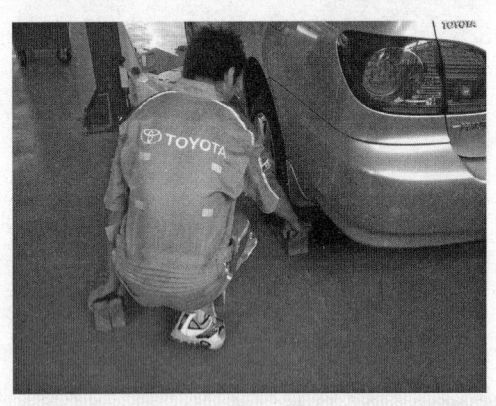

第三步:学生走到右后车轮处单腿蹲下,将挡块安放在车轮前、后方中间位置,同时注意不要慢慢地放挡块,在安装的时候要有一定的力度,以防松动。

提示 安装挡块时要注意安装位置,此时的挡块应该贴住轮胎,并与轮胎侧面对齐。

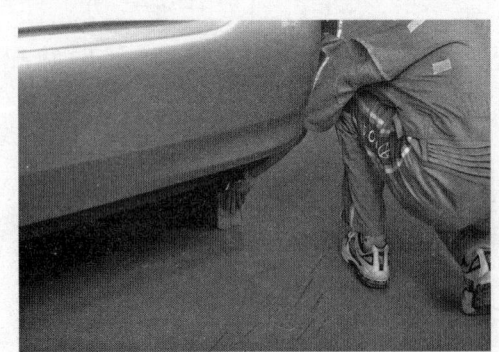

2 安装尾气管。

第一步:首先调整好尾气管的位置,然后用双手从吊钩处取下尾气管。

提示 尾气管的头部有夹箍,在取下尾气管时要小心,以防止手被划伤。

第二步:用双手将尾气管吸头套在车辆的排气管上。

提示 如果是双排气管,则需要安装两根尾气管。

3 打开发动机舱盖。

第一步:学生站在车辆的正前方,双手伸向发动机舱盖,右手伸到发动机舱盖下方拉起锁片。

提示 汽车的发动机舱盖拉锁基本上都在其中间位置,只有少数车型是在两侧各有一个。

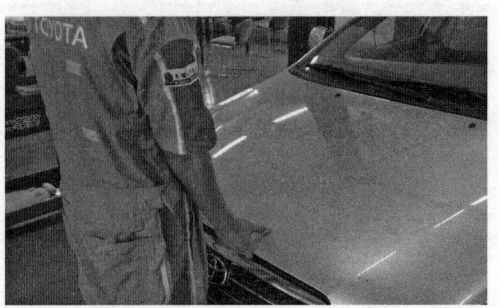

第二步:学生在拉起发动机舱盖锁片后,抬起发动机舱盖45°左右。

提示 在发动机舱盖顶起的时候要注意安全,双手不能离开发动机舱盖。

第三步:右手撑住发动机舱盖,左手去拿发动机舱盖支撑杆,然后把支撑杆插入到发动机舱盖的定位孔中。

提示 确保发动机舱盖支撑牢固。

支撑杆

4 安装翼子板布。

5 安装前格栅布。

第一步:首先从工具车中取出翼子板布和前格栅布,然后按"左翼子板布→前格栅布→右翼子板布"的顺序叠好。

提示 采用这种顺序叠放的目的,是为了方便接下来的安装。

第二步:从车辆左侧开始安装。学生站在车辆左侧翼子板的中间位置,距离车辆15~20cm。首先,将翼子板布一端的磁铁与车辆翼子板的最前端吸住。

提示 这里要注意,不要将磁铁放在灯罩之类的非磁性物体上面,以防止其掉落。

第三步:将翼子板布的两端磁铁都吸住车辆的翼子板。

提示 翼子板布必须完全地吸在车辆的翼子板上,才能确保安装牢固。

第四步:双手拿起其他两块布,离开车辆的翼子板,离开距离约10cm。

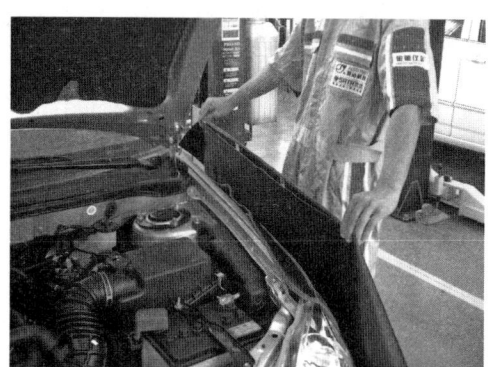

提示 在拉起其他的翼子板布的时候要小心,防止把已经安装好的布带起。

第五步:左脚不动,右脚交叉步走到车辆左侧前照灯位置。

提示 走动过程中注意身体与车身不要太近。

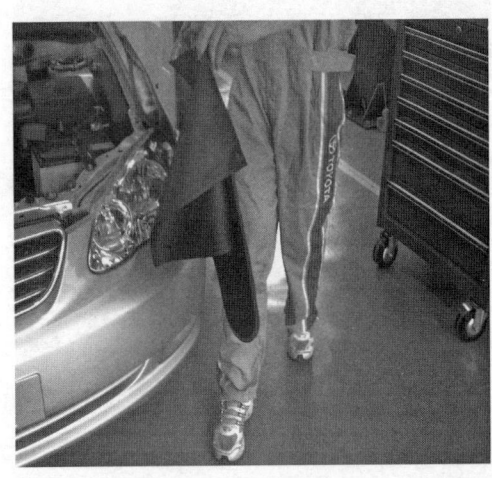

第六步:右脚不动,左脚跟步到车辆的正前方,左右两脚的距离为50cm左右。

提示 此时,学生要注意翼子板布与前格栅布必须拿稳,防止掉落。

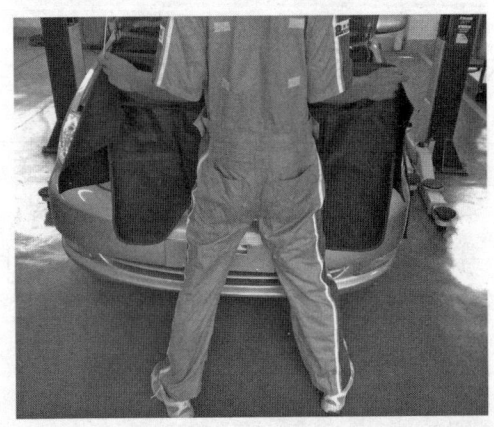

第七步:双手向下将前格栅布安装在车辆正前方的前格处。

提示 前格栅布必须安装到中间位置。另外,在拿起布时要防止前格栅布和翼子板布相互被磁铁吸住。

第八步:左脚定位不动,右脚交叉步走到右前车轮处。

提示 走动过程中,注意身体与车身间的距离不要太近。

第九步:右脚定位不动,左脚跟步走到车辆右侧,左右脚距离为50cm左右。

提示 走到位后,要控制好人与车辆的相对位置,这点是关键。

第十步:将翼子板布一端的磁铁与车辆翼子板的最前端吸住。

提示 这里要注意,不要将磁铁放在灯罩之类的非磁性物体上面,以防止其掉落。

第十一步:将翼子板布的两端磁铁都吸住车辆的翼子板。

提示 翼子板布必须完全地吸在车辆的翼子板上才能确保安装牢固。

此时,翼子板布和前格栅布安装完毕。

3. 发动机舱

1 检查喷洗液液面。

用液位尺来检查喷洗液的液位是否在规定范围内。

提示 由于在接下来的检查中有喷洗器的检查任务,要使用到喷洗液,所以,必须在此之前先确定喷洗液处于正常液位,这样才能保证下面的操作能正常进行。

2 检查发动机冷却液液位。

确认散热器储液罐内有足够的冷却液,并看其是否在规定的刻度范围内。

提示 检查发动机冷却液液位是为了确保有足够量的冷却液,以保证发动机的正常冷却。如果冷却液不足,应立即补充。

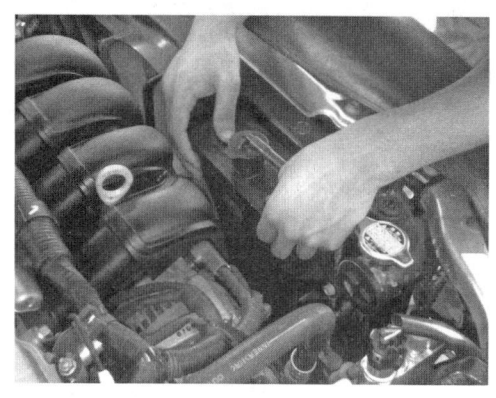

3 检查发动机机油液位。

用油尺检查发动机机油是否在正常刻度范围之内。

提示 检查机油是为了确保发动机能够正常运转,如果机油不足,则不能起动发动机,否则,会造成严重后果。

第一步:左手拿一块纱布,右手去拔机油尺。

第二步:拔机油尺的时候,纱布需一直包裹住机油尺,当机油尺拔出后,从末端往顶端擦机油尺。

提示 拔机油尺和擦机油尺过程中,要防止机油滴落。如果机油滴落,则应立即用布擦干净。

机油尺

第三步：把机油尺擦干净后，再将其插回到位。

提示 在插入机油尺时，一定要将尺的顶端先插入，然后再将整根机油尺插入。

第四步：拔出机油尺，检查发动机的机油液位，机油痕迹在两个刻度线之间为正常，否则，应加注到正常刻度。

提示 在检查时，机油尺顶端应沿水平向上倾斜45°左右，同时，机油尺的顶端放在纱布上面，防止机油滴落。

第五步：检查完后将机油尺插回到位。

提示 在操作过程中，如果发现有机油滴落，必须马上用纱布擦干净。

4 检查制动液液位。

确保制动主缸储液箱内的制动液液位正常，即在高位(max)和低位(min)之间。

提示 制动液液位的检查是为了确保制动系统能够正常运行。

5 检查离合器主缸液体渗漏。

检查离合器主缸及其连接管无液体渗漏。

提示 在手动挡车辆中，制动液和离合器液是共用的。

6 拆除翼子板布。

7 拆除前格栅布。

第一步：从车辆右侧开始，首先把翼子板布一端的磁铁拉起来。

提示 注意拉起一端的时候，要用手按住另一端，否则会有掉落的危险。

第二步：将翼子板布的另一端磁铁也拉起来，使翼子板布距离车辆翼子板10cm左右。

提示 此时整个翼子板布都离开了车身，在拿的时候，一定要把翼子板布伸直。

第三步：右脚定位不动，左脚交叉步走到右侧前照灯前方。

提示 在现场走动过程中，注意身体不要离车身太近，以防与车身接触。

第四步：左脚定位不动，右脚交叉步走到车辆正前方，两脚距离为50cm左右，然后两手按到前格栅布上。

提示 翼子板布必须放到前格栅布的中间位置，以方便叠好归位。

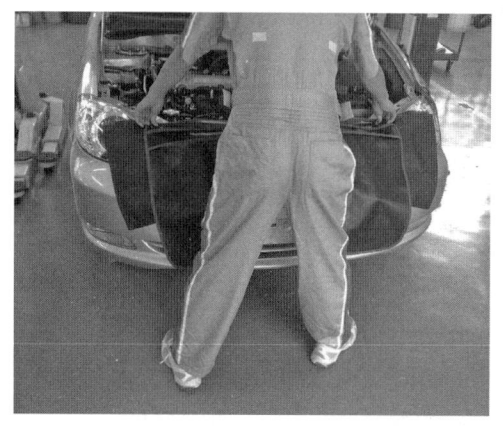

第五步：双手拿起前格栅布，距离车辆10cm左右。

提示 前格栅布不要与车身太近，以防止在走动到另一侧的过程中划伤车身。

第六步：右脚定位不动，左脚交叉步走

到左侧车轮处。

提示 走动过程中,注意身体与车身的距离不要太近。

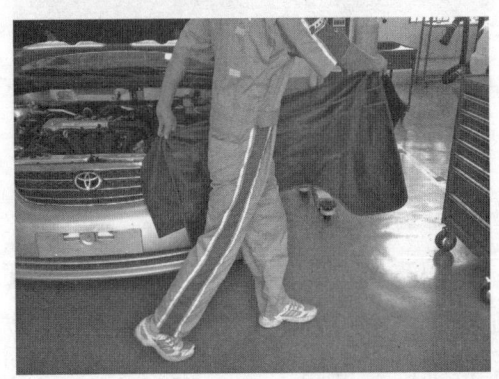

第七步:左脚定位不动,右脚跟步到右侧,左右两脚距离为50cm。同时,双手携其他两块布一起按到翼子板布上。

提示 两块布放下去的时候,要注意控制放在中间位置。

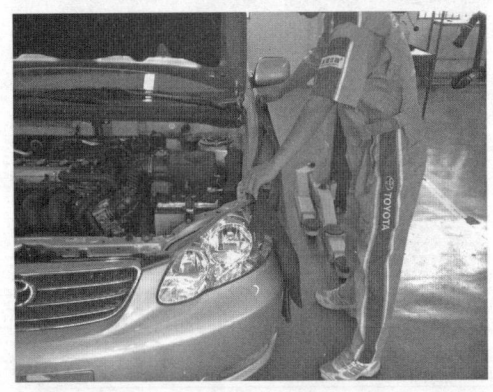

第八步:先拉起翼子板布一端,然后两端都拉起。这样三块布就叠放在一起了。

提示 此时的三块布就和安装前的顺序一样了,即左翼子板布、前格栅布、右翼子板布。

第九步:将拆除的翼子板布和前格栅布叠好。

提示 叠布的时候,将布对折再对折,然后将多余的部分折在里面。

第十步:两块翼子板布和前格栅布叠好后,将它们放在工具车上。

提示 往工具车上放这三块布的时候,一定要放平,以方便后续取用。

8 关闭发动机舱盖。

第一步:左手握住发动机舱盖支撑杆,右手顶住发动机舱盖。

提示 此时只有一只手在顶着舱盖,要注意安全。

第二步:拔出发动机舱盖支撑杆,将其安放到夹箍中。

提示 在拔发动机舱盖支撑杆的时候,如果比较紧,则可以轻轻上下摇动发动机舱盖,再将支撑杆拔出。

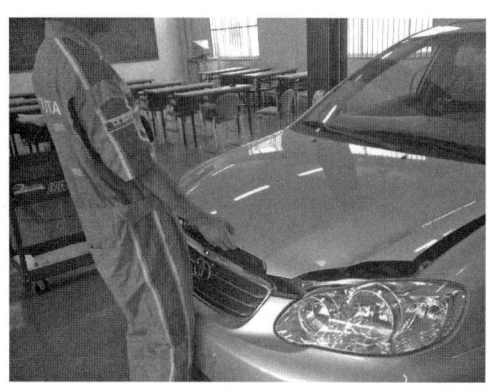

第三步:双手将发动机舱盖轻轻地落下,直到与前端距离约30cm时双手同时向外离开。

提示 如果从高处双手离开,向下关闭发动机舱盖时,会产生很大声音,同时有可能损坏发动机舱盖。

第四步:双手放在发动机舱盖的中间轻轻用力将盖子向上提拉,以确认发动机舱盖完全关闭。

提示 如果能轻松提起发动机舱盖,说明未锁止,应排除故障。

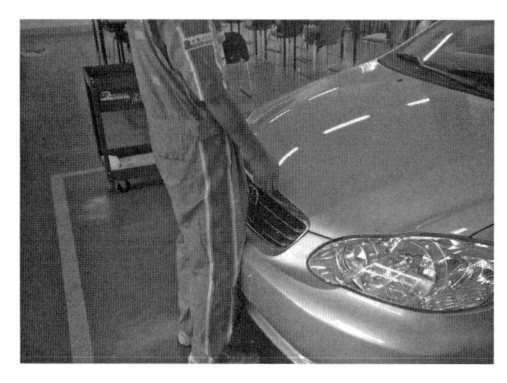

七 考核标准

任务1　顶起位置1—预检工作 考核标准表

顶起位置1 [1/5]　　　　（注:汽车在地面位置）　　　　定期维护任务(共有18项)

考核时间:5min　　　　考核总分满分:18分

评分	考核项目	评分标准
	1.驾驶人座椅	
	(1)安装地板垫	地板垫方向位置装错扣0.5分,未安装扣1分
	(2)安装座椅套	铺放不到位,不能贴扣0.5分,撕裂扣0.5分,未装扣1分

续上表

评分	考核项目	评分标准
	（3）安装转向盘套	转向盘套不到位扣0.5分，撕裂扣0.5分，未装扣1分
√	（4）安装换挡杆套	暂不操作
	（5）拉起发动机舱盖释放杆	释放杆未一次拉起扣0.5分，未拉扣1分
	2.车辆前部	
	（1）安装车轮挡块（可以用举升机顶起部分车辆重量）	任意车轮的前和后，要求必须和车轮外边缘平齐，不允许超过车轮外边缘，否则扣0.5分，如有其中一个挡块未安装扣1分
	（2）安装尾气管	未双手安装扣0.5分，掉落扣0.5分，未安装扣1分
	（3）打开发动机舱盖	第一次没打开锁扣0.5分，舱盖支撑不牢固扣1分
	（4）安装翼子板布	动作位置正确，安放可靠，不影响作业，否则扣0.5分
	（5）安装前格栅布	动作位置正确，安放可靠，不影响作业，否则扣0.5分
	3.发动机舱	
	（1）检查喷洗液液面	液位尺标线，要求标尺拉出到能看见标记状态，标尺拉出长度不够，无法看见液位尺标线扣0.5分，有液体滴落未擦扣0.5分，读数错误扣1分
	（2）检查发动机冷却液液位	用手摇晃储液罐扣0.5分，读数错误扣0.5分
	（3）检查发动机机油液位	油尺标线，注意油尺角度，机油加注量以油尺3/4~4/4为标准，在抽出状态检查，否则扣0.5分，有液体滴落未擦扣0.5分，读数错误扣1分

续上表

评分	考核项目	评分标准
	(4) 检查制动液液位	用手摇晃储液罐扣0.5分,读数错误扣0.5分
	(5) 检查离合器主缸液体渗漏	用手摇晃储液罐扣0.5分,读数错扣0.5分
	(6) 拆除翼子板布	动作错误扣0.5分,掉落扣0.5分,叠放不整齐扣0.5分
	(7) 拆除前格栅布	动作错误扣0.5分,掉落扣0.5分,叠放不整齐扣0.5分
	(8) 关闭发动机舱盖	轻轻放下,离前端约30cm双手离开自然下落,否则各扣0.5分

任务2　顶起位置1—驾驶人座椅

一　任务说明

本任务是指学生在驾驶人座椅上进行的检查任务，从一开始进入驾驶室检查到检查完后离开驾驶室为止。

本任务包括车灯检查、风窗玻璃喷洗器、风窗玻璃刮水器、发动机起动、喇叭、驻车制动器、制动器、离合器、转向盘、外部检查准备等。

在整个驾驶人座椅的检查任务中，灯光检查任务需要另一个学生进行辅助操作。应检查各种灯光能否正常地发光，其他任务可以由单人独立完成。

二　技术标准与要求

(1) 检查灯光时，辅助人员与检查人员要配合好，并做好手势；

(2) 发动机起动时，要注意观察仪表盘上的所有的警告灯并进行正确判断；

(3) 风窗玻璃刮水器的检查要注意各个挡位的操作和判断；

(4) 转向盘自由行程——标准小于30mm；

(5) 制动踏板行程——标准余量大于60mm；

(6) 驻车制动杆行程——标准6~9响；

(7) 制动踏板高度——标准136~146mm；

(8) 制动踏板自由行程——标准1~6mm；

(9) 离合器踏板高度——标准134~144mm；

(10) 离合器踏板自由行程——标准5~15mm；

(11) 实训时间和考核时间均为10min。

三　实训教学目标

(1) 掌握驾驶人座椅操作任务的作业流程和操作方法；

(2) 重点掌握灯光的检查与制动器、离合器踏板的检查方法；

(3) 学会灯光手势的配合操作；

(4) 学会驾驶人座椅中各个任务的操作，并能够在规定的时间内完成。

四 实训器材

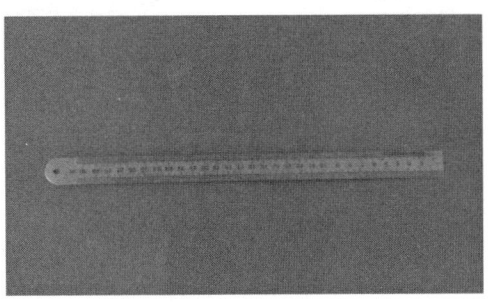

钢直尺

其他工具及器材：纱布。

五 教学组织

1 教学组织形式

单人操作每辆车安排 4 名学生实训。双人操作则可每辆车安排 8 名学生，自行编排流程。

2 学生站位分工和要求

4 名学生，一名进行操作前准备，一名进行操作，两名进行评分。

3 实训教师职责

（1）讲解操作任务的作业流程、操作步骤、技术规范和注意事项；

（2）组织、管理学生进行操作；

（3）在实训中进行检查、指导和纠正学生的错误。

4 学生职责变换

4 名学生实行职责轮流变换制度：第一遍，1 号学生操作，2 号学生进行操作前准备，3 号学生、4 号学生进行评分；第二遍，2 号学生操作，3 号学生进行操作前准备，4 号学生、1 号学生进行评分。这样依次循环进行。

六 操作步骤

1. 车　灯

1 检查灯光准备。

当关闭发动机舱盖后，学生走向驾驶室车门一侧，打开驾驶室车门。

提示　在打开驾驶室车门之前，再次确认钢板尺是否已带入到驾驶室中，以便进行后续任务的操作。

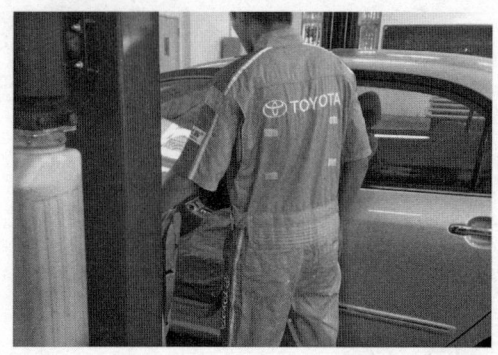

2 检查仪表板灯点亮情况。

第一步：将点火开关开至"ON"位置。

提示 如果此时点火开关转不动，则可边转动转向盘边转动点火开关。

第二步：当打开点火开关以后，确认仪表板上所有警告灯是否正常点亮，如果没有点亮说明有故障。

第三步：将点火开关开至"ST"位置。

提示 起动发动机时间不宜过长，一般不超过10s/次。发动机未起动，检查灯光容易造成蓄电池亏电。

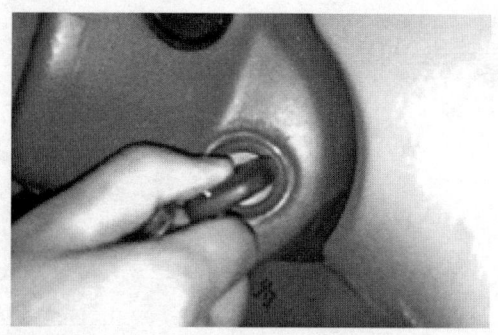

第四步：当发动机运转后，确认仪表板上所有警告灯是否正常点亮，待自检结束后又熄灭，如果有点亮说明有故障。

3 检查顶灯点亮情况。

第一步：检查第一盏顶灯开到"ON"位置能否正常点亮。

提示 此顶灯位于车顶前方中间位置左侧。

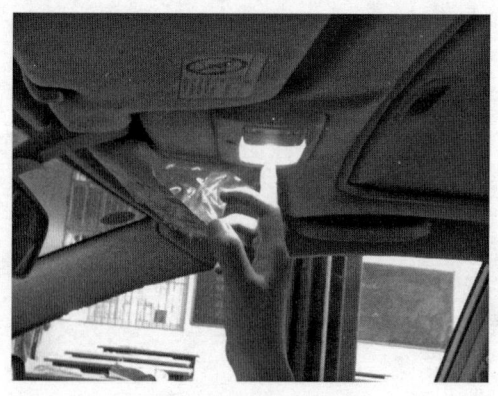

第二步：检查第二盏顶灯开到"ON"位置时能否正常点亮。

提示 此灯位于车顶的中间位置右侧。

4 将顶灯开关旋至"DOOR"位置（外部检查准备）。

将顶灯开关开至"DOOR"位置，以便以后检查门控灯。

提示 此项操作是前面检查顶灯的下一个连贯动作。

顶灯"DOOR"

5 灯光检查。

将点火开关旋至"ON"后，检查车辆的灯是否正常发光和闪烁。

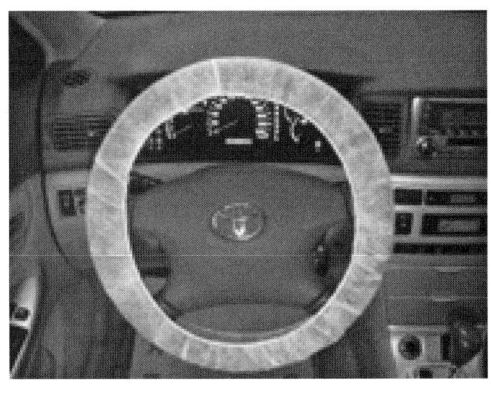

提示

①如果只有一个人检查，则通过镜子来观察车外的灯；如果有两个人，则另外一个学生站在车外进行观察；

②变光器开关总成包括转向信号开关和前照灯远光/近光的转换开关。

6 检查示廓灯点亮情况。

操作：将变光器开关旋至一挡，然后检查车灯是否正常亮起。

提示 变光器开关位于转向盘的左侧，转动时手放在转向开关的外缘。

变光器开关

检查：车外辅助人员观察相应的灯光（示廓灯）是否正常点亮。

提示

①车外辅助人员在观察车灯的同时，也可以做与灯光相应的手势，向坐在驾驶室的操作人员示意；

②示廓灯正常时的手势为：双手伸直，小指伸出朝下，余指握拳。

示廓灯

7 检查前照灯 Lo(近光灯)点亮情况。

操作:将变光器开关旋至二挡,检查车灯是否能正常亮起。

提示 在操作之前,变光器开关已经在一挡,现在只需再转动一个挡位即可。

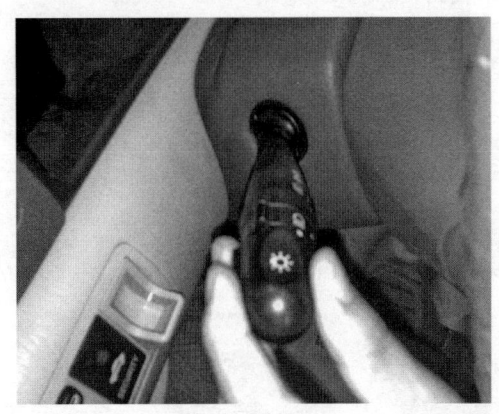

检查:车外辅助人员观察相应的灯光(前照灯近光)是否正常点亮。

提示

①车外辅助人员在观察车灯的同时,也可以做与灯光相应的手势,向坐在驾驶室的操作人员示意;

②前照灯近光正常时的手势为:双手伸直,大拇指伸出朝上,余指握拳。

8 检查前照灯 Hi(远光灯)和指示灯点亮情况。

操作:将变光器开关向下压,检查车灯是否正常亮起。

检查:前照灯远光灯的指示灯是否正常点亮。

检查:车外辅助人员观察相应的灯光(前照灯远光)是否正常点亮。

提示

①车外辅助人员在观察车灯的同时,也可以做与灯光相应的手势,向坐在驾驶室的操作人员示意;

②前照灯远光正常时的手势为:双手伸直,大拇指伸出朝上,余指握拳,然后双向指向后方。

9 检查前照灯闪光器开关和指示灯点亮情况。

操作:将变光器开关由下往上拉起,观察前照灯是否会在近光灯和远光灯之间转换,重复这样操作两次,同时观察车灯是否会正常亮起。

当变光器开关往上拉起时,远光指示灯会亮起,松开时指示灯不会亮。

检查:车外辅助人员观察灯光能否按照开关的转换而进行远光灯和近光灯的变换。

检查完成后,车内操作人员关闭灯光。

提示

①车外辅助人员在观察车灯的同时,也可以做与灯光相应的手势,向坐在驾驶室的操作人员示意;

②灯光正常时的手势为:双手伸直,大拇指伸出朝上,余指握拳,然后双手指向后方,并且来回一次。

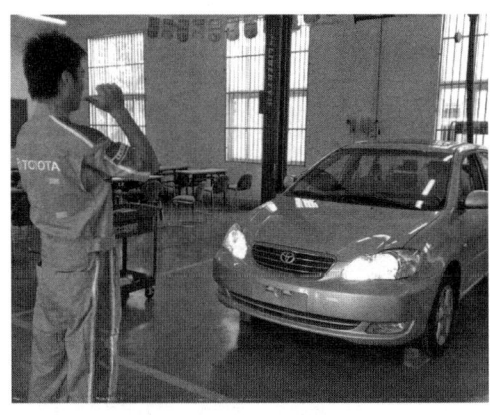

10 检查转向信号灯和指示灯(前)点亮情况。

第一步:(左转向信号灯)操作变光器开关向后拉,观察车灯是否会正常亮起。

检查左转向信号灯指示灯是否会正常闪烁。

检查:车外辅助人员观察相应的灯光(左转向信号灯)是否正常点亮,该灯光以一定的频率闪烁。

检查完成后,车内操作人员关闭灯光。

提示

①车外辅助人员在观察车灯的同时,也可以做与灯光相应的手势,向坐在驾驶室的操作人员示意;

②灯光正常时的手势为:双手伸直,右侧大拇指伸出朝上,左侧大拇指伸出朝左,余指握拳。

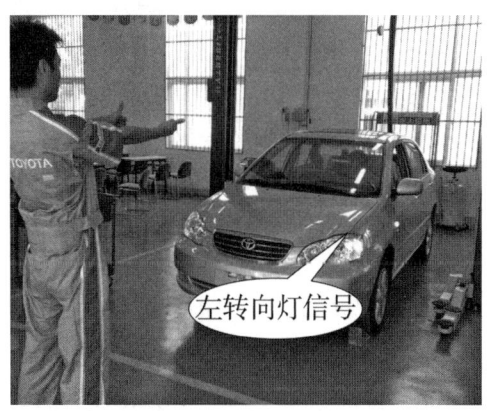

第二步:操作变光器开关向前推,观察车灯(右转向信号灯)是否会正常亮起。

检查右转向信号灯指示灯是否会正常闪烁。

检查：车外辅助人员观察相应的灯光（右转向信号灯）是否正常点亮，该灯光以一定的频率亮灭闪烁。

检查完成后，车内操作人员关闭灯光。

提示

①车外辅助人员在观察车灯的同时，也可以做与灯光相应的手势，向坐在驾驶室的操作人员示意；

②灯光正常时的手势为：双手伸直，左侧大拇指伸出朝上，右侧大拇指伸出朝右，余指握拳。

11 检查危险警告灯和指示灯（前）点亮情况。

操作：右手按下红色三角形的危险警告灯按钮，观察车灯是否会正常亮起。

检查仪表板上的左右转向指示灯是否会正常闪烁亮起。

提示 危险警告灯指示灯借用左转向、右转向指示灯同时闪烁。

检查：车外辅助人员观察相应的灯光（危险警告灯）是否正常点亮，该灯光以一定的频率亮灭闪烁。

检查完成后，车内操作人员关闭灯光。

提示

①车外辅助人员在观察车灯的同时，也可以做与灯光相应的手势，向坐在驾驶室的操作人员示意；

②灯光正常时的手势为：双手伸直，右侧大拇指伸出朝右，左侧大拇指伸出朝左，余指握拳；

③此时车头车灯灯光检查完毕，驾驶室里的操作人员向车外辅助人员喊"后面"，辅助人员则走到车后方，检查车尾车灯。

12 检查变光器开关自动复位功能。

第一步：将车辆归位于直行位置，然后将变光器开关向后拉，同时指示灯点亮。

提示 该操作是为接下来的检查做准备。

第二步:双手平握转向盘,然后向左转动约90°。

提示 操作中注意观察,此时的转向信号灯和指示灯应该在不断闪烁。

第三步:将转向盘转到水平位置。

检查:此时,看左转向信号灯车灯和指示灯是否会正常熄灭。

第四步:将变光器开关向前推,同时指示灯点亮。

第五步:双手平握转向盘,然后向右转动约90°。

提示 操作中注意观察,此时的转向信号灯和指示灯应该不断闪烁。

第六步:将转向盘转到水平位置。

检查:此时,看右转向信号灯和指示灯是否会正常熄灭。

提示 如果检查过程中,发现左右转向回位功能有其中一个不能正常工作的话,则说明有故障。

13 检查尾灯点亮情况。

14 检查牌照灯点亮情况。

操作：将变光器开关旋至一挡，然后观察车灯（尾灯、牌照灯）是否正常地点亮。

提示 当变光器开关旋至一挡后，尾灯和牌照灯会一起点亮。

检查：车外辅助人员观察相应的灯光（尾灯、牌照灯）是否正常点亮。

提示

①车外辅助人员在观察车灯的同时，也可以做与灯光相应的手势，向坐在驾驶室的操作人员示意；

②灯光正常时的手势为：双手伸直，小指伸出朝下，余指握拳。

15 检查转向信号灯和指示灯（后）点亮情况。

第一步：操作变光器开关向后拉，观察车灯（左转向信号灯）是否会正常点亮。

检查左转向信号灯指示灯是否会正常闪烁。

检查：车外辅助人员观察相应的灯光（左转向信号灯）是否正常地点亮，该灯光应以一定的频率亮灭闪烁。

检查完成后，车内操作人员关闭灯光。

提示

①车外辅助人员在观察车灯的同时，也可以做与灯光相应的手势，向坐在驾驶室的操作人员示意；

②灯光正常时的手势为：双手伸直，右侧大拇指伸出朝上，左侧大拇指伸出朝左，余指握拳。

第二步：操作变光器开关向前推，观察车灯（右转向信号灯）是否会正常亮起。

检查右转向信号灯指示灯是否会正常闪烁。

检查：车外辅助人员观察相应的灯光（右转向信号灯）是否正常点亮，该灯光应以一定的频率亮灭闪烁。

检查完成后，车内操作人员关闭灯光。

提示

①车外辅助人员在观察车灯的同时，也可以做与灯光相应的手势，向坐在驾驶室的操作人员示意；

②灯光正常时的手势为：双手伸直，右侧大拇指伸出朝上，左侧大拇指伸出朝左，余指握拳。

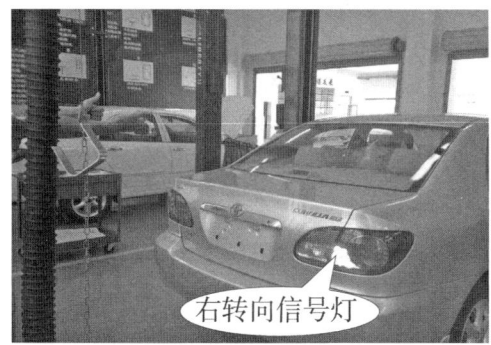

右转向信号灯

16 检查制动灯点亮情况（尾灯一起点亮）。

操作：右脚踩下制动踏板，观察车灯（制动灯）是否会正常点亮。

检查：车外辅助人员观察相应的灯光（制动灯）是否正常点亮。

检查完成后，车内操作人员松开制动踏板关闭灯光。

提示

①车外辅助人员在观察车灯的同时，也可以做与灯光相应的手势，向坐在驾驶室的操作人员示意；

②灯光正常时的手势为：双手伸直，大拇指伸出朝上，余指握拳；

③要注意观察高位制动灯是否正常点亮。

制动灯

17 检查倒车灯点亮情况。

第一步：关闭点火开关。

第二步：将点火开关置于"ON"位置。

提示 严禁起动发动机。

第三步：右脚踩下制动踏板，右手将变速器换挡杆换入"R"挡，观察车灯（倒车灯）是否会正常点亮。

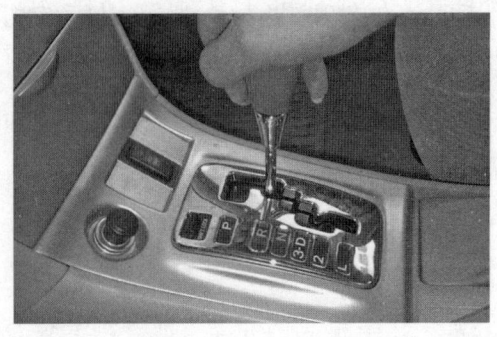

检查:车外辅助人员观察相应的灯光(倒车灯)是否正常地点亮。

检查完成后将挡位换回"P"挡,然后松开制动踏板。

提示

①车外辅助人员在观察车灯的同时,也可以做与灯光相应的手势,向坐在驾驶室的操作人员示意;

②灯光正常时的手势为:双手伸直,大拇指伸出朝上,余指握拳,然后双手指向后方。

18 检查危险警告灯和指示灯(后)点亮情况。

操作:右手按下红色三角形的危险警告灯按钮,观察车灯是否会正常点亮。检查仪表板上的指示灯是否会正常闪烁。

检查:车外辅助人员观察相应的灯光(危险警告灯)是否正常地点亮,该灯光以一定的频率闪烁。

检查完成后,车内操作人员关闭灯光。

提示

①车外辅助人员在观察车灯的同时,也可以做与灯光相应的手势,向坐在驾驶室的操作人员示意;

②灯光正常时的手势为:双手伸直,右侧大拇指伸出朝右,左侧大拇指伸出朝左,余指握拳;

③此时所有的灯光检查完毕,操作完成后,驾驶室里操作人员喊"灯光检查完毕",向车外辅助人员示意。

2. 风窗玻璃喷洗器

1 检查喷射状态。

2 检查喷射位置。

3 检查喷射时刮水器联动。

用右手向后拉喷洗器开关,使喷洗器进行工作,以便检查。

提示 先起动发动机,再检查喷洗器的喷射状况。

检查：风窗玻璃喷洗器喷射压力是否足够；喷洗区是否集中在刮水器工作范围内。当风窗玻璃喷洗器喷射时，刮水器是否会协同工作。

提示 如果刮水器开动但无喷洗液喷出，则可能是电动机烧坏。

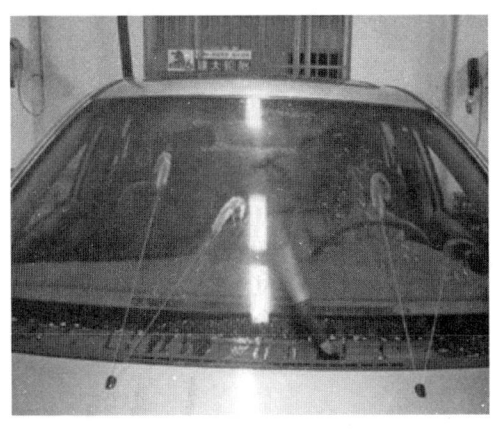

4 风窗玻璃喷洗器喷射位置调整。

提示 在喷嘴内插入一根与风窗玻璃喷洗器喷嘴的孔相匹配的钢丝，以便调整喷射的方向。对准喷嘴以便使喷洗器喷射的喷洗液落在刮水器的刮水范围之内。

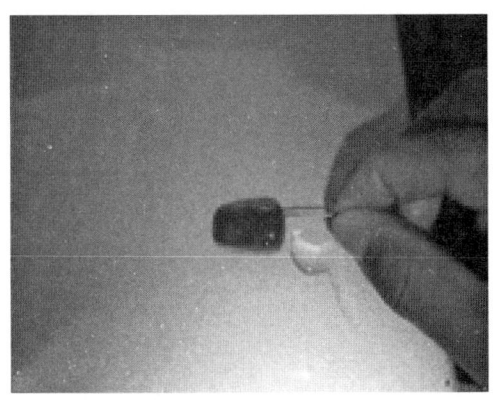

5 风窗玻璃刮水器。

风窗玻璃刮水器开关有 5 个挡位：MIST—除雾功能；OFF—停止位置；INT—间歇功能；LO—低速功能；HI—高速功能。

提示 为防止划伤风窗玻璃，在使用刮水器前要喷洒喷洗液。

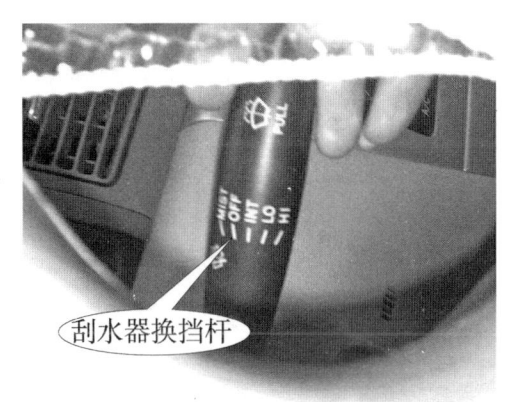

刮水器换挡杆

3. 风窗玻璃刮水器

1 检查工作情况（低速）。

操作：将刮水器开关开至"LO"位置，观察刮水器的摆动情况。

2 检查工作情况（高速）。

操作：将刮水器开关开至"HI"位置，观察刮水器的摆动情况。

3 检查工作情况（间歇功能）。

操作：将刮水器开关开至"INT"位置，观察刮水器的摆动情况。

4 检查工作情况（除雾功能）。

操作:将刮水器开关开至"MIST"位置,观察刮水器的摆动情况。

5 检查停止位置。

停止位置:当刮水器开关关闭时,检查刮水器是否自动停止在其停止位置,即车窗玻璃的下沿。

6 检查刮拭状况。

喷洒喷洗液,检查刮水器不会产生如下问题:条纹式的刮水痕迹;刮水效果不好。

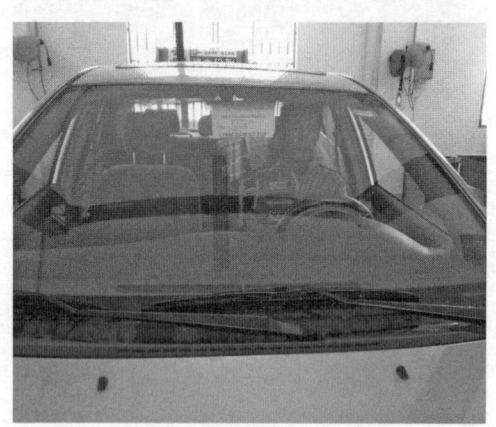

4. 发动机起动任务

1 测量转向盘自由行程。

第一步:做测量参考的标记:使用胶带纸在转向盘上做一个测量标记点。

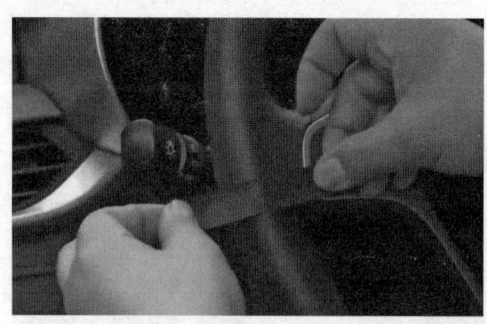

第二步:从驾驶室地板处拿起钢板尺,用来测量转向盘的自由行程。

提示 确认车辆处于直行位置。

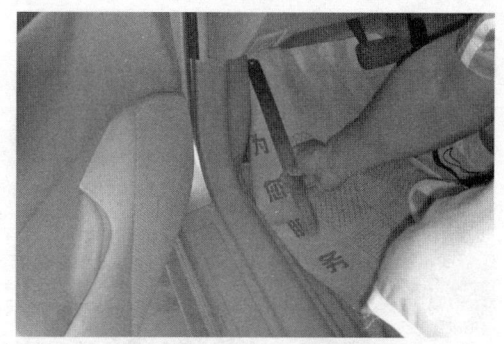

第三步:轻轻左右移动转向盘感到有阻力时停止,使用一把直尺测量转向盘的左右移动量之和(自由行程)。

提示 施加在转向盘上的力量不可过大。

第四步:记录转向盘的自由行程。

提示 转向盘自由行程的标准值为小于30mm。

2 测量制动踏板行程余量。

第一步:发动机处于怠速状态,松开驻车制动拉杆。

提示 起动发动机和释放驻车制动拉杆是为了便于接下去的检查。

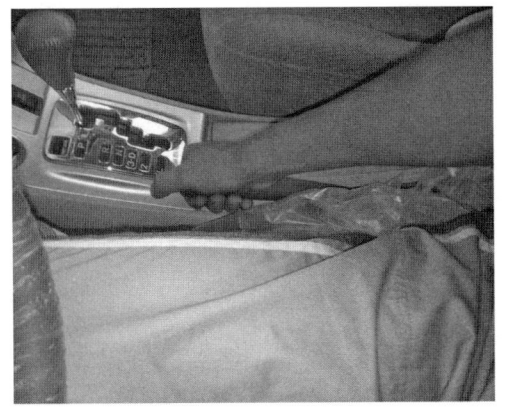

第二步:用大力踩下制动踏板。

提示 踩下并保持住。

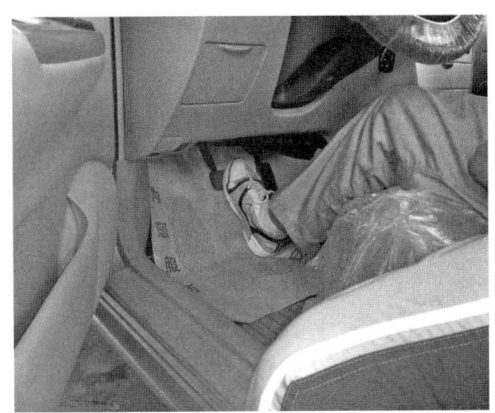

第三步:使用一把直尺测量踏板行程余量,检查其是否处于规定的范围内。

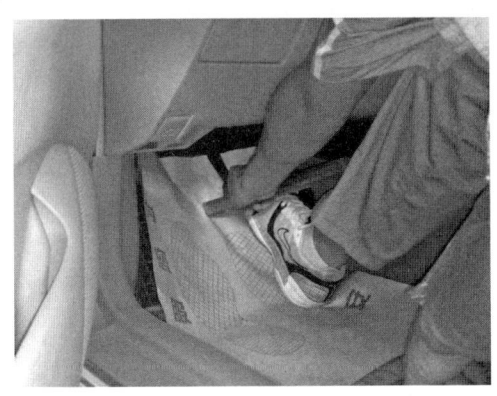

提示

①标准值为大于60mm;

②测量从地面到制动踏板上表面的距离。如果必须要从地毯表面开始测量,则从标准值中扣除地毯的厚度,或者地毯和沥青纸毡的厚度。

第四步:测量完成后,拉起驻车制动杆。

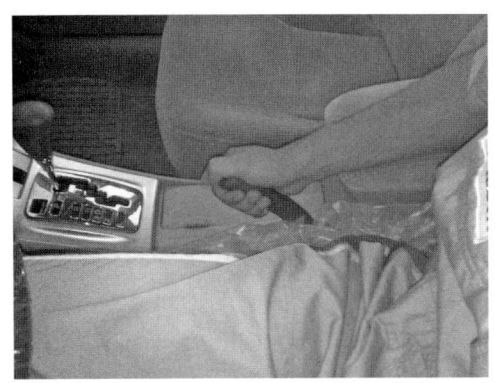

3 测量离合器分离点(倒挡检查)。

第一步:发动机怠速运转时,在没有踩下离合器踏板的情况下,慢慢地换至倒挡。

提示 在操作过程中,换挡的速度必须慢,直到有噪声为止。

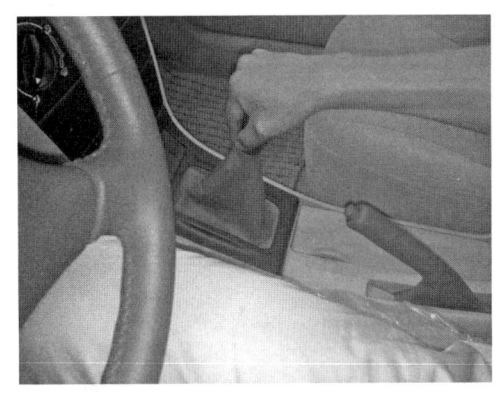

第二步:逐渐踩下离合器踏板,直到换挡时齿轮噪声停止为止。

提示 齿轮噪声消失的位置就是离合器的分离点位置。

第三步:测量踏板的自由高度到齿轮噪声停止位置的踏板行程量。

提示

①标准值为25mm；

②此项检查难度较大，检查时要特别注意操作要领。

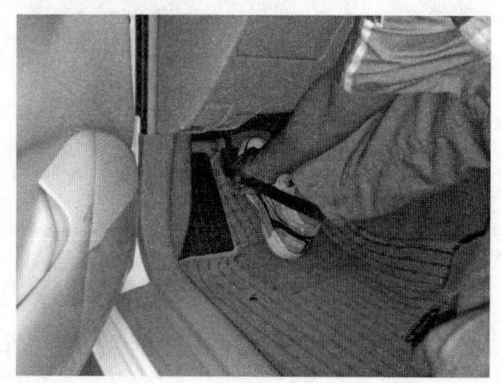

4 检查离合器磨损、噪声和沉重度。

操作：发动机怠速时，踩下离合器踏板，换到1挡或者倒挡，同时检查是否有异常噪声和换挡是否平稳。

5 检查制动真空助力器的气密性（空气阀：高度变高）。

操作：关闭发动机，检查制动踏板每次踩压（踩压数次）后踏板返回距离是否越来越小。

提示 此操作为整个流程操作的步骤。

第一步：起动发动机。

第二步：让发动机运转1~2min，然后停下。

第三步：检查制动踏板每次踩压（踩压数次）后踏板返回距离是否越来越小。

提示 此步骤为单独检查时的步骤。

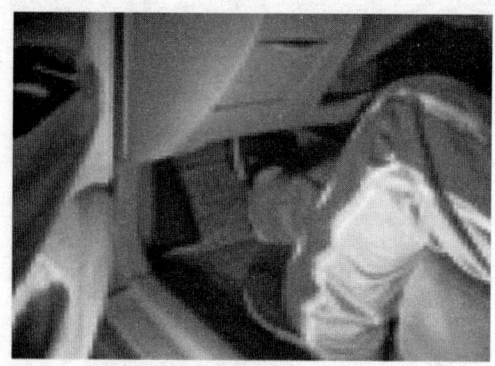

6 检查制动真空助力器工作（下沉）情况。

操作1：在起动发动机前，踩下制动踏板数次。

操作2：脚踩制动踏板，起动发动机。

操作3：检查踏板是否会下沉。

提示 此操作为整个流程操作的步骤。

第一步：发动机停机。

第二步：踩压制动踏板数次。在装有储能式液压制动助力器的汽车上，应当踩压制动踏板40次以上。

第三步：检查，要求踏板高度没有变化。

第四步：踏板踩下后，起动发动机。

第五步：检查踏板是否继续下沉。

提示 此步骤为单独检查时的步骤。

7 检查制动真空助力器真空功能（控制阀：高度不变）。

操作1：发动机起动过程中，踩下制动踏板保持30s。

操作2：发动机起动2~3s后关闭发动机，检查踏板高度应没有发生变化。

提示 此操作为整个流程操作的步骤。

第一步：起动发动机。

第二步：踩下制动踏板并保持30s后，关闭发动机。

第三步：检查，要求踏板高度没有变化。

提示 此步骤为单独检查时的步骤。

顶起位置1—驾驶人座椅 任务2

5. 喇　叭

检查喇叭工作情况。

第一步：打开点火开关，先按下喇叭按钮的中间位置，检查喇叭音量和音调是否稳定。再将转向盘向左转超过180°，同时按下喇叭按钮的左侧，检查此时喇叭音量和音调是否稳定。

第二步：转向盘向右转回水平位置后继续向右转转向盘，同时按下喇叭按钮的右侧，检查此时喇叭音量和音调是否稳定。

提示 有些车型上只装一个喇叭，而有些车型上则装有高低音调的两个喇叭。

6. 驻车制动器

1 检查驻车制动杆行程。

第一步：释放驻车制动杆。

提示 在释放驻车制动杆时，要注意先按下其顶端的锁止按钮，这样才能将其放下。

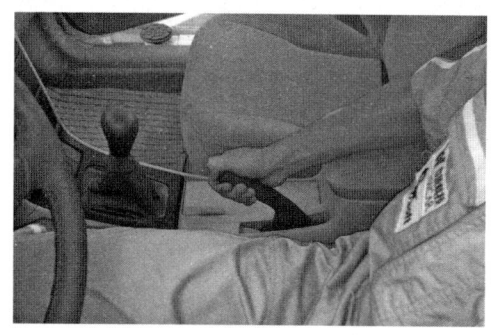

第二步：慢慢拉起驻车制动杆，拉动时可以听到"咔嗒"声，记下此响声的次数，即为驻车制动杆的行程。如果不符合标准，应调整驻车制动杆的行程。

提示

①在拉的时候不要太用力，要均匀用力拉起来；

②当驻车制动杆行程超出规定值时，应首先调整后制动蹄摩擦片或驻车制动蹄摩擦片的间隙，然后重复检查。必要时需重复这个过程。

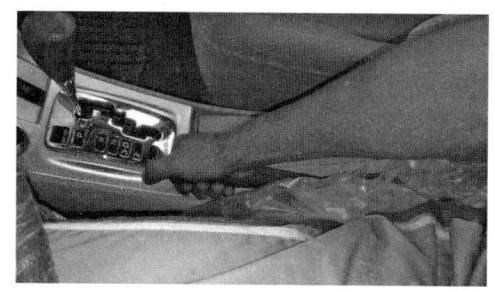

2 检查驻车制动器指示灯点亮情况。

准备：点火开关处于"ON"位置，确保驻车制动器的检查操作正确进行。

第一步：释放驻车制动杆，此时驻车制动器指示灯应熄灭。

提示 释放驻车制动杆时，眼睛要注意观察仪表板上的指示灯。如果释放后指示灯仍点亮,即为不正常。

第二步:拉起驻车制动杆,在第一次听到"咔嗒"声前,指示灯就已经点亮。

提示 拉动驻车制动杆时,眼睛要注意观察仪表板上的指示灯。如果不亮,即为不正常。

第三步:松开驻车制动杆,使其归位。

7. 制 动 器

1 检查制动踏板应用状况(响应性)。
2 检查制动踏板应用状况(完全踩下)。
3 检查制动踏板应用状况(异常噪声)。
4 检查制动踏板应用状况(过度松动)。

操作:连续踩制动踏板3次以上,感觉制动踏板的响应状况(响应性、完全踩下、异常噪声、过度松动)。

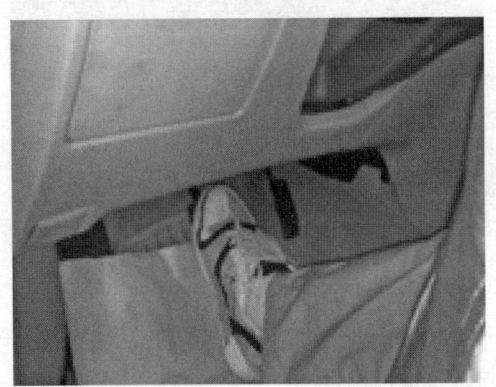

5 测量制动踏板高度。

第一步:打开车门,以便检查制动踏板高度。

提示 要控制好车门打开的角度,不要太小,不然会使操作困难。

第二步:将直尺垂直放于地板上面,测量制动踏板的高度。

提示 测量从地面到制动踏板上表面的距离。如果必须要从地毯表面开始测量,则从标准值中扣除地毯的厚度。

第三步:记录制动踏板的高度。如果超出标准范围,应予以调整。

提示
①标准值为136～146mm;
②制动踏板高度调整步骤:
a. 松开锁止螺母;
b. 转动踏板推杆直到踏板高度正确;
c. 上紧锁止螺母;
d. 调整好踏板高度之后,应重新检查调整踏板自由行程。

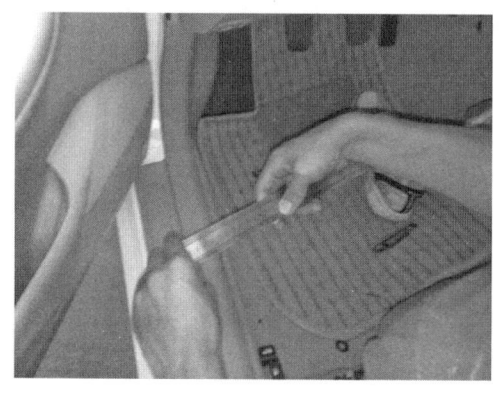

6 测量制动踏板自由行程。

第一步：发动机停机后，踩下制动踏板几次（对于配备了储能式液压制动助力器的车辆，至少要踩下制动踏板40次），以便解除液压制动真空助力器的助力能力。

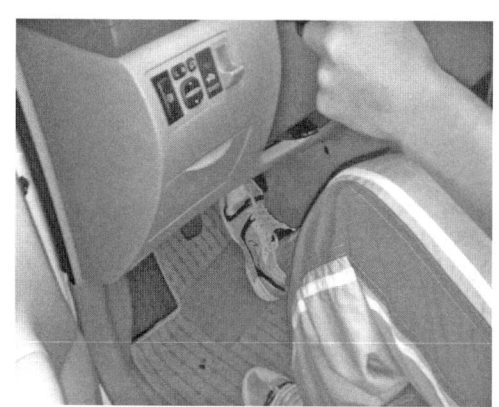

第二步：将钢直尺垂直放于地板上面，使用手指轻轻按压制动踏板（当感觉手按下去的阻力突然增大时为止）并且测量出制动踏板自由行程。

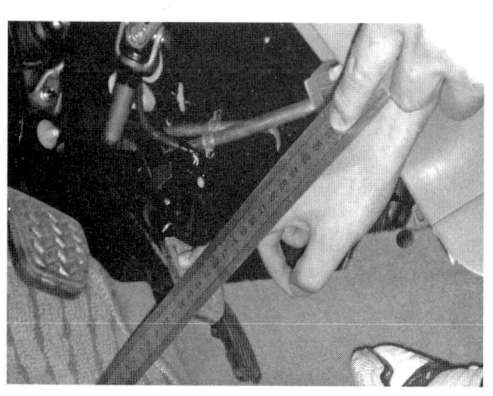

提示 当用手指轻轻按压制动踏板时，制动踏板的运动在两个阶段发生变化。

第一阶段：U形夹销和转轴销的松动。

第二阶段：推杆刚好在液压升高之前运动。

第一阶段与第二阶段的总运动行程即为制动踏板的自由行程。

第三步：从钢直尺中读取所测量制动踏板的自由行程。如果超出标准范围，应予以调整。

提示

①标准值为 1～6mm；

②调整制动踏板高度时制动踏板的自由行程会被自动调整。

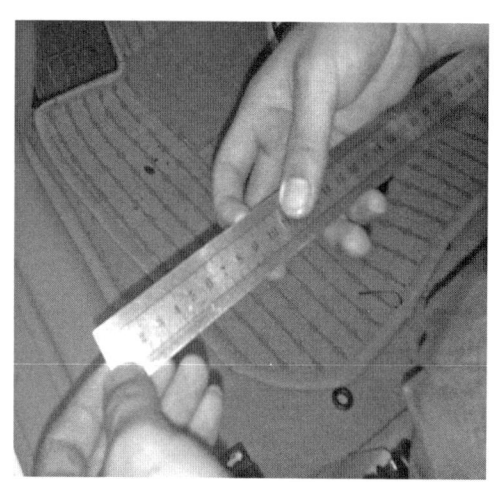

8. 离合器

1 检查离合器踏板状况（踏板回弹无力）。

2 检查离合器踏板状况（异常噪声）。

3 检查离合器踏板状况（过度松动）。

4 检查离合器踏板状况（感觉踏板沉重）。

操作：连续踩离合器踏板数次（3次以上），感觉离合器踏板的响应状况，包括踏板回弹无力、异常噪声、过度松动、踏板沉重。

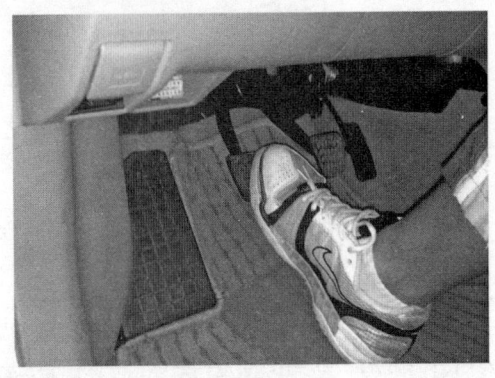

5 测量离合器踏板高度。

第一步：使用一把钢直尺垂直地放于地板上面，测量离合器踏板的高度。

提示 测量从地板面到离合器踏板上表面的距离。如果必须要从地毯表面开始测量，则从标准值中扣除地毯的厚度(或者地毯和沥青纸毡的厚度)。

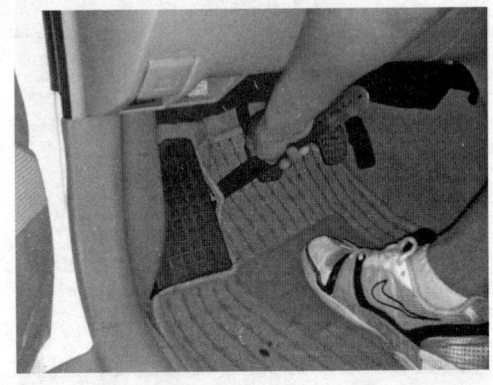

第二步：从钢直尺中读取所测量出来的离合器踏板的高度。如果超出标准范围，则调整踏板高度。

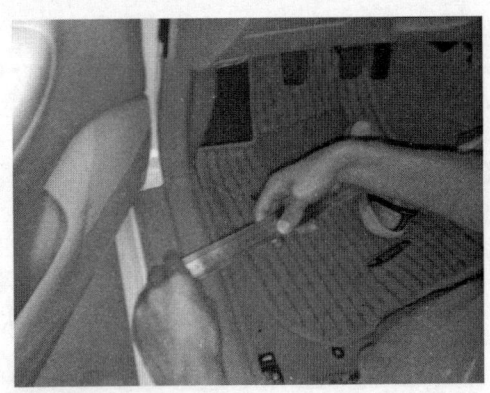

提示

①标准值为 134～144mm；

②离合器踏板高度调整步骤：
a. 松开限位螺栓锁止螺母；
b. 转动限位螺栓直到踏板高度正确；
c. 拧紧限位螺栓，锁止螺母。

6 测量离合器踏板自由行程。

第一步：将钢直尺垂直放于地板上面，使用手指轻轻按压离合器踏板（当感觉到手按下去的阻力突然增大时为止）并且测量出离合器踏板自由行程。

提示 用手指按压踏板时，感觉踏板逐渐变重的过程分两步：

①踏板运动直到踏板推杆接触主缸活塞；

②踏板运动直到引起总泵液压上升。离合器分离轴承推动膜片弹簧以前，随着踏板发生一定量的移动，踏板自由行程也就被确定。

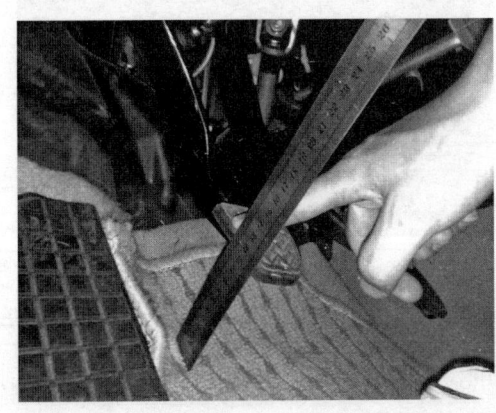

第二步：从钢直尺中读取所测量离合器踏板自由行程。如果超出标准范围，应予以调整。

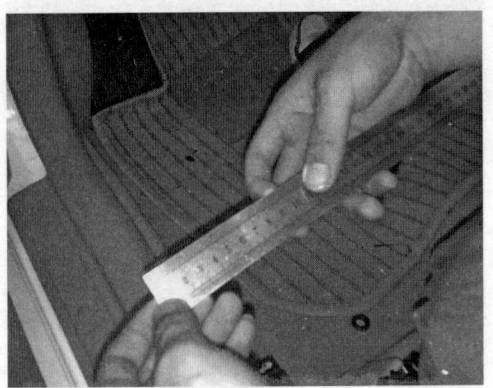

顶起位置1—驾驶人座椅 任务2

> **提示** 标准值为 5~15mm。

第三步:将钢板尺放置于驾驶室地板上。

> **提示** 放钢直尺时,人可以从车里出来进行操作,这样更容易检查。

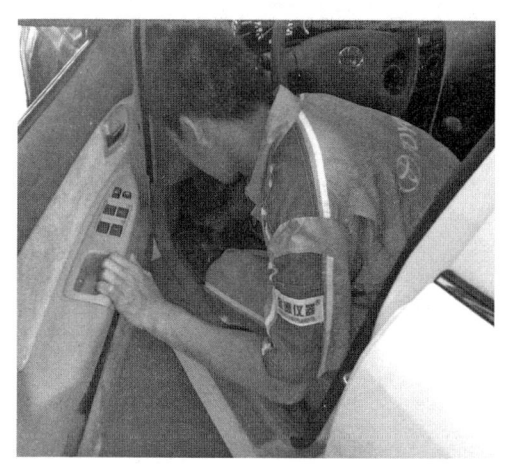

第四步:关闭车门。车门关好后,同时将直尺放到原始位置。

> **提示** 离合器踏板自由行程调整:
> ①松开推杆锁止螺母;
> ②转动踏板推杆直到踏板自由行程正确;
> ③上紧推杆锁止螺母;
> ④调整好踏板自由行程之后,检查踏板高度。

9. 转 向 盘

1 检查松弛和摆动。

第一步:双手水平握住转向盘,上下分别轻轻用力移动转向盘,确保其没有松动。

第二步:双手垂直握住转向盘,上下分别轻轻用力移动转向盘,确保其没有松动。

> **提示** 在一个配备倾斜转向或者伸缩转向系统的车上,在转向盘整个移动范围内检查松动情况。

2 检查 ACC 位置时转向盘可否自由移动。

第一步:将点火开关转动到 ACC 位置。

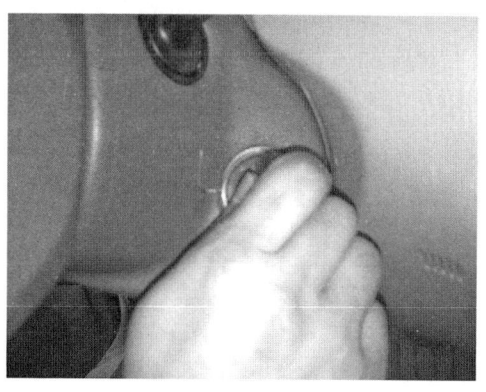

第二步:向左转动转向盘,能够保证转

向盘不锁定和可自由移动。

第三步：向右转动转向盘,能够保证转向盘不锁定和可自由移动。

第四步：将转向盘转回到中间位置。

提示 如此时上述两个方向都能转动,属于正常。如果其中一侧不能转动,即为不正常。

10. 外部检查准备

1 打开点火开关,开关置于"ON"位置。

操作：将点火开关置于"ON"位置,以便进行接下来的门控灯检查。

提示 如果此时不打开点火开关,那么,在检查门控灯的时候就要延迟20s,造成检查的不便。而打开点火开关后,门控灯会立即熄灭。

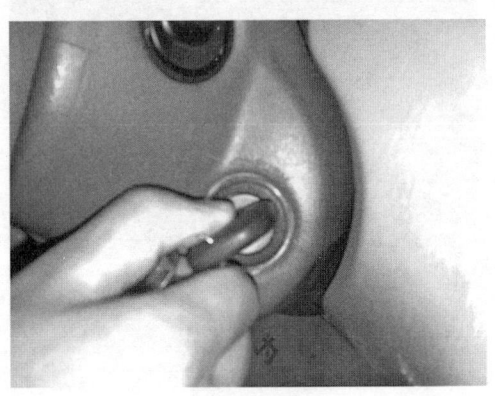

2 拉起发动机舱盖释放杆。

操作：将发动机舱盖释放杆向上拉起。

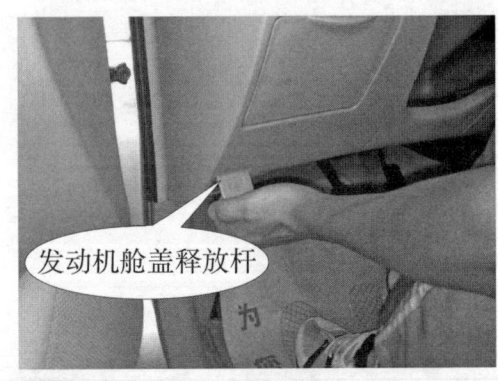

发动机舱盖释放杆

3 打开行李舱门。

操作：打开行李舱门,以便检查行李舱和备胎。

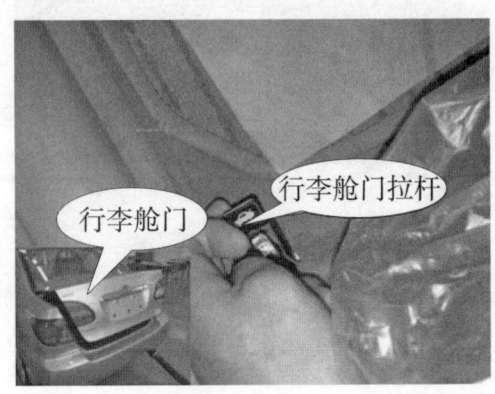

行李舱门　行李舱门拉杆

顶起位置1—驾驶人座椅 **任务2**

4 打开油箱盖。

操作：打开油箱盖，以便进行油箱的检查。

5 将换挡杆置于空挡。

操作：将换挡杆置于空挡位置，以便进行底盘的检查。

提示 对于配备自动变速器的车辆，需要按下P挡锁止按钮再进行操作。

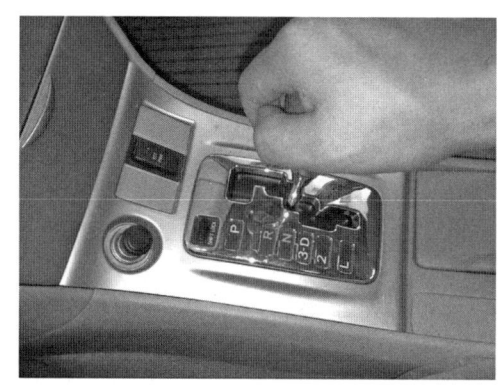

6 释放驻车制动杆。

操作：释放驻车制动杆，以便进行车轮及制动系统的检查。

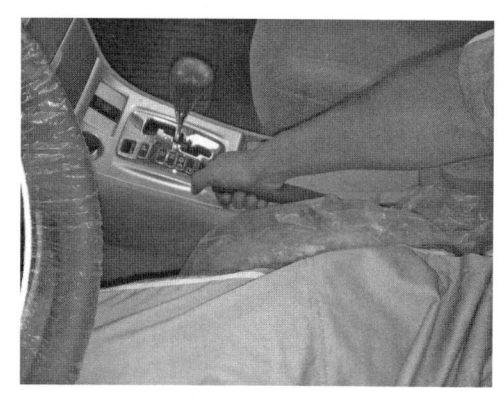

7 工具复位。

提示

①当以上外部检查的任务做好以后，学生打开车门，走出驾驶室；

②此时要把刚才测量过程中所用的钢直尺拿出来放在工具车上，然后再进行下面的操作。

七 考核标准

任务2 顶起位置1—驾驶人座椅 考核标准表

顶起位置1 [1/5、2/5、3/5] （注：汽车在地面位置） 定期维护任务（共有55项）

考核时间：10min　考核总分满分：55分

评分	考核项目	评分标准
左右	1. 车灯 [一人车内操作，一人车外检查报结果]	

续上表

评分	考核项目	评分标准
	（1）检查仪表板 灯点亮（点火开关置于"ON"位置）	检查不正确，扣1分
	（2）检查顶灯点亮情况	坐在车内用顶灯开关控制顶灯，检查错误扣1分
	（3）将顶灯开关旋至"DOOR"位置（外部检查准备）	未操作扣1分
	（4）检查示廓灯点亮情况	灯开错、报错、未检查扣1分
	（5）检查前照灯（Lo）点亮情况（近光灯）	灯开错、报错、未检查扣1分；未起动发动机扣0.5分
	（6）检查前照灯（Hi）和指示灯点亮情况	灯开错、报错、未检查扣1分
	（7）检查前照灯闪光器开关和指示灯点亮情况	灯开错、报错、未检查扣1分
	（8）检查转向信号灯和指示灯（前）点亮情况	灯开错、报错、未检查扣1分
	（9）检查危险警告灯和指示灯（前）点亮情况	灯开错、报错、未检查扣1分
	（10）检查变光器开关自动回位功能	指转向盘放正，扳动组合开关至某一侧，转动转向盘能自动复位，操作完后应将转向盘放正，否则扣0.5分；灯开错、报错、未检查扣1分
	（11）检查尾灯点亮情况	灯开错、报错、未检查扣1分
	（12）检查牌照灯点亮情况	灯开错、报错、未检查扣1分
	（13）检查转向信号灯和指示灯（后）点亮情况	灯开错、报错、未检查扣1分
	（14）检查制动灯点亮情况（尾灯一起点亮）	灯开错、报错、未检查扣1分

续上表

评分	考核项目	评分标准
	（15）检查倒车灯点亮情况	灯开错、报错、未检查扣1分；发动机未熄火扣0.5分
	（16）检查危险警告灯和指示灯（后）点亮情况	灯开错、报错、未检查扣1分
左右	2.风窗玻璃喷洗器	
	（1）检查喷射状态	操作错误扣0.5分，未报扣0.5分，检查错误扣1分
	（2）检查喷射位置	操作错误扣0.5分，未报扣0.5分，检查错误扣1分
	（3）检查喷射时刮水器联动（检查当玻璃喷洗器喷射时刮水器的工作情况）	目测，平稳、无异响，风挡上应先喷水，动作实际在36项做，这里报出结果，报错扣0.5分，检查错误扣1分
左右	3.风窗玻璃刮水器[操作前风窗玻璃上要有喷洗液，一个挡位一次]	
	（1）检查工作情况（低速）	刮水器低速动作速度正常，动作平稳；检查错误扣1分
	（2）检查工作情况（高速）	刮水器高速动作速度正常，动作平稳；检查错误扣1分
	（3）检查工作情况（间歇功能）	间歇动作正常，检查错误扣1分
	（4）检查工作情况（雾功能）	除雾动作正常，检查错误扣1分
	（5）检查停止位置	确认动作，在任意位置停止，应自动复位，检查错误扣1分
	（6）检查刮拭状况	刮水效果，无水痕，范围位置，检查错误扣1分
	4.发动机起动任务[没起动发动机扣1分]	
	（1）测量转向盘自由行程（<30mm）	转向盘未置水平位置扣0.5分，车外轮没看扣0.5分，读数错误扣0.5分，检查标准判断错误扣1分

续上表

评分	考核项目	评分标准
√	（2）测量制动踏板行程余量（>60mm）	驻车制动杆未松开扣0.5分,测量时未踩住制动踏板扣0.5分,驻车制动杆未复位扣0.5分,读数错误扣0.5分,检查标准判断错误扣1分
√	（3）测量离合器分离点（倒挡检查）（25mm）	挡位操作不正确扣0.5分,测量时未踩住制动踏板扣0.5分,读数错误扣0.5分,检查标准判断错误扣1分
	（4）检查离合器磨损、噪声和沉重度	未换挡扣0.5分,检查错误扣0.5分
√	（5）检查制动助力器气密性（空气阀：高度变高）（熄火）	未熄火扣0.5分,踩制动踏板方法不正确扣0.5分,判断错误扣1分
√	（6）检查制动助力器工作情况（下沉）（起动发动机）	脚踩制动踏板起动发动机,否则扣0.5分,判断下沉不正确扣1分
√	（7）检查制动助力器真空功能（控制阀：高度不变）（熄火）	脚踩制动踏板保持30s,否则扣0.5分,未熄火扣0.5分,高度不变判断错误扣1分
左右	5.喇叭	
	检查工作情况	点火开关未打开扣0.5分,中间位置、左边、右边位置打方向未操作扣0.5分,转向盘未回位扣0.5分
	6.驻车制动器	
	（1）检查驻车制动杆行程（6～9响）	拉6～9牙,注意过程和数牙,报错扣1分
	（2）检查驻车制动器指示灯点亮	拉动第一个牙仪表指示灯应亮,放下应灭
	7.制动器	
	（1）检查制动踏板应用状况（响应性）	报错扣0.5分,检查错误扣1分

续上表

评分	考核项目	评分标准
	（2）检查制动踏板应用状况（完全踩下）	报错扣0.5分，检查错误扣1分
	（3）检查制动踏板应用状况（异常噪声）	报错扣0.5分，检查错误扣1分
	（4）检查制动踏板应用状况（过度松动）	报错扣0.5分，检查错误扣1分
	（5）测量制动踏板高度（136~146mm）	钢直尺测量是否垂直于地板面，否则扣0.5分，读数未加地板厚度扣0.5分，报数不正确扣0.5分，测量位置不正确扣0.5分，检查错误扣1分
	（6）测量制动踏板自由行程（1~6mm）	钢直尺测量是否垂直于地板面，否则扣0.5分，报数不正确扣0.5分，测量位置不正确扣0.5分，检查错误扣1分
	8.离合器	
	（1）检查离合器踏板状况（踏板回弹无力）	报错扣0.5分，检查错误扣1分
	（2）检查离合器踏板状况（异常噪声）	报错扣0.5分，检查错误扣1分
	（3）检查离合器踏板状况（过度松动）	报错扣0.5分，检查错误扣1分
	（4）检查离合器踏板状况（踏板沉重感觉）	报错扣0.5分，检查错误扣1分
	（5）测量离合器踏板高度（134~144mm）	钢直尺测量是否垂直于地板面，否则扣0.5分，读数未加地板厚度扣0.5分，报数不正确扣0.5分，测量位置不正确扣0.5分，检查错误扣1分

续上表

评分	考核项目	评分标准
	（6）测量离合器踏板自由行程（5~15mm）	钢直尺测量是否垂直于地板面，否则扣0.5分，报数不正确扣0.5分，测量位置不正确扣0.5分，检查错误扣1分
	9.转向盘	
	（1）检查松弛和摆动	上下、左右位置没操作扣0.5分，检查不正确扣1分
	（2）检查"ACC"位置，转向盘可否自由移动	点火开关未到"ACC"位置扣1分，左右转向盘未打扣0.5分，转向盘未复位扣0.5分
	10.外部检查准备	
	（1）点火开关置于"ON"位置	点火开关"ON"位置未打开扣1分
	（2）拉起发动机舱盖释放杆	释放杆未拉起释放一次扣0.5分，未拉扣1分
	（3）打开行李舱门	行李舱门未打开扣1分
	（4）打开油箱盖	油箱盖未打开扣1分
	（5）将换挡杆置于空挡	未换到空挡扣1分
	（6）释放驻车制动杆	未释放驻车制动杆扣1分

任务3　顶起位置1—车门、油箱盖、后部

一　任务说明

车门、油箱和后部是车辆左侧、后部和右侧的检查任务，其整个操作流程是学生从驾驶室出来后，从左前车门开始往后进行检查，到左后车门、油箱盖、行李舱、备胎、灯罩、悬架、右后车门，一直到右前车门为止，进行循环操作。

本任务操作内容包括：

（1）车门（左前车门，包括车门、座椅、安全带、门控灯指示灯；左后车门；右后车门；右前车门，此处还有空调）；

（2）油箱盖；

（3）后部（行李舱门、备用轮胎、排气管、车灯、悬架）。

二　技术标准与要求

（1）门控灯为所有车门关闭时熄灭，其中有一扇车门打开时亮，指示灯也是如此；

（2）油箱盖力矩限制器，当油箱盖旋紧听到"咔咔"声时，即为正常；

（3）备胎胎面沟槽深度——标准是大于3mm；

（4）备胎气压——标准是210kPa；

（5）实训时间和考核时间均为10min。

三　实训教学目标

（1）了解各个检查任务的重要性；

（2）掌握车门、油箱盖、后部任务的作业流程和操作方法；

（3）重点掌握轮胎深度计和气压表的使用方法；

（4）学会车门、油箱盖、后部中的各个操作任务，并能够在规定的时间内完成。

四 实训器材

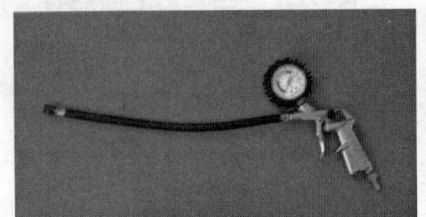 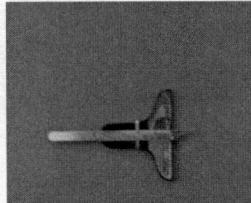  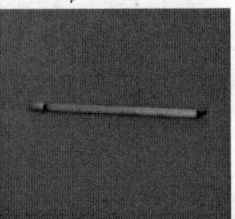

气压表　　　　　轮胎花纹深度计　　　肥皂水　　　　毛笔

其他工具及器材:纱布。

五 教学组织

1 教学组织形式

单人操作每辆车安排4名学生实训。双人操作则可每辆车安排8名学生,自行编排流程。

2 学生站位分工和要求

4名学生,一名进行操作前准备,一名进行操作,两名进行评分。

3 实训教师职责

(1)讲解操作任务的作业流程、操作步骤、技术规范和注意事项;

(2)组织、管理学生进行操作;

(3)在实训中进行检查、指导和纠正学生的错误。

4 学生职责变换

4名学生实行职责轮流变换制度,第一遍,1号学生操作,2号学生进行操作前准备,3号学生、4号学生进行评分;第二遍,2号学生操作,3号学生进行操作前准备,4号学生、1号学生进行评分。这样依次进行循环。

六 操作步骤

(一)左前车门

1. 车身螺栓螺母

1 检查车门的螺栓和螺母是否松动(含铰链)。

第一步:左手放在车门上面,右手放在车门下面,然后上下轻轻摇动车门,检查车身螺母和螺栓是否安全牢固。

提示 注意在操作过程中,车门不要碰到举升机的立柱。

顶起位置1—车门、油箱盖、后部 任务3

第二步：摇动车门后，再去检查车门与车身连接处的铰链是否良好。

提示 也可用扳手紧固的方法进行检查。

2 检查座椅的螺栓、螺母是否松动。

第一步：左手拉住座椅的下沿，右手按住座椅的上沿。

提示 也可用扳手紧固的方法进行检查。

第二步：移动座椅，检查座椅下方的安装螺栓是否松动。

提示 拉座椅的时候，先拉座椅下面的调节拉杆，然后向前移动座椅，再向后移动复位。在拉动过程中感觉座椅螺栓、螺母是否有松动的现象。

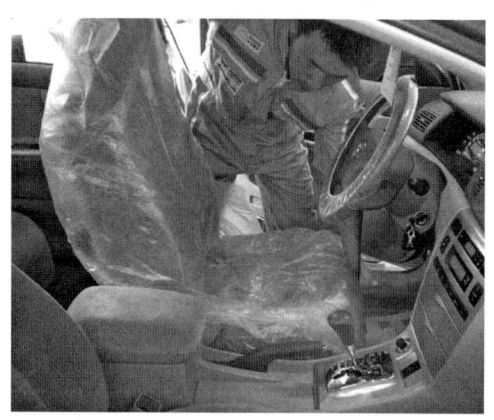

3 检查座椅安全带的螺栓、螺母是否松动。

第一步：双手拉住安全带，左手拿住安全带插扣，右手拿住安全带上沿。然后用力一拉，此时安全带应该会停住，如不会停住则锁止失效。

提示 也可用扳手紧固的方法进行检查。

第二步：将安全带拉出来，同时左手将插扣插入到安全带插座上面固定。观察组合仪表内安全带指示灯是否熄灭，然后用力向上拉动安全带检查其安装是否牢固。

提示 此时可检查座椅两边的安全带

47

的螺栓、螺母是否松动。

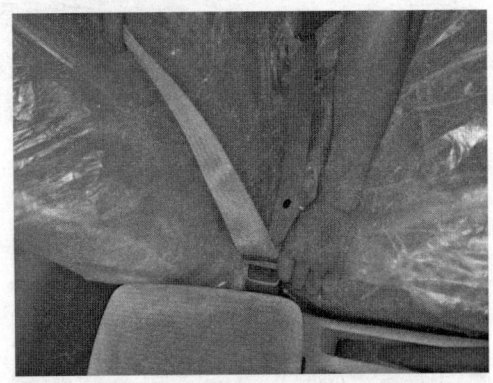

第三步：拉动安全带检查其是否牢固，然后用手按住安全带调节器的按钮。

提示 此安全带调节器用于调节安全带的位置，应对其每个挡位进行检查。

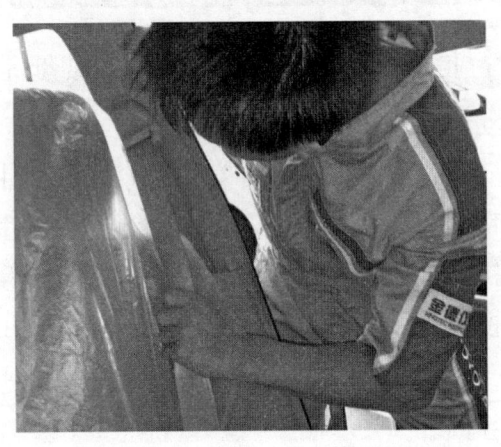

第四步：按下按钮后，往下拉动安全带调整器，观察能否调节，再把它归到原位。

提示 检查顺序为先从上到下每个挡位进行检查，检查好后再从下面到上面进行复位操作。

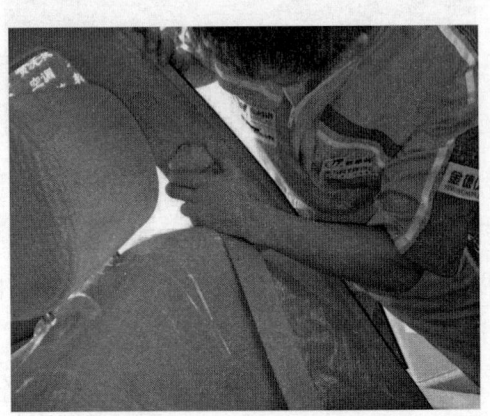

第五步：将安全带从插座中拔出来，放回到原始位置。

提示 在安全带返回的时候，要双手放开，观察安全带是否会自由地缩回到原位。

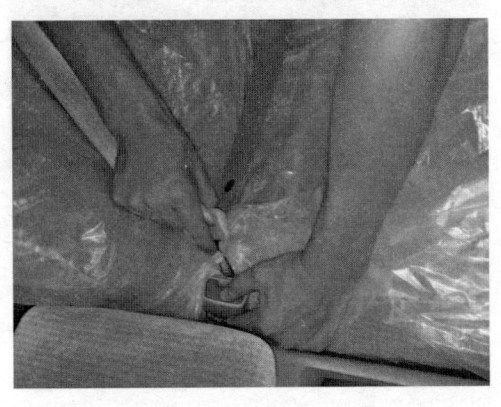

2. 门控灯开关

检查工作情况（即阅读灯和指示器灯工作情况）。

第一步：左前车门处于打开状态，其他车门关闭，此时阅读灯亮，同时观察仪表板上的指示灯是否正常点亮。

提示 在检查单个门的门控灯时，一定要关闭其他车门的灯，否则不能进行正常的检查。

第二步：关闭左前车门，观察阅读灯，应该熄灭，同时观察仪表板上的指示灯是否正常熄灭。

提示

①通过检查确保打开一扇车门时阅读灯变亮,而所有车门关闭时阅读灯熄灭;

②配备照明进入系统的车辆,其阅读灯不会立即熄灭,因此需要等待几秒钟,以便检查阅读灯是否熄灭。检查前如果将点火开关开至"ON"位置,则阅读灯会立即熄灭。

(二)左后车门

1. 车身螺栓、儿童锁、螺母

1 检查车门的螺栓、螺母是否松动(含铰链)。

第一步:左手放在车门上面,右手放在车门下面,然后上下轻轻摇动车门,检查车身螺母、螺栓是否安全牢固。

提示 此项操作可以用扳手紧固方式进行操作。

第二步:摇动车门后,再去检查车门与车身连接处的铰链是否良好。

提示 可以通过上下摇动车门来进行检查。

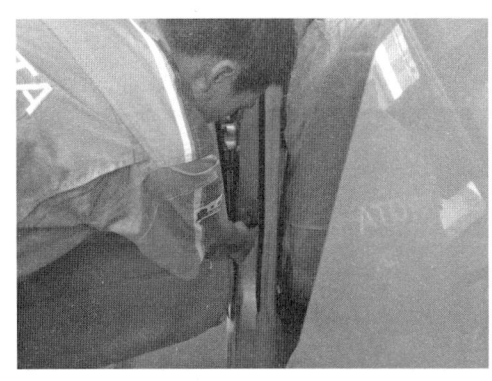

2 检查儿童锁。

第一步:将点火开关置于"ON"位置,下降后排车窗玻璃。

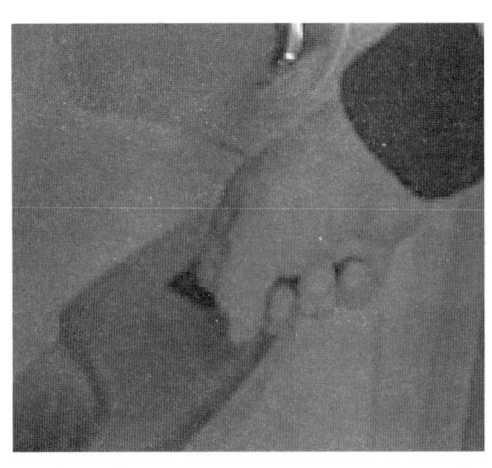

第二步:儿童锁上锁。

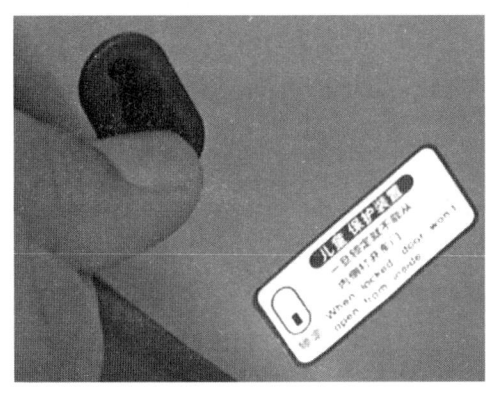

第三步：确认左后车门无法从内侧打开。

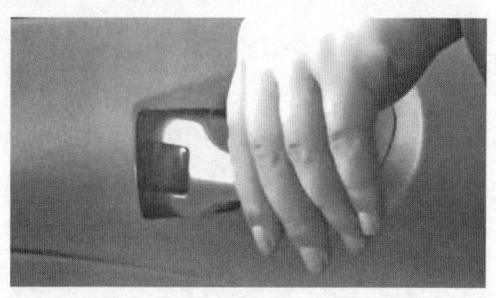

第四步：儿童锁复原。

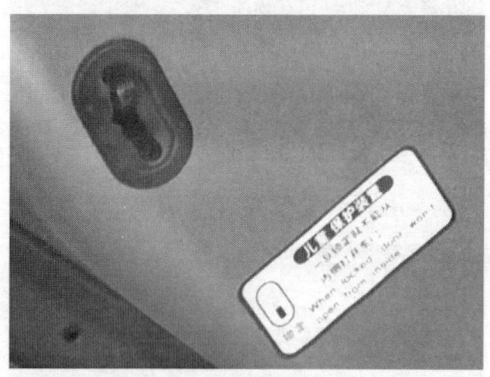

3 检查座椅的螺栓、螺母是否松动。

第一步：将左手放在座椅拉杆处，右手放在座椅背处。

第二步：拉起座椅拉杆，此拉杆是锁止座椅用的，只有将座椅拉杆拉起，座椅才可以操作检查。

提示 在拉的时候，不要太用力，以防止锁止被拉坏。

第三步：右手按在座椅外侧，左手放在座椅上面，向外推座椅，看座椅安装状况是否正常。

提示 检查左侧车门处时，座椅摇起来的时候，中间座椅也同时摇起来。

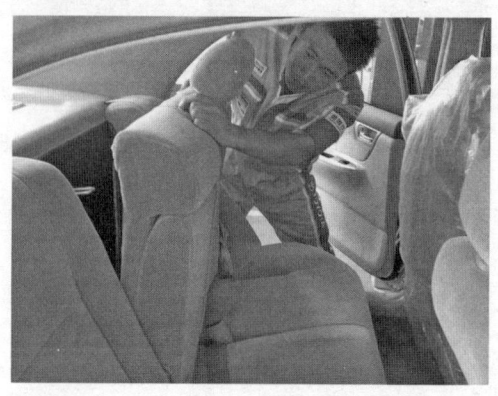

第四步：双手将座椅装回到原始位置，同时锁住座椅拉杆。

提示 在复位的时候应确保锁止到位。

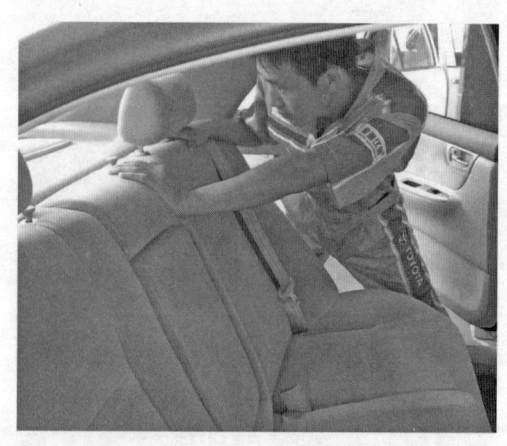

4 检查座椅安全带的螺栓、螺母是否

松动。

第一步：左手拿住安全带插扣，右手拉住安全带上部，然后用力一拉，此时安全带应该会停住，如不会停住则为锁止失效。

提示 检查时也可用扳手紧固方式进行检查。

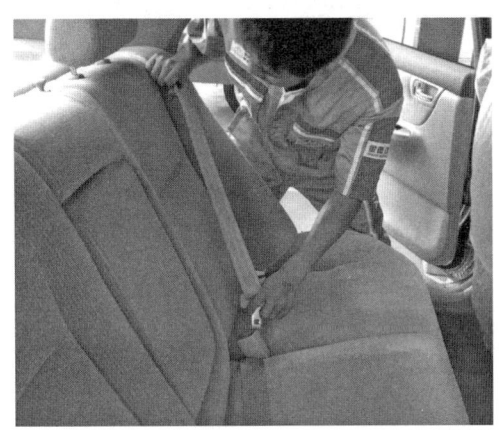

第二步：将安全带插入插座后，用力拉安全带，检查安全带安装是否正常。

提示 此时可检查座椅两边的安全带的螺栓、螺母是否松动。

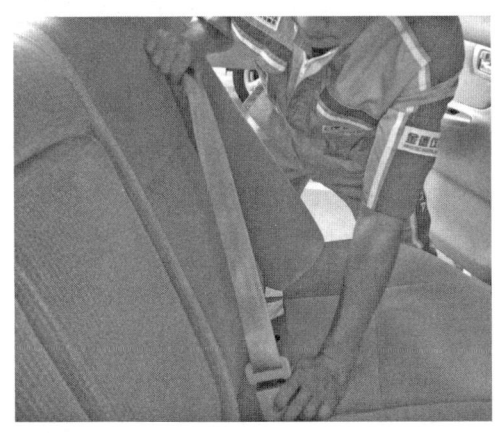

第三步：将安全带从插座中拔出来，放回到原始位置。

提示 注意在安全带返回的时候，要双手放开，观察安全带是否会自由地缩回到原位。

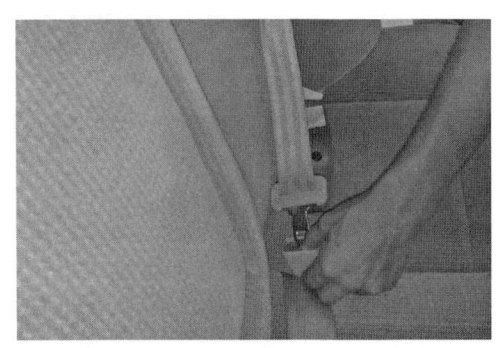

2. 门控灯开关

检查工作情况（即阅读灯和指示器灯工作情况）。

此任务操作参考本教材第48页：

顶起位置1；（一）左前车门；2.门控灯开关。

（三）油 箱 盖

1 检查是否变形和损坏。

第一步：先用手摸油箱盖的外表面，检查其表面是否有变形和损坏。

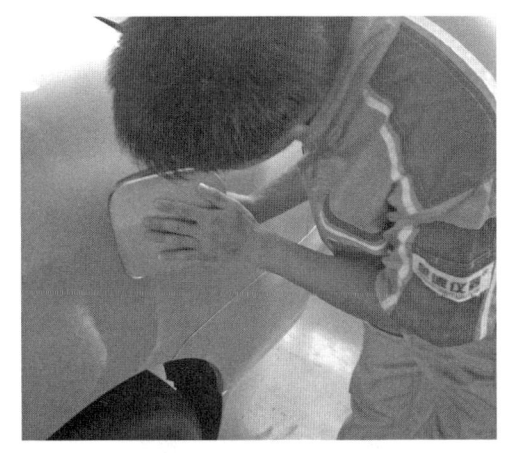

第二步：用手摸油箱盖内表面，检查其表面是否有变形和损坏。

提示 在做这项检查时，还包括检查内盖里面是否有变形损坏情况。

第三步：用手旋开油箱盖，检查垫片有没有变形损坏，另外，检查真空阀是否锈蚀或者粘住。

2 检查连接状况。

操作：检查确保油箱盖能够正确拧紧，检查其橡胶连接线完好。

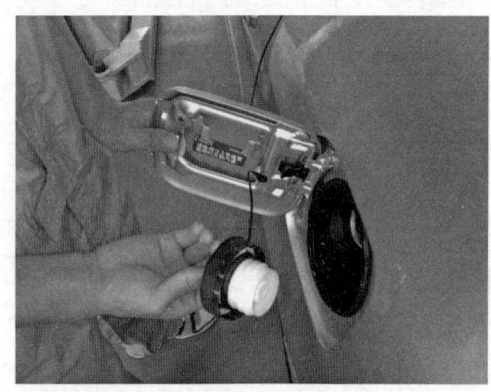

3 检查力矩限制器工作情况。

进一步拧紧油箱盖，确保油箱盖发出"咔嗒"声，而且能够自由转动。

提示 旋紧听到有2~3响"咔嗒"声的时候，则可以停止操作。

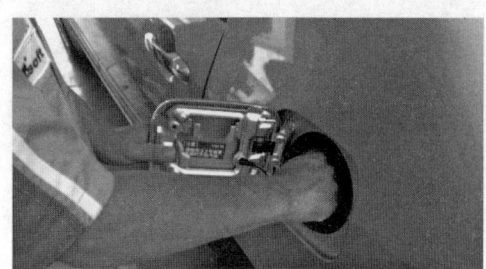

4 关闭油箱盖。

提示 油箱盖关好后，用抹布擦一下油箱盖。保持油箱盖表面清洁。

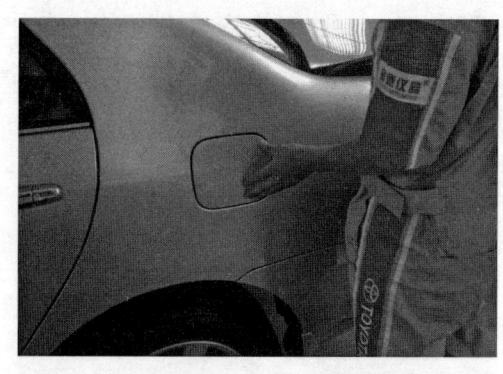

（四）后　部

1. 螺母和螺栓

检查行李舱门的螺栓、螺母是否松动。

第一步：双手放在行李舱门处，向上打开行李舱门。

提示 前面已经将行李舱门拉杆拉起。

第二步：打开行李舱门后，双手放在行李舱门的两侧，然后沿外侧上下用力摇动行李舱门，检查其螺栓、螺母是否松动。

提示 行李舱门所处的位置不变。

2. 行李舱照明灯

检查行李舱锁开启时,行李舱照明灯是否正常点亮。

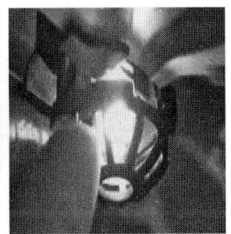

3. 备用轮胎

1 准备工作。

第一步:用双手掀起行李舱的地板垫,以便能够取出备用轮胎。

提示 备用轮胎安装在行李舱内底部。

第二步:将备胎固定螺栓旋松,以便能够取出备胎。

提示 旋松螺栓的时候可能感觉比较紧,如果旋不动可戴上手套拧。

第三步:将刚才旋下的备胎固定螺栓放在行李舱右边上。

提示 确保放置平稳,以防止其掉入底下影响操作。

第四步:左手顶住行李舱垫,右手拿住轮胎,把备胎从行李舱中取出。

提示 在拿备胎过程中,注意不要和车身发生接触,以免造成车身的损伤。

第五步:取出备胎后,左手放下行李舱垫。然后把备胎放在轮胎架上,以便进行检查。

提示 在搬运轮胎过程中,轮胎不可着地。

首先将轮胎在轮胎架上转动一圈，每转动一次转动角度为120°，分三次完成，以便进行下列任务的检查。

2 检查是否有裂纹和损坏。

检查轮胎胎面和胎壁是否有裂纹、割痕或其他损坏。

3 检查是否嵌入金属颗粒或其他异物。

检查轮胎的胎面和胎壁是否嵌入金属颗粒、石子或者其他杂物。

4 检查是否有异常磨损。

检查车胎的整个外围是否有均匀磨损或者阶段磨损。

5 检查轮辋是否损坏或腐蚀。

两面分别检查轮辋，内侧和外侧。

检查轮辋是否损坏、腐蚀、变形和跳动。

提示 在检查时，用手轻轻地去摸轮辋，同时用眼睛看，来检查其是否有损坏或腐蚀的情况。

6 测量胎面沟槽深度（用轮胎深度计测量）。

第一步：从工具车中取来轮胎深度计，进行胎面沟槽深度的测量。

提示 在取来轮胎深度计的时候，需要对其进行清洁与校零。

首先在轮胎侧面找到带有三角形箭头的胎面磨损指示标记；然后在其他地方进行测量。

第二步：在轮胎胎面上找到靠近胎面中心线的两条槽进行测量，然后转动轮胎90°对这两条槽进行第二次测量，再将轮胎转动90°对这两条槽进行第三次测量，再将轮胎转动90°进行第四次测量。

提示

①标准值大于3mm；

②同时可以通过观察与地面接触的轮胎表面的胎面磨耗指示标记轻易地检查胎面深度。操作完成后，将深度计放回原处。

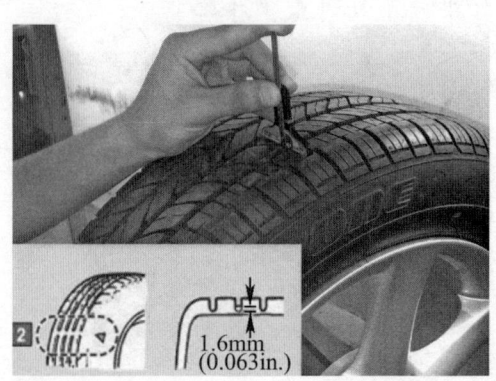

7 检查气压。

第一步：在轮胎上找到气嘴，旋出气嘴盖，以便进行轮胎气压和漏气的检查。

提示 旋气门盖的时候要小心，防止气门盖掉落。

第二步：从工具车中取出轮胎气压表，以便进行轮胎气压的检查。

提示 在检查气压之前，需要对气压表进行校零，以确认其是否符合标准。

第三步：将轮胎气压表插入到气嘴处，然后观察气压表，读取轮胎气压值，检查气压是否在正常范围内。

提示

①标准值为210kPa；

②在前面转动轮胎的时候（做深度检查时），可先将轮胎的气嘴调整到合适位置，以便进行操作。操作完成后，将气压表放回原处。

8 检查是否漏气。

第一步：从工具车中取出肥皂水和毛笔，以便检查轮胎是否漏气。

提示 操作时要防止肥皂水滴落到地上，如果有滴落则立即擦除。

第二步：将肥皂水涂在气门嘴的周围，检查轮胎是否漏气。如果有气泡出来，说明轮胎漏气。

提示 在向气门嘴滴肥皂水的时候，一是要注意防止肥皂水滴到地上，二是要确保肥皂水要滴满气门嘴处。

第三步：操作完成后，先将肥皂水和毛

笔放回原处,然后再将气门嘴盖旋紧。

　　提示　在旋气门盖的时候先用布擦一下。

9 放回轮胎。

　　第一步:双手拿住备胎,准备将备胎安装到行李舱中去。

　　第二步:一只手提起备胎,另一只手掀起行李舱垫,准备将轮胎放回到里面去。

　　提示　在拿备胎过程中,要注意不要让其和车身发生接触,以免造成车身的损伤。

　　第三步:将备胎放到行李舱里面。

　　提示　放备胎的时候注意位置,一定要在中间位置,以便紧固螺栓。

　　第四步:从行李舱的右侧拿来备胎固定螺栓,同时将备胎紧固在行李舱中,螺栓旋到用手拧紧为止。

　　提示　操作过程中如果遇到螺栓不能正常放入,可适当调整备胎的安装位置,使其与中心对齐。

　　第五步:将行李舱垫盖好。

　　提示　盖垫子的时候要注意把行李舱中的附件整理好,另外,要把垫子的扣子扣上。

顶起位置1——车门、油箱盖、后部 任务3

第六步：双手将行李舱门盖上。

提示 在关行李舱门的时候动作要轻，关好门后，可用布擦干净手摸过的地方。

4. 排气管

拆除排气管。

第一步：学生在排气管后方蹲下，双手拉住排气管吸头向外拉，把排气管拔出。

提示 双手一定要放在排气管吸头的盖子上面，以防止盖子被排气管夹住。

第二步：将排气管拆下后，吊到吊钩上面。

提示 要求：放置排气管的时候要轻一点放，以防止其摇晃，影响操作。

5. 车灯

① 检查安装状况（右后灯）。

双手放在车灯上面，用手晃动车灯，检查车灯安装是否松动。

提示 操作时稍用力，来回晃动两次即可。

② 检查是否损坏和有污垢（右后灯）。

双手放在车灯上面，检查灯罩和反光镜有无褪色或者因为碰撞而损坏。同时，检查灯内是否有污物或者有水浸入。

③ 检查安装状况（左后灯）。

④ 检查是否损坏和有污垢（左后灯）。

以上两任务操作参考右后车灯检查。

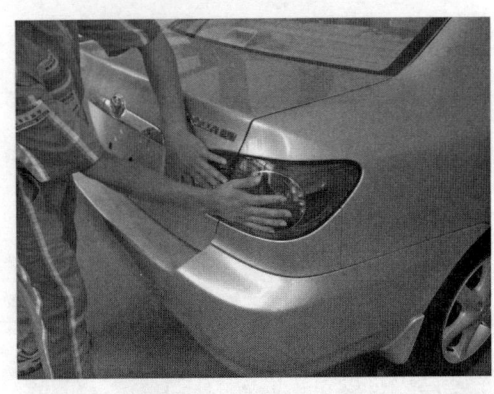

6. 悬架

1 检查减振器的减振力。

第一步：双手按在左后侧车身处，用力往下按，使减振器受压。

提示 注意在按的时候要慢慢均匀用力压下去，不要用冲击力，防止车身变形。

第二步：按下以后迅速将手离开车身，让减振器缓冲直到其停止不动，然后再重复上面的操作（两次）。

提示 通过上下摇动车身确定减振器的缓冲力大小，并且检查车身停止摇动需要花多长时间。也可以观察其振动次数，一般1~2次就可以停下。

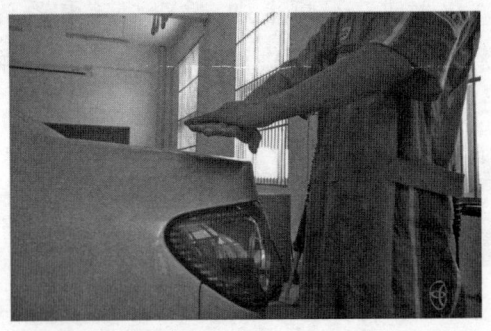

第三步：双手按在右后侧车身处，用力往下按，使减振器受压。

提示 注意在按的时候要慢慢均匀用力压下去，不要用冲击力，防止车身变形。

第四步：按下以后迅速将手离开车身，让减振器缓冲直到其停止不动，然后再重复上面的操作两次。

提示 通过上下摇动车身确定减振器的缓冲力大小，并且检查车身停止摇动需要花多长时间。也可以观察其振动次数，一般1~2次就可以停下。

2 检查车辆倾斜度。

第一步：当检查完减振器后，学生向后退一步，然后在这个位置检查。

提示 此时学生站在车后方的中间位置。

第二步：单腿蹲下，目视检查车辆是否倾斜（以地面为基准）。

提示 如果车辆倾斜，则需要验证下述各项：轮胎气压；左、右轮胎或者车轮尺寸的偏差；不均匀的车辆负荷分配。

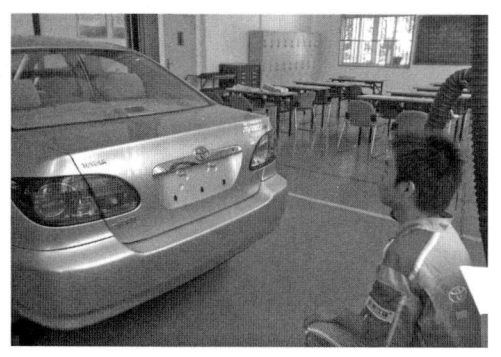

（五）右后车门

1. 车身螺母和螺栓

1 检查车门的螺栓和螺母是否松动（含铰链）。此外，还要检查座椅的螺栓和螺母是否松动（包括中间座椅），检查座椅安全带的螺栓和螺母是否松动（包括中间座椅）。

以上三个任务操作参考本教材第49页：

顶起位置1；（二）左后车门；1. 车身螺栓、儿童锁、螺母。

2 检查座椅的螺栓和螺母是否松动（包括中间座椅）。

第一步：双手放在中间座椅处，准备将中间座椅摇起。

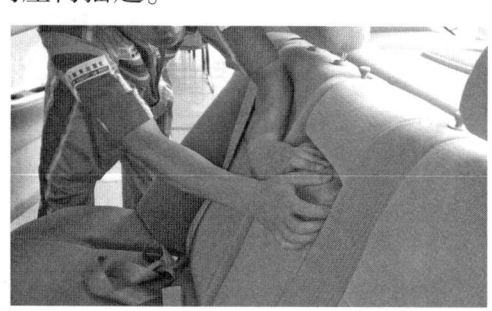

第二步：双手将中间座椅摇起来。

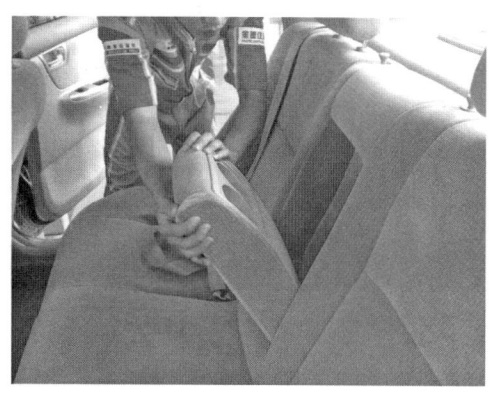

第三步：将中间座椅摇动到极限位置，检查操作过程当中座椅的摇动是否正常。

第四步：将中间座椅安装到原始位置。

3 检查座椅安全带的螺栓和螺母是否松动（包括中间座椅）。

第一步：左手拿住安全带插扣，右手拉住上面的安全带，准备将安全带插入到插座中。

提示 也可用扳手紧固方式进行检查。

第二步：将安全带插入插座后，用力向上拉安全带，检查安全带安装是否正常。

提示 此时可检查座椅两边的安全带的螺栓螺母是否松动。

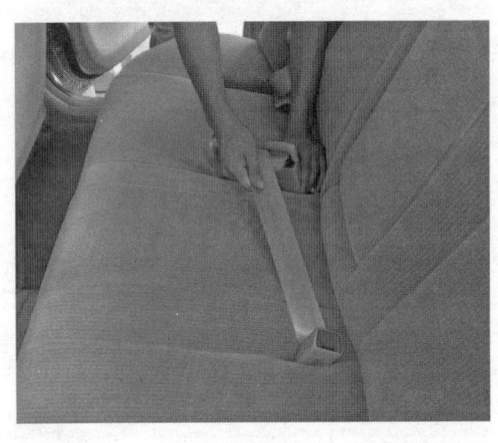

第三步：将安全带从插座中拔出来，放回到原始位置。

提示 注意在安全返回的时候，要双手放开，观察安全带是否会自由地缩回到原位。

2. 门控灯开关

检查工作情况（阅读灯和指示器灯工作情况）。

此任务操作参考本教材第48页：

顶起位置1；（一）左前车门；2.门控灯开关。

（六）右前车门

1. 车身螺栓、螺母

1 检查车门的螺栓和螺母是否松动（含铰链）。

2 检查座椅的螺栓和螺母是否松动。

3 检查座椅安全带的螺栓和螺母是否松动。

以上三个任务操作参考本教材第46页：

顶起位置1；（一）左前车门；1.车身螺母和螺栓（1）（2）（3）。

2. 空调

检查空调滤清器芯。

第一步：拆除储物箱阻尼器固定螺钉。使用十字螺丝刀拆卸储物箱缓冲块固定螺钉。

第二步：拆除副驾驶室处的储物箱，以便检查里面的空调滤清器芯。

提示 在拆除过程中要注意储物箱的扣子。

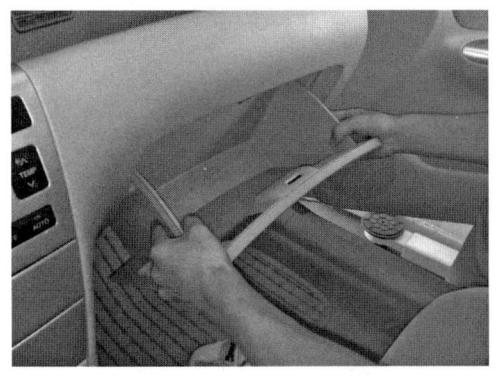

第三步：拆下储物箱后，将其放在工具车上。

提示 放置的时候要小心，防止储物箱滑开。

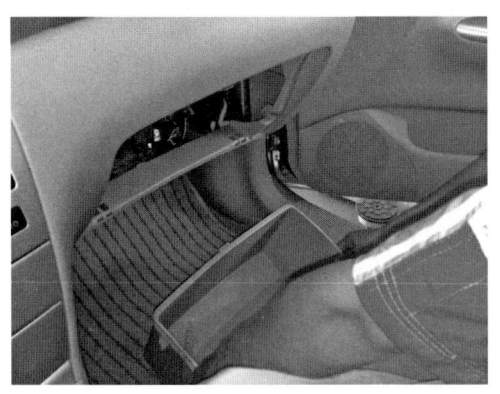

第四步：从里面拆下空调滤清器芯，进行检查。

操作：从正反面对空调滤清器芯进行检查，看其是否有损坏、污垢。如果灰尘很多，可以用高压气枪的气体吹一下，也可根据情况进行更换。

空调滤清器芯

第五步：检查完空调滤清器芯后将其安装到原位。使用十字螺丝刀安装储物箱缓冲块固定螺钉。

提示 安装过程中要注意空调滤清器芯的安装方向，不要装反。

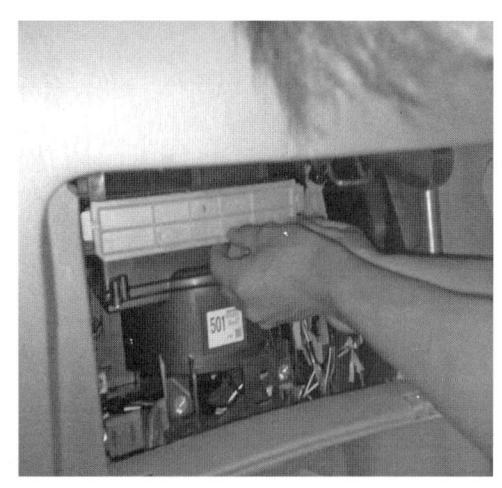

第六步：安装储物箱阻尼器固定螺钉。

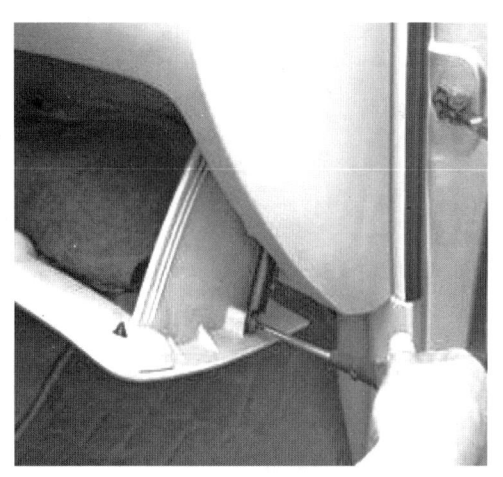

3. 门控灯开关

1 检查工作情况（即阅读灯和指示器灯工作情况）。

第一步：打开右前车门，其他车门关闭，此时阅读灯亮。观察仪表板上的指示灯是否正常点亮。

提示 检查时要确保其他车门必须完全关闭。

第二步：关闭右前车门（或者按下门控灯按钮），观察阅读灯，阅读灯应该熄灭，同时观察仪表板上的指示灯也应该熄灭。

提示

①通过检查确保打开一扇车门时阅读灯变亮，而所有车门关闭时阅读灯熄灭；

②配备照明进入系统的车辆，其阅读灯不会立即熄灭，因此需要等待几秒钟，以便检查阅读灯是否熄灭。检查前如果将点火开关开至"ON"位置，则阅读灯会立即熄灭。

2 关闭点火开关（开关位于"ACC"位置）。

操作：将点火开关旋至"ACC"位置。

提示 此时所有的门控灯已经检查完毕，为了节省蓄电池的电力可以将点火开头关闭，但在进行车轮、制动系统检查时，要求轮胎要转动，因此，只能将点火开关旋至"ACC"位置。如果旋至"OFF"位置，则轮胎不能转动。

3 关闭阅读灯（开关位于"OFF"位置）。

操作：将阅读灯开关旋至"OFF"位置。

提示 此时所有的门控灯已经检查完毕，可以将阅读灯关闭。

七 考核标准

任务3　顶起位置1—车门、油箱盖、后部 考核标准表

顶起位置1[3/5、4/5、5/5]　　　（注：汽车在地面位置）　　定期维护任务（共有35项）
考核时间：10min　　　考核总分满分：35分

评分	考 核 项 目	评 分 标 准
	（一）左前车门	
	1.车身螺母和螺栓	
	（1）检查车门的螺栓和螺母是否松动（含铰链）	车门打开动作不到位扣0.5分,未上下摇晃扣0.5分（未用扳手扣0.5分）,未检查铰链扣0.5分,判断错误扣1分
	（2）检查座椅的螺栓和螺母是否松动	座椅未前后左右晃动扣0.5分（未用扳手扣0.5分）,未复位扣0.5分,判断错误扣1分
	（3）检查座椅安全带的螺栓和螺母是否松动	拉出时未用力拉扣0.5分,扣上扣子时未用力拉安全带扣0.5分,位置调节操作扣0.5分,自动回位未操作扣0.5分,检查错误扣1分
	2.门控灯开关	
	检查工作情况（阅读灯和指示器灯工作情况）	关门前未检查两灯扣0.5分,关门后未检查门控灯扣1分,未检查指示灯扣1分,检查错误扣1分
	（二）左后车门	
	1.车身螺母和螺栓	
	（1）检查车门的螺栓和螺母是否松动（含铰链）	车门打开动作不到位扣0.5分,未上下摇晃扣0.5分（未用扳手扣0.5分）,未检查铰链扣0.5分,判断错误扣1分
	（2）检查座椅的螺栓和螺母是否松动（包括中间座椅）	座椅未前后左右晃动扣0.5分（未用扳手扣0.5分）,未复位扣0.5分,判断错误扣1分
	（3）检查座椅安全带的螺栓和螺母是否松动（包括中间座椅）	拉出时未用力拉扣0.5分,扣上扣子时未用力拉安全带扣0.5分,自动回位未操作扣0.5分,检查错误扣1分

续上表

评分	考核项目	评分标准
	2. 门控灯开关	
	检查工作情况（阅读灯和指示灯工作情况）	关门前未检查两灯扣0.5分，关门后未检查门控灯扣1分，未检查指示灯扣1分，检查错误扣1分
	（三）油箱盖	
	（1）检查是否变形和损坏	油箱盖未检查、密封垫片未检查各扣0.5分
	（2）检查连接状况	是否确定油箱盖能否被正常旋紧，未旋紧扣1分
	（3）检查力矩限制器工作情况	旋紧时是否有声音锁止，没有扣1分
	（四）后部	
	1. 螺母和螺栓	
	检查行李舱门的螺栓和螺母是否松动	行李舱门打开动作不到位扣0.5分，未上下摇晃扣0.5分（未用扳手扣0.5分），判断错误扣1分
	2. 备用轮胎	
	（1）检查是否有裂纹和损坏	轮胎未转到一圈扣0.5分，未检查出来扣1分
	（2）检查是否嵌入金属颗粒或其他异物	未检查扣1分
	（3）检查是否有异常磨损	未检查扣1分
	（4）检查轮辋是否损坏或腐蚀	未检查扣1分
	（5）测量胎面沟槽深度（测量规）（>3mm）	深度计未清洁，对零扣0.5分，未两道四点测量扣0.5分，未旋转到120°扣0.5分，测量结果错误扣1分

顶起位置1—车门、油箱盖、后部 任务3

续上表

评分	考核项目	评分标准
	(6)检查气压(210kPa)	未旋开气门嘴盖扣0.5分,气压表未校零扣0.5分,气压读数不正确扣0.5分,判断错误扣1分
	(7)检查是否漏气	肥皂水滴落扣0.5分,肥皂水未滴入气门嘴扣0.5分,判断错误扣1分,气门嘴未清洁扣0.5分,气门嘴盖未盖上扣1分
	3.排气管	
	拆除排气管	未用双手拆扣0.5分,未复位扣0.5分
左右	4.车灯	
	(1)检查安装状况	未晃动检查扣0.5分,判断错误扣1分
	(2)检查是否损坏和有污垢	动作不到位扣0.5分,判断错误扣1分
左右	5.悬架	
	(1)检查减振器的减振力	上下摇动车身两次,感觉缓冲力,每个角上下压动车身,感觉缓冲力,然后在中间压一下,未按此操作扣1分;判断错扣1分
	(2)检查车辆倾斜度	未蹲下站中间位置扣0.5分,未左右观察判断扣0.5分,检查错误扣1分
	(五)右后车门	
	1.车身螺母和螺栓	
	(1)检查车门的螺栓和螺母是否松动(含铰链)	车门打开动作不到位扣0.5分,未上下摇晃扣0.5分(未用扳手扣0.5分),未检查铰链扣0.5分,判断错误扣1分
	(2)检查座椅的螺栓和螺母是否松动(包括中间座椅)	座椅未前后左右晃动扣0.5分(未用扳手扣0.5分),未复位扣0.5分,判断错误扣1分
	(3)检查座椅安全带的螺栓和螺母是否松动(包括中间座椅)	拉出时未用力拉扣0.5分,扣上扣子时未用力拉安全带扣0.5分,自动回位未操作扣0.5分,检查错误扣1分

续上表

评分	考核项目	评分标准
	2. 门控灯开关	
	检查工作情况（阅读灯和指示灯工作情况）	关门前未检查两灯扣0.5分，关门后未检查门控灯扣1分，未检查指示灯扣1分，检查错误扣1分
	（六）右前车门	
	1. 车身螺母和螺栓	
	（1）检查车门的螺栓和螺母是否松动（含铰链）	车门打开动作不到位扣0.5分，未上下摇晃扣0.5分（未用扳手扣0.5分），未检查铰链扣0.5分，判断错误扣1分
	（2）检查座椅的螺栓和螺母是否松动	座椅未前后左右晃动扣0.5分（未用扳手扣0.5分），未复位扣0.5分，判断错误扣1分
	（3）检查座椅安全带的螺栓和螺母是否松动	拉出时未用力拉扣0.5分，扣上扣子时未用力拉安全带扣0.5分，位置调节未操作扣0.5分，自动回位未操作扣0.5分，检查错误扣1分
√	2. 空调	
	更换空调空气滤清器（改为检查）	储物箱拆法不对扣0.5分，空气滤清器未检查扣0.5分，空气滤清器安装方法不到位扣0.5分，储物箱未复位扣0.5分
	3. 门控灯开关	
	（1）检查工作情况（阅读灯和指示灯工作情况）	关门前未检查两灯扣0.5分，关门后未检查门控灯扣1分，未检查指示灯扣1分，检查错误扣1分
	（2）关闭点火开关（开关置于"ACC"位置）	点火开关未至"ACC"位置扣1分
	（3）关闭阅读灯（开关置于"OFF"位置）	阅读灯未关闭扣1分

任务4 顶起位置1—前部、举升准备
顶起位置2—球节、举升准备

一 任务说明

此部分的操作任务由两个顶起位置的任务组成,分别是顶起位置1中的前部、举升准备和顶起位置2中的球节、举升准备任务。此任务操作中涉及车辆位置的变换,关键是要掌握好举升机的使用。

顶起位置1中的前部、举升准备包括:

(1)灯(安装状况、损坏及污垢);

(2)悬架(减振器阻尼力、车辆倾斜度);

(3)发动机舱(发动机舱盖、翼子板布、前格栅布、机油加注口盖);

(4)举升准备及举升机的操作。

顶起位置2包括球节(游隙、防尘罩)及举升准备。

二 技术标准与要求

(1)灯罩的检查,要注意车辆前方所有灯罩都要检查;

(2)举升机的操作,必须进行车辆周围障碍物检查;

(3)车辆举升离地10cm后要进行安全检查;

(4)顶起位置2的举升高度为离地20cm;

(5)实训时间和考核时间均为10min。

三 实训教学目标

(1)了解各个检查任务的重要性;

(2)掌握车辆前部、举升准备、球节的作业流程和操作方法;

(3)重点掌握举升机的操作;

(4)学会车辆前部、举升准备、球节中的各个操作任务,并能够在规定的时间内完成。

四 实训器材

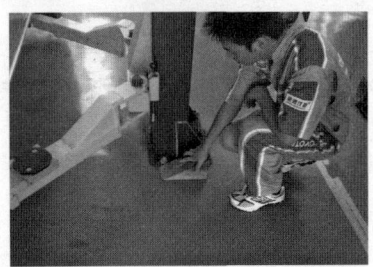  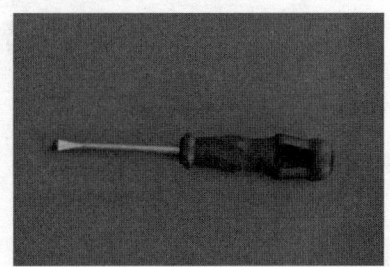

挡块　　　　　　　　翼子板布、前格栅布　　　　　　　　螺丝刀

五 教学组织

1 教学组织形式

单人操作每辆车安排4名学生实训。双人操作则可每辆车安排8名学生,自行编排流程。

2 学生站位分工和要求

4名学生,一名进行操作前准备,一名进行操作,两名进行评分。

3 实训教师职责

(1)讲解操作任务的作业流程、操作步骤、技术规范和注意事项;

(2)组织、管理学生进行操作;

(3)在实训中进行检查、指导和纠正学生的错误。

4 学生职责变换

4名学生实行职责轮流变换制度,第一遍,1号学生操作,2号学生进行操作前准备,3号学生、4号学生进行检查评分;第二遍,2号学生操作,3号学生进行操作前准备,4号学生、1号学生进行评分。这样依次进行循环。

六 操作步骤

(一) 前　　部

1. 车　　灯

① 检查安装状况(右前)。

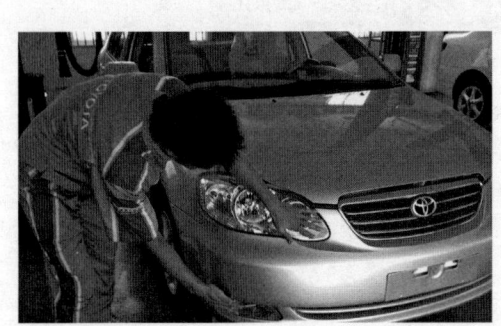

操作：双手放在车灯上面，用手晃动车灯，检查车灯安装是否松动。

提示 在操作时，稍用力，来回晃动两次即可。

2 检查是否损坏和有污垢（右前）。

操作：双手放在车灯上面，通过检查确认各灯的灯罩和反光镜有无褪色或者因为碰撞而损坏。同时，检查灯内是否有污物或者有水浸入。

以上两个任务操作参考右前车灯。

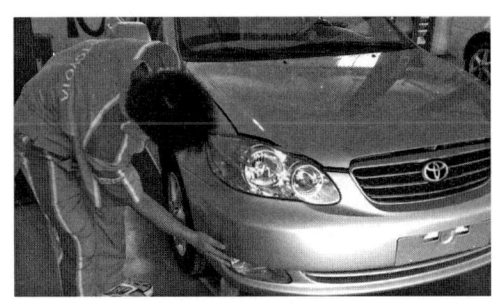

2. 悬　架

1 检查减振器的阻尼力。

第一步：双手按在左前侧车身处，用力往下按，使减振器受压。

提示 注意在按的时候要慢慢均匀用力压下去，不要用冲击力，防止车身变形。

第二步：按下以后迅速将手离开车身，让减振器缓冲直到其停止不动，然后再重复上面的操作两次。

提示 通过上下摇动车身确定减振器的缓冲力大小，并且检查车身停止摇动需要花多长时间。也可以观察其振动次数，一般1～2次就可以停下。

第三步：双手按在右后侧车身处，用力往下按，使减振器受压。

提示 注意在按的时候要慢慢均匀用力压下去，不要用冲击力，防止车身变形。

第四步：按下以后迅速将手离开车身，让减振器缓冲直到其停止不动，然后再重复上面的操作两次。

提示 通过上下摇动车身确定减振器的缓冲力大小，并且检查车身停止摇动需要花多长时间。也可以观察其振动次数，一般1～2次就可以停下。

2 检查车辆倾斜度。

第一步：当检查完减振器后，学生向后退一步，然后在这个位置检查。

提示 此时学生站在车后方的中间位置。

第二步：单腿蹲下，目视检查车辆是否倾斜（以地面为基准）。

提示 如果车辆倾斜，则需要验证下述各项：
① 轮胎气压；
② 左、右轮胎或者车轮尺寸的偏差；
③ 不均匀的车辆负荷分配。

3. 发动机舱

1 检查发动机舱盖的螺栓和螺母是否松动。

第一步：学生站在车辆前面，双手打开发动机舱盖，以便进行发动机舱盖的检查。

提示 各种车辆的发动机舱盖拉锁基本上都在其中间位置。

第二步：将发动机舱盖打开后保持在45°左右，然后两手向上向下沿垂直方向交叉用力摇动发动机舱盖，检查发动机舱盖的螺栓和螺母是否有松动现象。

提示 在发动机舱盖顶起的时候要注意安全，双手不能离开发动机舱盖。

第三步：检查完成后，用发动机舱盖支撑杆顶住发动机舱盖。

提示 确保发动机舱盖支撑牢固。

2 安装翼子板布。

3 安装前格栅布。

以上两个任务操作参考本教材第9页：顶起位置1，预检工作；2.车辆前部(4)(5)。

4 拆卸机油加注口盖。

第一步：用布清洁机油加注口盖上方和周围。

顶起位置1—前部、举升准备　顶起位置2—球节、举升准备　任务4

第二步：将发动机的机油加注口盖打开，用一只手把机油加注口盖旋出来，如果紧的话可以裹上布进行旋拧。

提示 旋开机油加注口盖主要是为排放机油做好准备，打开盖子以后，放油时由于空气的对流作用就会使放油的速度加快，提高工作效率。

第三步：拆下机油加注口盖并清洁其侧面，将其放到工具车上。

第四步：用布遮住机油加注口，以防异物进入。

提示 如果将机油加注口盖放在汽车上，则可能会掉落，比较危险。

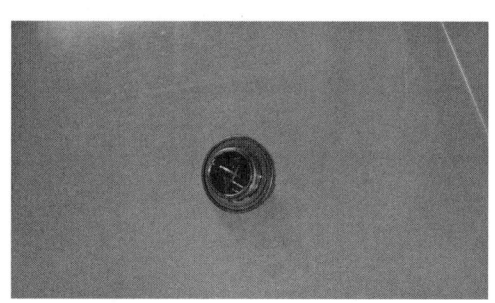

（二）举升准备

1 安装举升机支架。

第一步：学生走到举升机的右侧蹲下，双手握住举升机支架。

提示 在举升机操作前要检查举升机能否正常工作。同时检查车辆是否在举升机的中间位置。

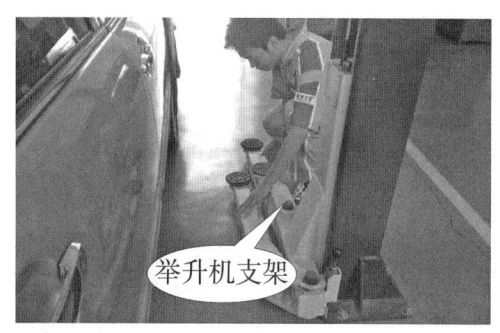

第二步：先将后侧的举升机支架推到后面一侧，然后双手握住前侧的举升机支架准备进行安装。

提示 如果推动有困难的话，可以将举升机稍稍举高一点点。

第三步：双手将举升机支架调整到底座配合位置，可以通过支座螺纹调节高度，通过支架伸缩装置调节位置，一定要调节到与底座两个凹槽相配合的中间位置。

提示 这里可先将支脚旋转至最低位置。

第四步：学生走到举升机支架另一边

(后面),双手拿住支架,把支架向后拉,以便进行安装。

提示 如果推动有困难的话,可以将举升机稍稍举高一点点。

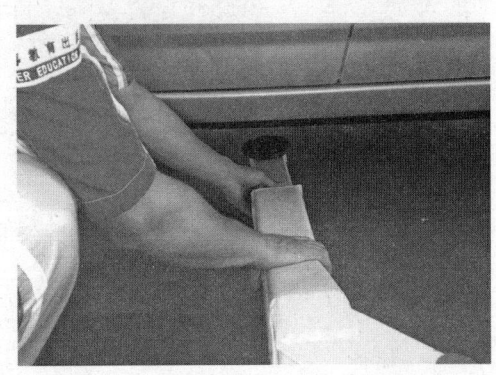

第五步:双手将举升机支架调整到底座配合位置,可以通过支座螺纹调节高度,通过支架伸缩装置调节位置,一定要调节到与底座两个凹槽相配合的中间位置。

提示 这里可先将支脚旋转至最低位置。

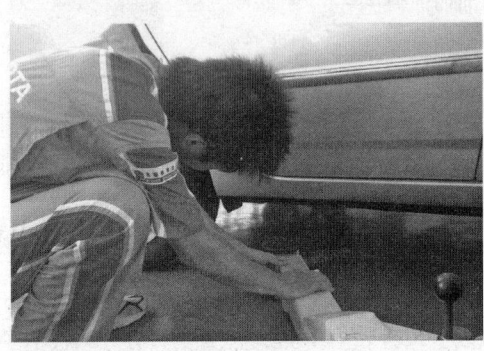

第六步:走到举升机支架左侧,然后蹲下,双手将后面的举升机支架向后拉过来,以便进行安装。

提示 如果推动有困难的话,可以将举升机稍稍举高一点点。

第七步:双手将举升机支架调整到底座配合位置,可以通过支座螺纹调节高度,通过支架伸缩装置调节位置,一定要调节到与底座两个凹槽相配合的中间位置。

提示 这里可先将支脚旋转至最低位置。

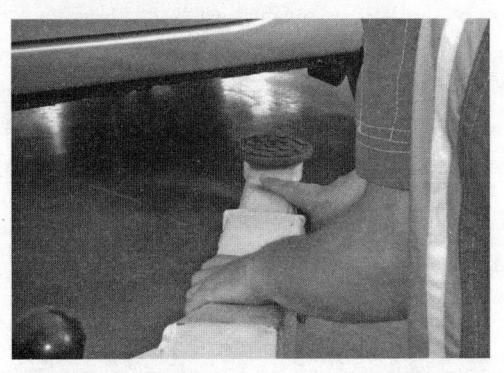

第八步:走到举升机支架左侧前面,然后蹲下,双手将后面的举升机支架向里推进,以便进行安装。

提示 如果推动有困难的话,可以将举升机稍稍举高一点点。

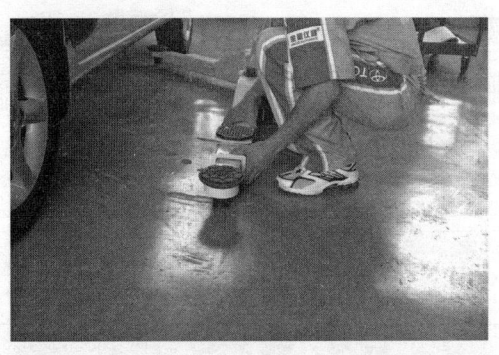

第九步:双手将举升机支架调整到底座配合位置,可以通过支座螺纹调节高度,通过支架伸缩装置调节位置,一定要调节到与底座两个凹槽相配合的中间位置。

顶起位置1—前部、举升准备　　顶起位置2—球节、举升准备　**任务4**

提示 这里可先将支脚旋转至最低位置。

举升机操作注意事项：

①将所有的行李从车上搬出并提升空车；

②检查一下除支撑部件外，应没有其他部件在现场；

③切勿提升超过举升器提升极限重量的车辆；

④带有空气悬架的车辆，因其结构关系需要特别处理，请参考维修手册说明；

⑤在提升车辆时切勿移动车辆；

⑥在拆除和更换大部件时要小心，因为汽车重心可能改变；

⑦切勿将车门打开提升车辆；

⑧如果在一段时间内未完成作业，则要把车放低一些。

2 举升（"OK"锁止正常）（装好后稍稍举起一点）。

学生站到举升机操作台处，检查车身周围是否有障碍物，然后喊"举升"（周围学生听到后则喊"OK"），这时操作的学生就可以进行举升操作。当稍稍举起一点（支脚不与车身接触）就可以停止举升，此时喊"OK锁止正常"。举到这个位置是为了便于下面的检查操作。

提示 每次举升或下降的时候，一定要喊出来进行示意，此后才可以进行举升或下降，注意操作的安全性。

3 检查举升机支架和锁止。

第一步：学生走到举升机支架左前处，用目视检查举升机支脚，确认支架是否安装在规定位置，检查每个支脚的高度是否一致，如高低不平则应进行调节。

提示 检查过程中要确保支脚安装位置的正确性，因为它直接影响到举升机操作的安全性。另外，如果前面举得太高可稍降低一点，此时的高度要求支脚不要和车身接触。

第二步：目视检查举升机支架的齿条和齿扇是否相互啮合，即处于锁止状态。这样可以保证举升机支架在举升或下降过程中不沿水平方向移动，确保车辆的正常举升和下降。

提示 当锁止不正常的时候，要左右移动举升机的支架，直到支架的齿条和齿扇相互啮合时为止，确保举升机支架的锁止正常。

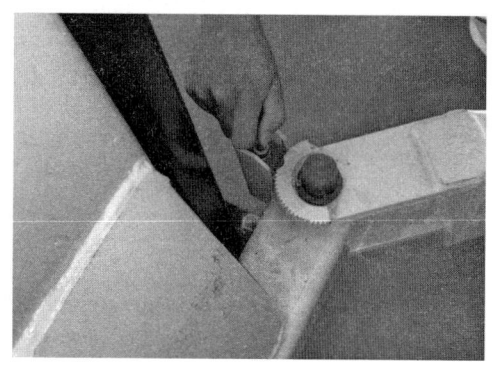

第三步：走到举升机支架左后处，用目视检查举升机支脚，确认支架是否安装在规定位置，并检查每个支脚的高度是否一致，如高低不平则应进行调节。

提示 检查过程中要确保支脚安装位置的正确性，因为它直接影响到举升机操作的安全性。另外，如果前面举得太高可稍降低一点，此时的高度要求支脚不要和车身接触。

第四步：目视检查举升机支架的齿条和齿扇是否相互啮合，即处于锁止状态。这样可以保证举升机的支架在举升或下降过程中不沿水平方向移动，确保车辆的正常举升和下降。

提示 当锁止不正常的时候，要左右移动举升机的支架，直到支架的齿条和齿扇相互啮合的时候为止，确保举升机支架的锁止正常。

第五步：走到举升机支架右后处，用目视检查举升机支脚，确认支架是否安装在规定位置，检查每个支脚的高度是否一致，如高低不平则应进行调节。

提示 检查过程中要确保支脚安装位置的正确性，因为它直接影响到举升机操作的安全性。另外，如果前面举得太高可稍降低一点，此时的高度要求支脚不要和车身接触。

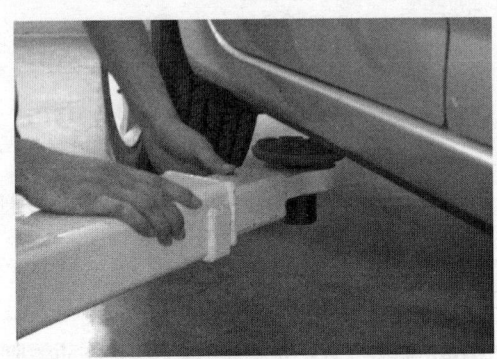

第六步：目视检查举升机支架的齿条和齿扇是否相互啮合，即处于锁止状态。这样可以保证举升机支架在举升或下降过程中不沿水平方向移动，确保车辆的正常举升和下降。

提示 当锁止不正常的时候，要左右移动举升机的支架，直到支架的齿条和齿扇相互啮合的时候为止，确保举升机支架的锁止正常。

第七步：走到举升机支架右前处，用目视检查举升机支脚，确认支架是否安装在规定位置，并检查每个支脚的高度是否一致，如高低不平则可以进行调节。

提示 检查过程中要确保支脚安装位置的正确性,因为它直接影响到举升机操作的安全性。另外,如果前面举得太高可稍降低一点,此时的高度要求支脚不要和车身接触。

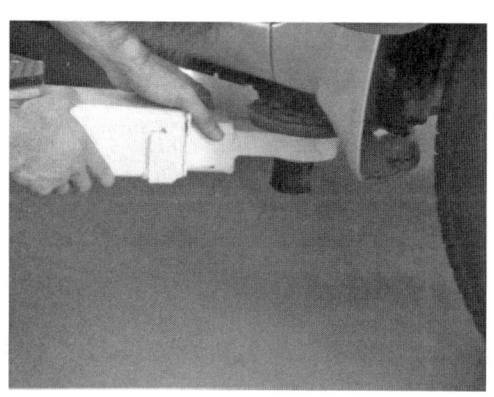

第八步:目视检查举升机支架的齿条和齿扇是否相互啮合,即处于锁止状态。这样可以保证举升机支架在举升或下降过程中不沿水平方向移动,确保车辆的正常举升和下降。

提示 当锁止不正常的时候,要左右移动举升机的支架,直到支架的齿条和齿扇相互啮合的时候为止,确保举升机支架的锁止正常。

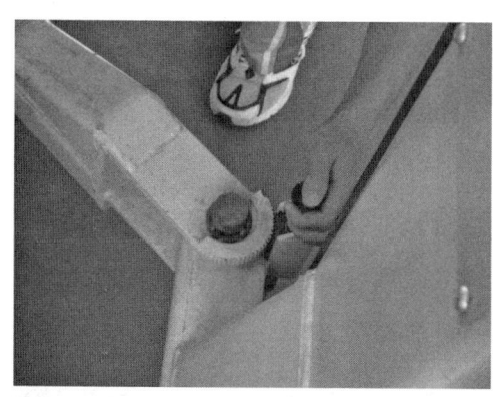

4 举升(OK锁止正常,把车举到离地面10cm)。

第一步:当检查完所有的支架和锁止后,学生走到举升机操作台,检查车身周围是否有障碍物,然后喊"举升"(周围学生听到后则喊"OK"),这时操作的学生就可以按下举升按钮,进行举升操作。

提示 每次举升或下降的时候一定要喊出来进行示意,此时才可以进行举升或下降操作,以注意操作的安全性。

第二步:举升过程中目视车辆的举升高度,当车辆举到离地10cm的时候可以停止举升。此时喊"OK锁止正常"。

提示 此时的检查高度是为了进行车身安全的检查,以确保车辆能够正常地举升。

5 检查车身安全(前)。

第一步:学生走到车辆正前方的中间位置,然后双手往下压。

提示 向下压的时候,不要用力过大,以防止车身被压变形。

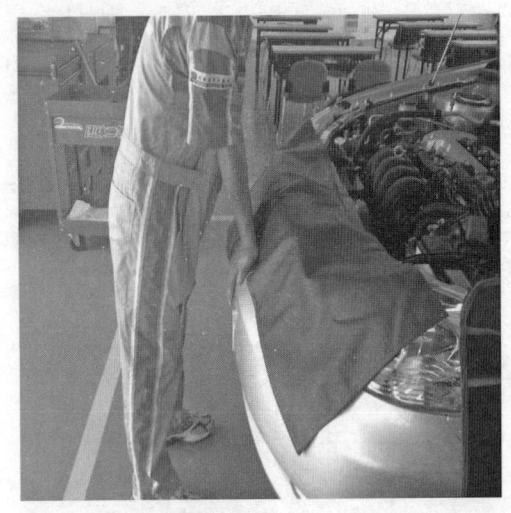

第二步:当压下车辆以后迅速离开车辆,检查车辆是否有振动或有声音,如果此时有声音,则必须降下来重新进行调整。然后重复上述的操作两次,确保车辆平稳安全。

提示 此操作的目的是为确保举升机操作过程中的平稳可靠,是一项必不可少的检查任务。

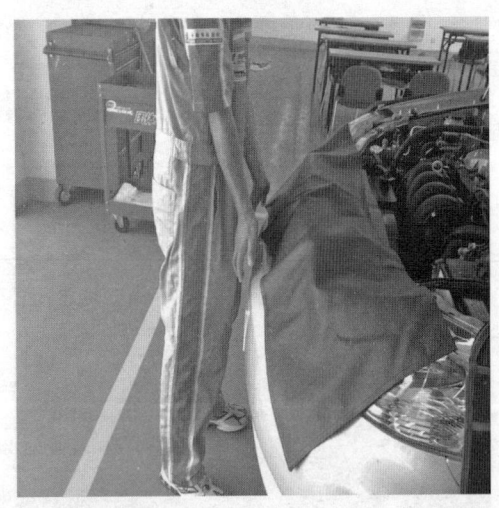

6 拆除车轮挡块(前)。

第一步:学生走到车辆的左前轮处蹲下,然后用左手拆除车轮挡块。

提示 设置车轮挡块是为了防止车辆在地面上的移动,当车辆离地后就可以将车轮挡块拆除。

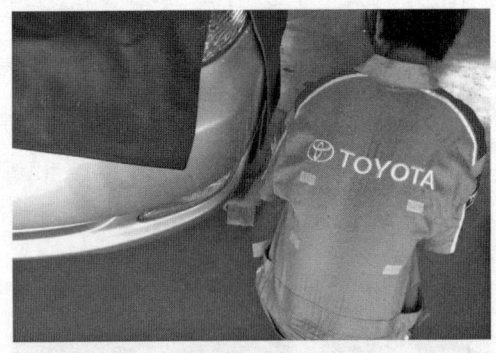

第二步:学生走到车辆的右前轮处蹲下,然后用右手拆除车轮挡块,此时左手还拿着另外一块挡块。

提示 设置车轮挡块是为了防止车辆在地面上的移动,当车辆离地后就可以将车轮挡块拆除。

第三步:学生走到举升机的右侧蹲下,然后把刚才两块挡块放在举升机立柱的两侧对齐。

提示 此时放挡块的时候要小心,不要使其与举升机的主柱相碰。

7 再次检查举升机支架和锁止。

顶起位置1—前部、举升准备　顶起位置2—球节、举升准备　**任务4**

操作：此时再次检查一下右侧举升机支架的支撑位置和锁止，确保支撑位置和锁止正常。

提示 如果此时支撑位置不正确或锁止不正常，则必须重新降下来进行安装调整。

8 检查车身安全(前)。

第一步：学生走到车辆正后方的中间位置，然后双手往下压。

提示 向下压的时候，不要用力过大，以防止车身被压变形。

第二步：当压下车辆以后迅速离开车辆，检查车辆是否有振动或有声音，如果此时有声音，则必须降下来重新进行调整。然后重复上述的操作两次，确保车辆平稳安全。

提示 此次操作的目的是为确保举升机操作过程中的平稳可靠，是一项必不可少的检查任务。

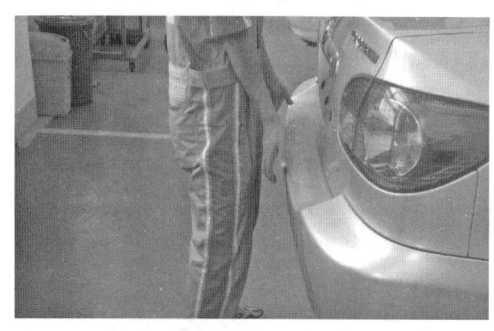

9 拆除车轮挡块(后)。

第一步：学生走到车辆的右后轮胎处蹲下，然后用左手拆除车轮挡块。

提示 车轮挡块的作用是为了防止车辆在地面上的移动，当车辆离地后就可以将车轮挡块拆除。

第二步：学生走到车辆的左后轮胎处蹲下，然后用右手拆除车轮挡块，此时，左手还拿着另外一块挡块。

提示 车轮挡块的作用是为了防止车辆在地面上的移动，当车辆离地后就可以将车轮挡块拆除。

第三步：学生走到举升机的右侧蹲下，

然后把刚才拆除的两块挡块放在举升机立柱的两侧对齐。

提示 在放挡块的时候要小心,防止其与举升机的主柱相碰。

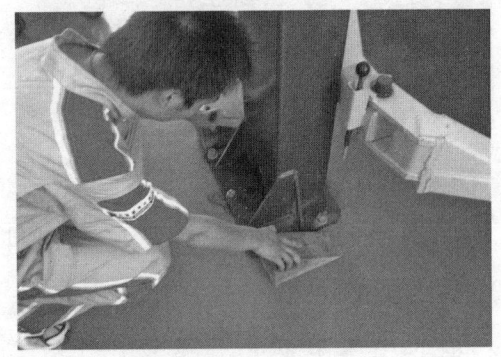

10 再次检查举升机支架和锁止。

此时再次检查一下左侧举升机支架的支撑位置和锁止,确保支撑位置和锁止正常。

提示 如果此时支撑位置不正确或锁止不正常,则必须重新降下来进行安装调整。

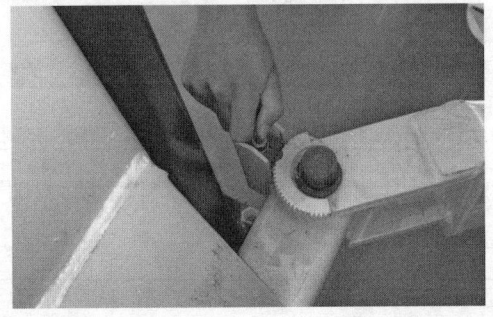

11 举升(OK 锁止正常)(举升到顶起位置2)。

第一步:当检查完所有的支架和锁止后,学生来到举升机操作台,检查车身周围是否有障碍物,然后喊"举升"(周围学生听到后则喊"OK"),这时操作的学生就可以按下举升按钮,进行举升操作。

提示 每次举升或下降的时候一定要喊出来进行示意,此后才可以进行举升或下降操作,注意操作的安全性。

第二步:当听到喊"OK"以后,学生先拉下锁止手柄,然后再按下举升按钮进行举升操作。

提示 锁止手柄主要是为了锁止举升机的支架,如果举升过程中没拉下,则会发出"嗒嗒"的声音。

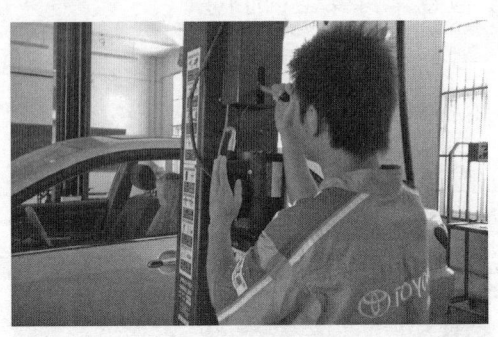

第三步:当车辆的举升高度到达离地20cm的时候可以停止举升,此时已经到达顶起位置2。

提示 先放掉锁止手柄,当听到"嗒嗒"两声的时候再放开举升按钮,停止操作。

顶起位置1—前部、举升准备　顶起位置2—球节、举升准备　任务4

顶起位置2(汽车举到离地面20cm高度)：主要检查前轮的两个球节。

使用工具：螺丝刀。

（一）球　　节

1 检查垂直游隙。

准备：踩下制动踏板后，在球节上施加载荷，以便检查其上下滑动间隙。

第一步：使用制动踏板压力器保持制动踏板被踩下。

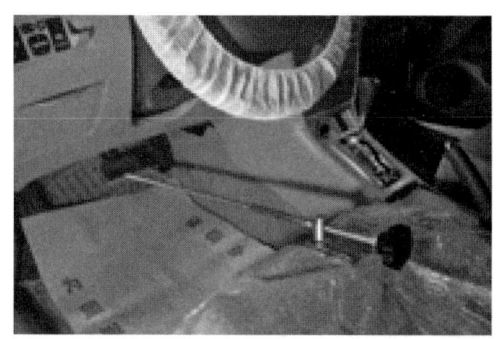

第二步：前轮垂直向前，举起车辆并且在一个前轮下放一个高度为18～20cm的木块。

第三步：放低举升器，直到前螺旋弹簧承载一半的负荷。

提示 通过放低举升器直到车轮行程一半时达到该状态。

第四步：再次确认前轮笔直向前。

第五步：在下臂的末端使用一个工具检查球节的上下滑动间隙。

第六步：重复第二步～第五步，检查另一个前轮的球节垂直游隙。

2 检查防尘罩是否损坏。

操作：检查球节防尘罩是否有裂纹、撕裂或其他损坏。

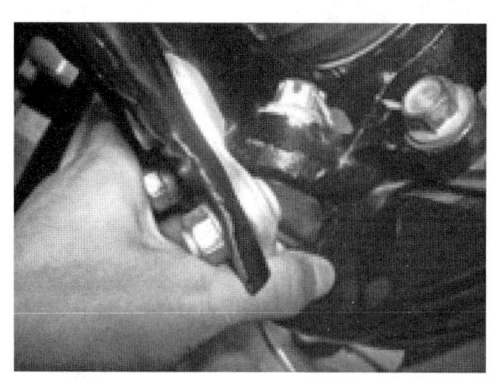

（二）举升准备

举升(OK 锁止正常)(举升到顶起位置3)。

第一步：当检查完所有的支架和锁止后，学生走到举升机操作台，检查车身周围是否有障碍物，然后喊"举升"(周围学生听到后则喊"OK")，这时操作的学生就可以按下举升按钮，进行举升操作。

提示 每次举升或下降的时候一定要喊出来进行示意，此时才可以进行举升或下降，并注意操作的安全性。

第二步:当听到"OK"以后,学生先拉下锁止手柄,然后再按下举升按钮进行举升操作。

提示 锁止手柄主要是为了锁止举升机的支架,如果举升过程中没拉下,则会发出"嗒嗒"的响声。

第三步:当车辆的举升高度超过人头顶10cm时可停止举升,此时已经到达顶起位置3。

提示 先放掉锁止手柄,当听到"嗒嗒"两声的时候再放开举升按钮,停止操作。

七 考核标准

任务4 顶起位置1——前部、举升准备
顶起位置2——球节、举升准备 考核标准表

顶起位置1[5/5]　　　　　(注:汽车在地面位置)　　　　定期维护任务(共有16项)
考核时间:10min　　　　考核总分满分:19分

评分	考核项目	评分标准
	(一)前部	
左右	1.灯	
	(1)检查安装状况	未晃动检查扣0.5分,判断错误扣1分
	(2)检查是否损坏和有污垢	动作不到位扣0.5分,判断错误扣1分
左右	2.悬架	
	(1)检查减振器的阻尼力	上下摇动车身两次,感觉缓冲力,每个角上下压动车身,感觉缓冲力,然后在中间压一下,未按此操作扣1分;判断错扣1分

续上表

评分	考核项目	评分标准
	(2)检查车辆倾斜度	未蹲下站中间位置扣0.5分,未左右观察判断扣0.5分,检查错误扣1分
	3.发动机舱	
	(1)检查发动机舱盖的螺栓和螺母是否松动	发动机舱盖打开是否正确,不正确扣0.5分;是否晃动发动机舱盖检查,未晃动扣0.5分,未用扳手扣0.5分,判断错误扣1分
	(2)安装翼子板布	动作位置正确,安放可靠,不影响作业,否则扣0.5分
	(3)安装前格栅布	动作位置正确,安放可靠,不影响作业,否则扣0.5分
	(4)拆卸机油加注口盖	机油加注盖未清洁扣0.5分,未放至车上扣0.5分,盖上未放置毛巾扣0.5分,未打开扣1分
	(二)举升准备	
	(1)安装举升机支架	支架安装不到位扣1分
	(2)举升(OK锁止正常)(装好后稍稍举起一点)	举升没报"OK"扣0.5分,车辆周围障碍物没检查扣0.5分,举升位置不到位扣0.5分
	(3)检查举升机支架和锁止	支架安装情况未检查扣1分,锁止未查扣1分
	(4)举升(OK锁止正常)(把车举到离地面10cm)	举升没报"OK"扣0.5分,车辆周围障碍物没检查扣0.5分,举升位置不到位扣0.5分
	(5)检查车身安全	前后车身安全未检查扣1分
	(6)拆除车轮挡块	挡块拆除,没拆扣1分,未放置到位扣0.5分
	(7)再次检查举升机支架和锁止	支架安装情况未查,锁止未查扣1分
	(8)举升(OK锁止正常)(举升到顶起位置2)	举升没报"OK"扣0.5分,车辆周围障碍物没检查扣0.5分,举升位置不到位扣0.5分

顶起位置2[1/1]　　　（注：汽车举到离地面20cm高度）　　定期维护任务（共有3项）
考核时间：5min　　　考核总分满分：6分

评分		考核项目	评分标准
		（一）球节	
左	右		
√	√	(1) 检查垂直游隙	未踩下制动踏板扣0.5分，未放置木块扣0.5分，举升机位置不正确扣0.5分，前轮未笔直向前扣0.5分，检查上下滑动操作不当扣1分
√	√	(2) 检查防尘罩是否损坏	检查不正确扣1分
		（二）举升准备	
√		举升（OK锁止正常）（举升到顶起位置3）	举升没报"OK"扣0.5分，车辆周围障碍物没检查扣0.5分，举升位置不到位扣0.5分

任务5　顶起位置3—发动机机油(排放)、手/自动变速驱动桥、驱动轴护套、机械转向机、制动管路、悬架、燃油箱、排气管

一　任务说明

本任务的内容是顶起位置3中的操作任务,也就是此时车辆的位置处于最高位(过人的头顶)。由于我们要检查的这些任务都在车辆的底盘处,因此必须将车举升过头顶,以便进行检查。

本任务的操作内容包括：

(1)发动机机油(配合表面、油封、排放塞的漏油检查、放油);

(2)手/自动变速驱动桥(壳配合面、轴和拉索伸出区域、油封、排放塞和加注口塞等);

(3)驱动轴护套(内外侧裂纹、损坏、润滑脂渗漏等);

(4)机械转向机;

(5)制动管路(泄漏、压痕、损坏、扭曲、裂纹、安装状况等);

(6)悬架(减振器、螺旋弹簧、转向节等);

(7)燃油箱;

(8)排气管(消声器、吊挂、密封垫片等)。

二　技术标准与要求

(1)手动变速器油位距离加注口塞小于5mm;

(2)检查驱动轴护套的时候需要将车轮转向一侧,并且转动车轮;

(3)在进行底盘任务操作时需要戴手套,尤其是在检查排气管时,必须戴手套;

(4)制动器管道和软管安装状况检查时,要将车轮转向一侧,并且转动车轮;

(5)实训时间和考核时间均为10min。

三　实训教学目标

(1)了解顶起位置3操作任务的重要性;

(2)掌握顶起位置3任务的作业流程和操作方法;

(3) 重点掌握发动机机油排放的操作方法；

(4) 学会以上这些各个任务的操作，并能够在规定的时间内完成。

四 实训器材

 放油桶　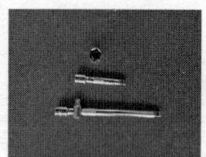 接杆和套筒　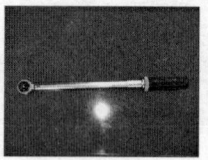 扭力扳手　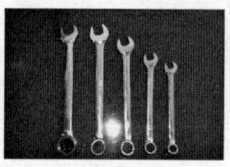 扳手　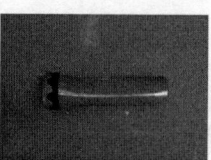 手电筒

其他工具及器材：纱布。

五 教学组织

1 教学组织形式

单人操作时，每辆车安排 4 名学生实训。双人操作时，则可每辆车安排 8 名学生，自行编排流程。

2 学生站位分工和要求

4 名学生，一名进行操作前准备，一名进行操作，两名进行检查评分。

3 实训教师职责

(1) 讲解操作任务的作业流程、操作步骤、技术规范和注意事项；

(2) 组织、管理学生进行操作；

(3) 在实训中进行检查、指导和纠正学生的错误。

4 学生职责交换

4 名学生实行职责轮流变换制度：第一遍，1 号学生操作，2 号学生进行操作前准备，3 号学生、4 号学生进行检查评分；第二遍，2 号学生操作，3 号学生进行操作前准备，4 号学生、1 号学生进行检查评分。这样依次进行循环。

六 操作步骤

1 顶起位置3（将汽车举到超过人的头顶10cm高度）：检查车辆的底架。为了缩短时间，在排放发动机机油时，从车辆前方移动至后方，然后再从后方回至前方来检查车辆。

使用工具：机油放油桶、扭力扳手、长接杆、短接杆、套筒（24、19、17、14、12）、梅花扳手（17、14、12）、开口扳手（19、17）、机油滤清器扳手、皮带张力计、手电筒等。

任务5 顶起位置3—发动机机油（排放）、手/自动变速驱动桥、驱动轴护套、机械转向机、制动管路、悬架、燃油箱、排气管

备件：机油滤清器、排放塞垫片等。

2 底架检查。

①发动机机油（排放）；
②手动变速器油；
③自动变速器油；
④驱动轴护套；
⑤转向连接机构；
⑥机械转向机；
⑦动力转向液（齿条和小齿轮类型）；
⑧制动管路；
⑨燃油管路；
⑩排气管道及安装件；
⑪螺母和螺栓（在车辆下面）；
⑫悬架；
⑬传动皮带；
⑭发动机机油滤清器；
⑮发动机机油排放塞。

提示 为了提高工作效率，首先排放发动机机油。在排放机油的同时进行其他检查。

（一）底　　盘

1. 发动机机油

1 准备放油桶。

第一步：确认油桶剩余容量是否充足。

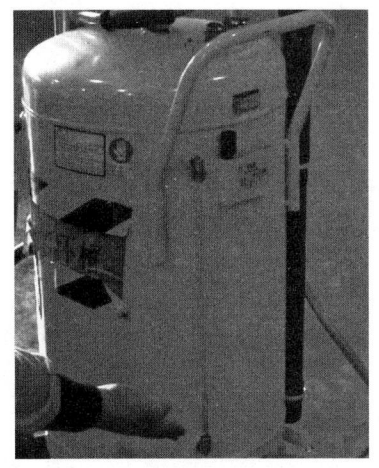

提示 如果剩余容量不足，则需先排除多余的废油，否则会造成废油溢出。

第二步：当汽车举到顶起位置3以后，学生走到放置油桶的地方，准备推油桶。

提示 双手必须放在油桶的手柄处推拉。

第三步：将放油桶从后面推到车辆的正前方，靠近发动机处，以便放油使用。

提示 推油桶的过程中，不能将油桶推出黄线以外的位置，推油桶时不可以从车底下直接钻过来。

第四步：先旋松油桶上的锁止螺母，然后将油桶升到最高位置。最后，旋紧锁止螺母。

提示 根据车辆顶起的高度不同，也可做适当的调整。

第七步：确认油桶内剩余容量是否足够。

2 检查是否漏油（发动机各部位的配合表面）。

戴上手套去触摸发动机的各部位的配合表面，检查是否有漏油的现象。

提示 也可以用手电筒照明观察有无漏油现象。如果发现漏油的现象，可以先用纱布把漏油表面擦干净，然后过一段时间再来检查确认是否漏油。

第五步：打开放油桶的进油阀门，以便机油能够流到油桶里面。

提示 阀门的开关如果垂直于油管，则处于关闭状态。阀门的开关如果平行于油管，则处于打开状态。

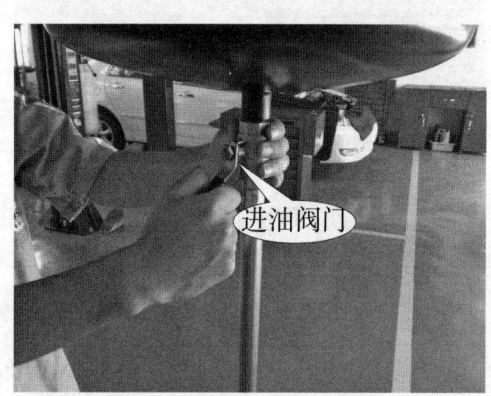

第六步：打开空气阀门，关闭出油阀门。

提示 如果空气阀门处于关闭的情况下油从上面进来，那么油桶里面的空气就没法排出，就会影响油的流速并且还会发出声音。相反，空气阀门处于打开状态的话，多余的空气就会被排出来，使油能够正常地流入油桶。关闭出油阀是为了防止机油从出油阀中流出。

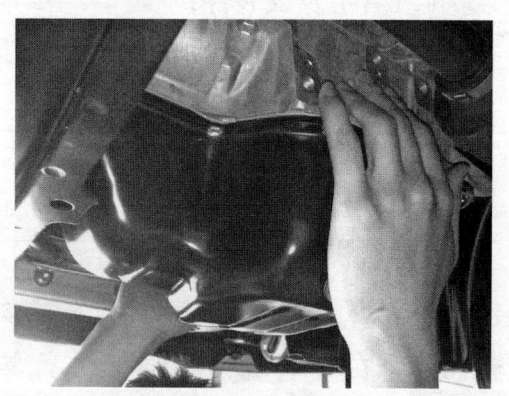

3 检查是否漏油（油封）。

戴上手套去触摸发动机的油封处，检查是否有漏油的现象。

提示 也可以用手电筒照明观察有无漏油现象。如果发现漏油的现象，可以先用纱布把漏油表面擦干净，然后过一段时间再来检查确认是否漏油。

顶起位置3——发动机机油（排放）、手/自动变速驱动桥、驱动轴护套、机械转向机、制动管路、悬架、燃油箱、排气管 任务5

4 检查是否漏油（排放塞）。

戴上手套去触摸发动机的排放塞，检查是否有漏油的现象。

提示 如果发现漏油的现象，可以先用纱布把漏油表面擦干净，然后过一段时间再来检查确认是否漏油。

5 排放发动机机油。

第一步：用双手推动刚才已经放置好的放油桶，准备将油桶推到车辆下面。

提示 放出的油必须储存在这里，然后进行统一的处理。

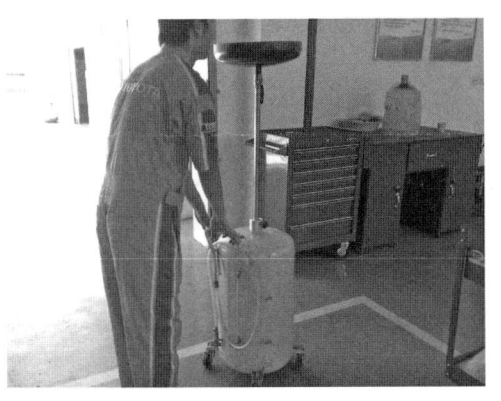

第二步：将放油桶推到发动机油底壳的正下方。

提示 注意油桶的位置，要在油底壳放油螺塞稍稍后面一点，以防止刚刚放油的时候，油的压力过大会流出油桶。

第三步：从工具车中拿来一把梅花扳手（规格：14），然后拧松排放螺塞。

提示 在拧松排放螺塞的时候必须均匀用力拧松，不能用冲击力。

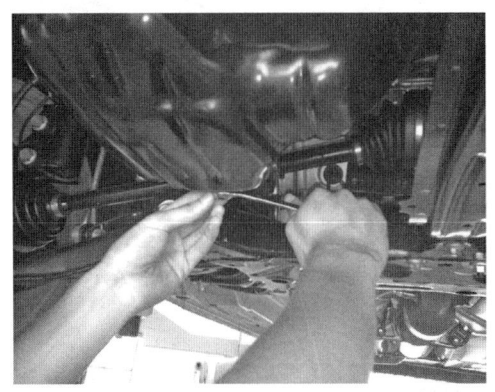

第四步：当松完排放螺塞后，将梅花扳手放回到工具车中。

提示 扳手用完后，放到工具车之前先将其用布清洁干净。

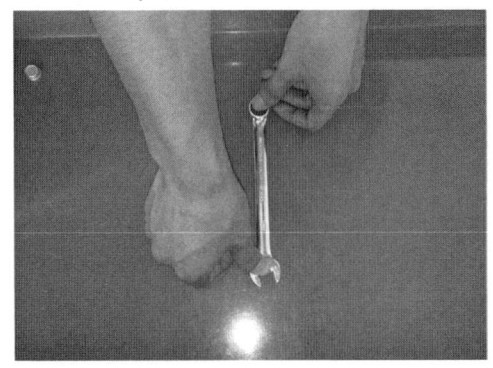

第五步：一手拿一块布，另一只手去旋出排放螺塞。

提示

①在旋排放螺塞的过程中，注意当旋到螺塞快要出来的时候，要控制好排放螺塞，用力顶住它。当完全松开的时候要迅速将排放螺塞从油底壳中拿出来；

②在操作过程当中要做到手不能够沾上机油。如果有机油沾到手上，则必须马上用布擦干净。

第六步：当拿下排放螺塞后，检查一下排放塞垫片是否也被取下。

提示 如果没有被取下，则等到油流完后，用螺丝刀轻轻地将垫片取下来。

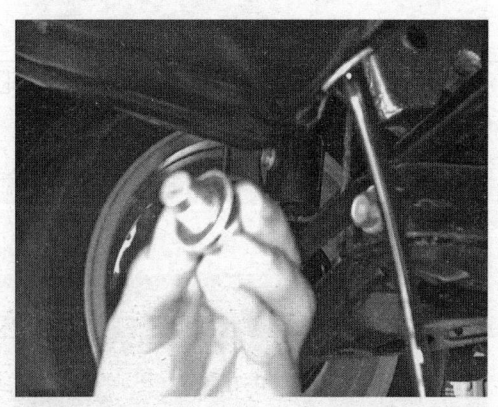

第七步：当取下排放螺塞和垫片后，用布将其擦干净，然后将排放塞放在工具车上面。

提示 在清洁好排放螺塞后，也应该清洁一下双手，防止油污沾到手上，影响接下来的操作。

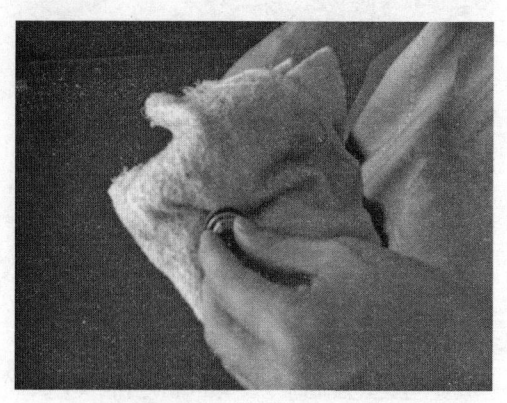

2. 手动变速器油

1 检查是否漏油（壳配合面）。

戴上手套去检查手动变速驱动桥的壳配合面是否有漏油的现象。

提示 也可用手电筒照明观察有无漏油现象。如果出现漏油的现象，可以先用纱布把漏油表面擦干净，然后过一段时间再来检查确认是否漏油。

2 检查是否漏油（轴和拉索伸出的区域）。

第一步：用手去检查手动变速驱动桥的输入和输出轴的两端有没有漏油的现象。

提示 也可用手电筒照明观察有无漏油现象。如果发现漏油的现象，可以先用纱布把漏油表面擦干净，然后过一段时间再来检查确认是否漏油。

顶起位置3—发动机机油（排放）、手/自动变速驱动桥、驱动轴护套、机械转向机、制动管路、悬架、燃油箱、排气管 任务5

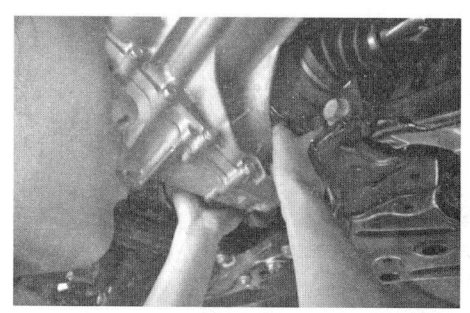

第二步：戴上手套去检查手动变速驱动桥的拉索伸出区域有没有漏油的现象。

提示 也可用手电筒照明观察有无漏油现象。如果发现漏油的现象，可以先用纱布把漏油表面擦干净，然后过一段时间再来检查确认是否漏油。

3 检查是否漏油（油封）。

戴上手套去检查手动变速驱动桥的油封是否有漏油的现象。

提示 也可用手电筒照明观察有无漏油现象。如果发现漏油的现象，可以先用纱布把漏油表面擦干净，然后过一段时间再来检查确认是否漏油。

4 检查是否漏油（排放塞和加注口塞）。

第一步：戴上手套去检查手动变速驱动桥的排放塞是否有漏油的现象。

提示 也可用手电筒照明观察有无漏油现象。如果发现漏油的现象，可以先用纱布把漏油表面擦干净，然后过一段时间再来检查确认是否漏油。

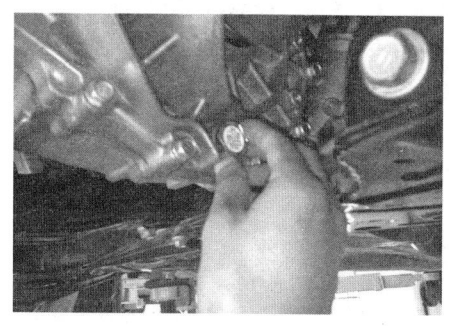

第二步：戴上手套去检查手动变速驱动桥的加注口螺塞是否有漏油的现象。

提示 也可用手电筒照明观察有无漏油现象。如果发现漏油的现象，可以先用纱布把漏油表面擦干净，然后过一段时间再来检查确认是否漏油。

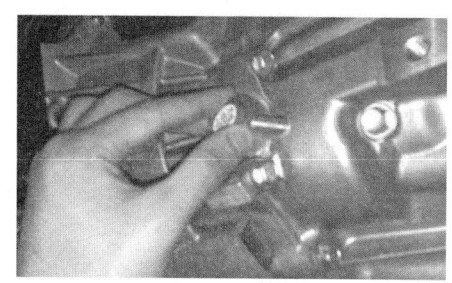

5 检查油位。

第一步：使用接杆和24套筒来旋松手动变速驱动桥加注口塞的螺栓。

提示 旋松的时候要均匀用力，不要用冲击力，以免损坏零件。

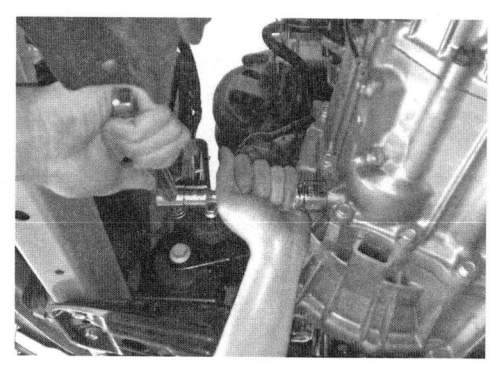

第二步：加注口塞的螺栓用套筒旋松以后，将工具放回到原处，然后用手将其旋出。

提示　此时另一只手拿一块布，以防止手动变速器油滴落。

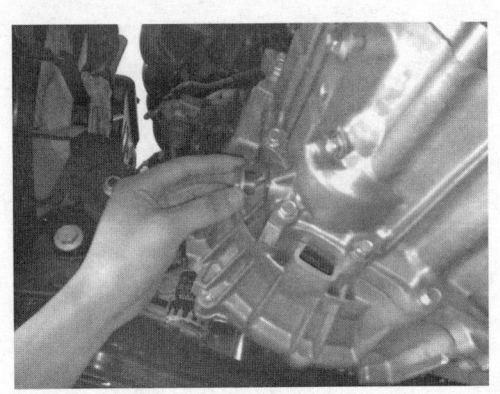

第三步：将手指第一节插入到加注口塞孔里面。

提示　此时另一只手拿一块布，以防止手动变速器油滴落。

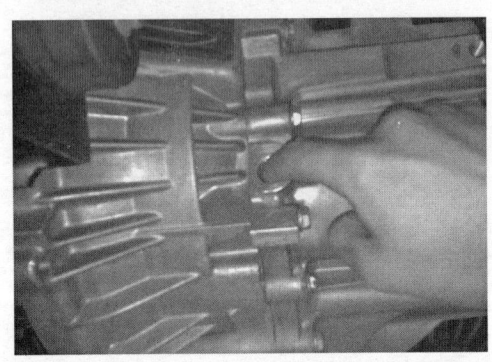

第四步：将手指从加注口螺塞孔中拿出来，检查油与手指接触的位置是否在标准的范围之内。检查完以后用纱布把手擦干净。

提示　标准值为0~5mm，不足应添加。

第五步：从工具车上拿来刚才拆下的加注口螺塞，然后用手将其旋紧。

提示　在旋紧的时候，丝扣对正，只要感觉拧紧了即可。

第六步：从工具车上取来扭力扳手，然后调好力矩来紧固手动变速驱动桥加注口螺塞。

提示

①标准值为39N·m；

②手动变速器油更换步骤。

第一步：拆卸加注塞、排放螺塞和两个垫片。然后，排放变速器油；

第二步：将油排放之后，换用新垫片重新安装排放塞；

第三步：重新加注规定量的油；

第四步：换用一个新垫片重新安装加注螺塞。

3. 自动变速器油液

1 检查是否漏油（壳配合面）。

顶起位置3—发动机机油（排放）、手/自动变速驱动桥、驱动轴护套、机械转向机、制动管路、悬架、燃油箱、排气管 任务5

操作：戴上手套去检查自动变速驱动桥的壳配合面是否有漏油的现象。

提示 也可用手电筒照明观察有无漏油现象。如果发现漏油的现象，可以先用纱布把漏油表面擦干净，然后过一段时间再来检查确认是否漏油。

2 检查是否漏油（轴和拉索伸出区域）。

第一步：戴上手套去检查自动变速驱动桥的输入和输出轴的两端有没有漏油的现象。

提示 也可用手电筒照明观察有无漏油现象。如果发现漏油的现象，可以先用纱布把漏油表面擦干净，然后过一段时间再来检查确认是否漏油。

第二步：戴上手套去检查自动变速驱动桥的拉索伸出区域有没有漏油的现象。

提示 也可用手电筒照明观察有无漏油现象。如果发现漏油的现象，可以先用纱布把漏油表面擦干净，然后过一段时间再来检查确认是否漏油。

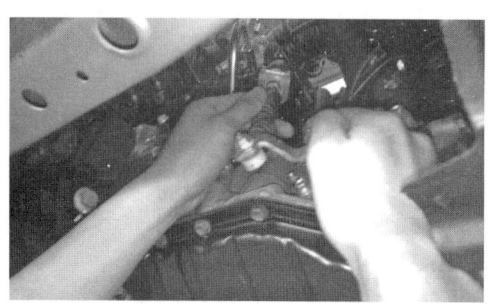

3 检查是否漏油（油封）。

操作：戴上手套去检查自动变速驱动桥的油封是否有漏油的现象。

提示 也可用手电筒照明观察有无漏油现象。如果发现漏油的现象，可以先用纱布把漏油表面擦干净，然后过一段时间再来检查确认是否漏油。

4 检查是否漏油（排放塞和加注口塞）。

第一步：戴上手套去检查自动变速驱动桥的排放螺塞是否有漏油的现象。

提示 也可用手电筒照明观察有无漏油现象。如果发现漏油的现象，可以先用纱布把漏油表面擦干净，然后过一段时间再来检查确认是否漏油。

第二步：戴上手套去检查自动变速驱动

桥的加注口螺塞是否有漏油的现象。

提示 也可用手电筒照明观察有无漏油现象。如果发现漏油的现象,可以先用纱布把漏油表面擦干净,然后过一段时间再来检查确认是否漏油。

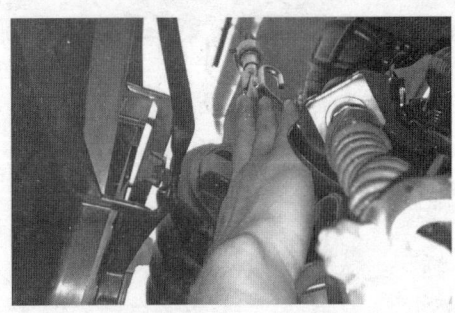

5 检查是否漏油(管件和软管连接)。

戴上手套去检查自动变速驱动桥的管件和软管连接处是否有漏油的现象。

提示 也可用手电筒照明观察有无漏油现象。如果发现漏油的现象,可以先用纱布把漏油表面擦干净,然后过一段时间再来检查确认是否漏油。

6 检查机油冷却器软管是否损坏。

戴上手套去检查自动变速驱动桥的机油冷却器软管是否有裂纹、隆起或者损坏。

提示 自动变速器油更换操作步骤:

①拆卸排放塞和垫片,排放自动变速器油(ATF);

②将液体排放之后,重新安装带有一个新垫片的排放塞;

③通过量油尺指示重新加注规定数量的自动变速器油;

④起动发动机,将变速杆在各挡位之间来回变换并稍做停顿,最后置于P/N挡,用量油尺检查液位。

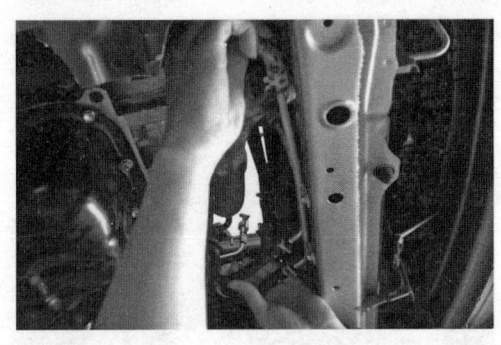

4. 驱动轴护套

1 检查是否有裂纹和其他损坏(外侧)。

第一步:扳动驱动轮至左转向极限位置,用手转动驱动轮(前轮),然后在护套张开侧按压检查左侧驱动轴护套的整个外围是否有裂纹或者其他损坏。

提示

①检查护套卡箍,确保其已经正确安装并且没有损坏;

②转动车轮至少一周。

第二步:学生走到右侧车轮处,在护套张开侧按压检查右侧驱动轴护套的整个外围是否有裂纹或者其他损坏。

提示 检查护套卡箍,确保其已经正确安装并且没有损坏。

顶起位置3—发动机机油（排放）、手/自动变速驱动桥、驱动轴护套、机械转向机、制动管路、悬架、燃油箱、排气管 任务5

2 检查是否有裂纹和其他损坏（内侧）。

第一步：学生走到中间位置，按压检查右侧驱动轴护套的整个外围是否有裂纹或者其他损坏。

提示

①检查护套卡箍，确保其已经正确安装并且没有损坏；

②转动车轮至少一周。

第二步：学生向左侧跨一步，按压检查左侧驱动轴护套的整个外围是否有裂纹或者其他损坏。

提示

①检查护套卡箍，确保其已经正确安装并且没有损坏；

②转动车轮至少一周。

3 检查润滑脂是否渗漏（外侧）。

第一步：学生走到左侧车轮处，用手去摸左侧护套，检查护套是否有油脂渗漏。

提示

①车轮至少转动一周；

②如果发现漏油的现象，可以先用纱布把漏油表面擦干净，然后过一段时间再来检查确认是否漏油。

第二步：学生走到右侧车轮处，用手去摸右侧护套，检查护套是否有油脂渗漏。

提示

①车轮至少转动一周；

②如果发现漏油的现象，可以先用纱布把漏油表面擦干净，然后过一段时间再来检查确认是否漏油。

4 检查润滑脂是否渗漏（内侧）。

第一步：学生走到中间位置，用手去摸右侧护套，检查护套是否有油脂渗漏。

提示

①车轮至少转动一周；

②如果发现漏油的现象，可以先用纱布

把漏油表面擦干净,然后过一段时间再来检查确认是否漏油。

第二步:学生走到中间位置,用手去摸左侧护套,检查护套是否有油脂渗漏。

提示

①车轮至少转动一周;

②如果发现漏油的现象,可以先用纱布把漏油表面擦干净,然后过一段时间再来检查确认是否漏油。

5. 机械转向机

检查齿轮箱是否有润滑脂或机油渗漏。检查齿轮箱是否有润滑脂或者机油渗漏(或者浸润)。

提示

①如果发现漏油的现象,可以先用纱布把漏油表面擦干净,然后过一段时间再来检查确认是否漏油;

②如果是齿条和小齿轮类型,扳动车轮,以便转向盘向左和向右转。检查齿条护套是否有裂纹或者破损。

机械转向机

6. 制动管路(右前)

1 检查是否泄漏。

用手去摸制动管路并检查制动管路连接部分是否有液体渗漏。

提示 如果发现制动液的渗漏,可以先用纱布把漏油表面擦干净,然后过一段时间再来检查确认是否漏油。

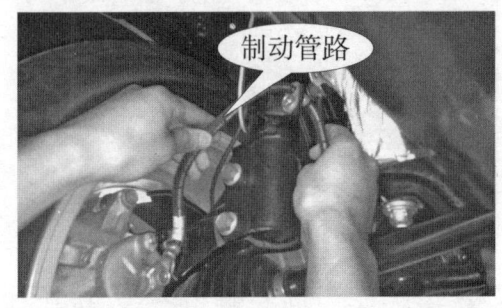

制动管路

2 检查制动管路上的压痕或其他损坏。

用手去摸制动管路并检查检查制动管路是否有凹痕或者其他损坏。

3 检查制动管路软管扭曲、裂纹和凸起。

用手去摸制动管路并检查检查制动管路软管是否扭曲、磨损、开裂、隆起等。

顶起位置3—发动机机油（排放）、手/自动变速驱动桥、
驱动轴护套、机械转向机、制动管路、悬架、燃油箱、排气管 **任务5**

4 检查制动器管道和软管的安装状况。

第一步：用手扳动车轮直到转向盘被完全转向一侧。

提示 先向外侧扳动车轮，再向内侧扳动车轮。

第二步：检查制动管路和软管，确保车辆运动时，或者转向盘完全转动到任何一侧时，不会因为振动而与车轮或者车身接触，如果有接触则必须进行维修。

提示 在检查时，还需要转动车轮。

7. 悬架（右前）

1 检查是否损坏（减振器）。

用手去摸减振器并检查减振器是否有裂纹、凹痕、弯曲、变形之类的损坏。

提示 如果光线较暗，可以使用手电筒或安全灯来照明。

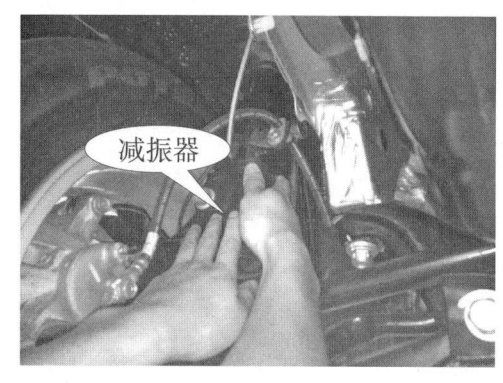

2 检查是否损坏（减振器螺旋弹簧）。

用手去摸减振器螺旋弹簧并检查减振器是否有裂纹、凹痕、弯曲、变形之类的损坏。

提示 如果光线较暗，可以使用手电筒或安全灯来照明。

3 检查减振器油是否泄漏。

用手去摸减振器看其是否有机油泄漏。

提示 如果发现漏油的现象，可以先用纱布把漏油表面擦干净，然后过一段时间再来检查确认是否漏油。

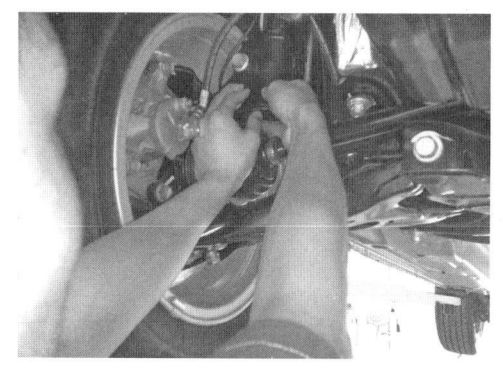

4 检查是否损坏(转向节)。

用手去摸转向节并检查减振器是否有裂纹、凹痕、弯曲、变形之类的损坏。

提示 如果光线较暗,可以使用手电筒或安全灯来照明。

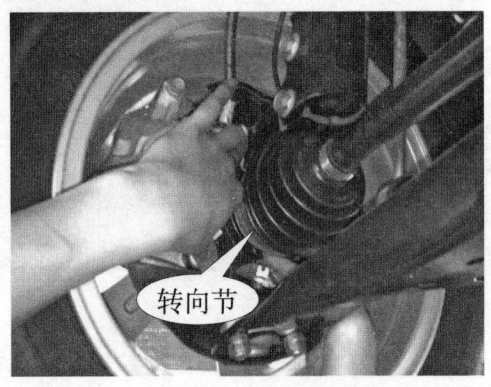
转向节

5 检查是否损坏(下臂)。

用手去摸下臂并检查减振器是否有裂纹、凹痕、弯曲、变形之类的损坏。

提示 如果光线较暗,可以使用手电筒或安全灯来照明。

下臂

8. 制动管路(左前)

1 检查是否泄漏。
2 检查制动管路上的压痕或其他损坏。
3 检查制动管路软管扭曲、裂纹和凸起。
4 检查制动器管道和软管的安装状况。

以上内容操作参考:

顶起位置3;1.底盘;6)制动管路(右前)(1)(2)(3)(4)。

9. 悬架(左前)

1 检查是否损坏(减振器)。
2 检查是否损坏(减振器螺旋弹簧)。
3 检查减振器机油是否泄漏。
4 检查是否损坏(转向节)。
5 检查是否损坏(下臂)。

以上五个任务操作参考本教材第95页:

顶起位置3;(一)底盘;7.悬架(右前)(1)(2)(3)(4)(5)。

6 检查有无损坏(稳定杆)。

用手去摸下臂并检查稳定杆是否有裂纹、凹痕、弯曲、变形之类的损坏。

提示 如果光线较暗,可以使用手电筒或安全灯来照明。

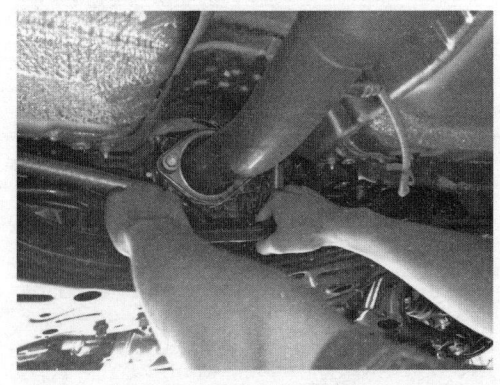

10. 转向连接机构

1 检查是否松动和摇摆。

操作:双手握住转向连接机构,然后上下、左右摇晃,检查转向连接机构是否松动或者摆动。

提示 此时学生在用力的时候要适度，不要用过大的力。另外上下、左右各摇晃两次即可。

2 检查有无弯曲和损坏。

第一步：人走到车辆的左侧，用手摸、眼看检查转向连接机构拉杆是否弯曲或者损坏。

提示 如果光线较暗，可以使用手电筒或安全灯来照明。

第二步：人走到车辆的右侧，用手摸、眼看检查转向连接机构是否弯曲或者损坏。

提示 如果光线较暗，可以使用手电筒或安全灯来照明。

3 检查护套是否开裂和撕破。

第一步：人站在车辆的右侧，用手摸、眼看检查护罩是否有裂纹或者破损。

提示 如果光线较暗，可以使用手电筒或安全灯来照明。

第二步：人走到车辆的左侧，用手摸、眼看检查护罩是否有裂纹或者破损。

提示 如果光线较暗，可以使用手电筒或安全灯来照明。

11. 制动管路（右后）

1 检查是否泄漏。

操作：用手去摸制动管路并检查制动管路连接部分是否有液体渗漏。

提示 如果发现制动液的渗漏，可以先用纱布把漏油表面擦干净，然后过一段时间再来检查确认是否漏油。

2 检查制动管路上的压痕或其他损坏。

用手去摸制动管路并检查检查制动管路是否有凹痕或者其他损坏。

3 检查制动管路软管扭曲、裂纹和凸起。

用手去摸制动管路并检查检查制动管路软管是否扭曲、磨损、开裂、隆起等。

4 检查制动器管道和软管的安装状况。

检查制动管道和软管,确保车辆运动时,不会因为振动而与车轮或者车身接触。如果接触则必须进行维修。

提示 在检查的时候,同时转动车轮。

12. 悬架(右后)

1 检查是否损坏(减振器)。

用手去摸减振器并检查减振器是否有裂纹、凹痕、弯曲、变形之类的损坏。

提示 如果光线较暗,可以使用手电筒或安全灯来照明。

2 检查是否损坏(减振器螺旋弹簧)。

用手去摸减振器螺旋弹簧并检查减振器是否有裂纹、凹痕、弯曲、变形之类的损坏。

提示 如果光线较暗,可以使用手电筒或安全灯来照明。

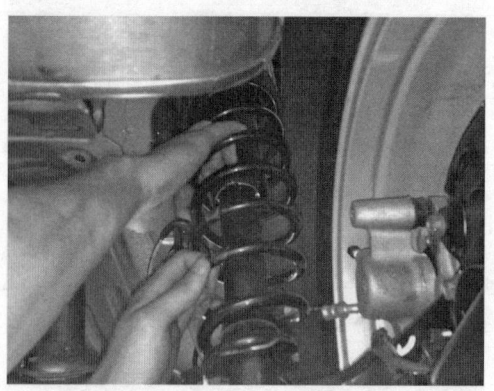

3 检查减振器机油是否泄漏。

用手去摸减振并检查减振器是否有机油泄漏。

顶起位置3—发动机机油（排放）、手/自动变速驱动桥、驱动轴护套、机械转向机、制动管路、悬架、燃油箱、排气管 任务5

提示 如果发现漏油的现象，可以先用纱布把漏油表面擦干净，然后过一段时间再来检查确认是否漏油。

④ 检查有无损坏（拖臂和后桥）。

用手去摸转向节并检查拖臂和后桥是否有裂纹、凹痕、弯曲、变形之类的损坏。

提示 如果光线较暗，可以使用手电筒或安全灯来照明。

⑤ 检查有无损坏（稳定杆）。

用手去摸转向节并检查稳定杆是否有裂纹、凹痕、弯曲、变形之类的损坏。

提示 如果光线较暗，可以使用手电筒或安全灯来照明。

13. 制动管路（左后）

① 检查是否泄漏。

② 检查制动管路上的压痕或其他损坏。

③ 检查制动管路软管扭曲、裂纹和凸起。

④ 检查制动器管道和软管的安装状况。

以上内容操作参考本教材第97页：
顶起位置3；（一）底盘；11.制动管路（右后）（1）（2）（3）（4）。

14. 悬架（左后）

① 检查是否损坏（减振器）。

② 检查是否损坏（减振器螺旋弹簧）。

③ 检查减振器机油是否泄漏。

以上内容操作参考本教材第98页：
顶起位置3；（一）底盘；12.悬架（右后）（1）（2）（3）。

15. 燃油管路

① 检查燃油泄漏。

第一步：从检查完悬架后人站的位置开始，先检查后面的进到燃油箱的燃油管路是否有泄漏。

提示 如果发现燃油的渗漏，可以先用纱布把漏油表面擦干净，然后过一段时间再来检查确认是否漏油。

第二步:学生向前走一步,检查燃油箱是否有燃油的泄漏。

提示 如果发现燃油的泄漏,可以先用纱布把漏油表面擦干净,然后过一段时间再来检查确认是否漏油。

第三步:学生手摸着燃油管路一直往前走,走到燃油管路的最前端为止,检查燃油管路是否有燃油的泄漏。

提示 如果发现燃油的泄漏,可以先用纱布把漏油表面擦干净,然后过一段时间再来检查确认是否漏油。

2 检查燃油管路损坏。

第一步:从刚才检查燃油泄漏的位置开始,沿着燃油管路向后走,检查燃油管路是否损坏。

提示 如果保护盖上有飞石击打过的痕迹,燃油管路可能有永久性的损坏。

第二步:学生一直检查到最后面的燃油管路,检查其是否损坏。

提示 如果保护盖上有飞石击打过的痕迹,燃油管路可能有永久性的损坏。

16. 排气管和安装件

1 检查排气管损坏。

第一步:从工具车上拿一副手套,然后戴在手上,走到车辆的前面手摸、眼看排气管是否损坏。

提示 由于汽车运行后,排气管的温度会很高,为了安全起见检查时必须戴上手套。

顶起位置3—发动机机油（排放）、手/自动变速驱动桥、驱动轴护套、机械转向机、制动管路、悬架、燃油箱、排气管 任务5

第二步：沿着排气管一直向后走，边走边检查排气管是否损坏。

提示 由于汽车运行后，排气管的温度会很高，为了安全起见检查时必须戴上手套。

2 检查消声器。

学生双手摸消声器，检查消声器是否有损坏。

提示 在检查整个消声器的各个表面，有没有变形、裂纹、锈蚀等损坏的现象。

3 检查排气安装件的O形圈是否损坏或脱落。

第一步：检查最后面一个O形圈是否损坏或者脱落。

提示 一是看O形圈的上、下两个扣子有没有脱落；二是看O形圈本身是否有裂纹、损坏的现象。

第二步：学生向前走一步检查前面的一个O形圈是否有损坏或者脱落。

提示 一是看O形圈的上、下两个扣子有没有脱落；二是看O形圈本身是否有裂纹、损坏的现象。

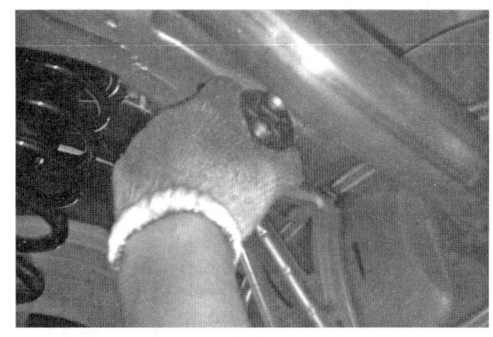

第三步：学生走到中间位置，检查中间的两个O形圈是否有损坏或者脱落。

提示 一是看O形圈的上、下两个扣子有没有脱落；二是看O形圈本身是否有裂纹、损坏的现象。

4 检查密封垫片损坏。

第一步：学生走到车辆前端，检查前面一个密封垫片是否有损坏。

提示 检查整个密封垫片的各个接触面是否有损坏的现象。

5 检查排气泄漏。

操作：学生手摸着排气管，从后向前走，检查排气是否有泄漏。

提示 通过观察接头周围是否存在任何炭黑检查排气管连接部分是否泄漏废气。

第二步：学生走到车辆后端，检查后面一个密封垫片是否有损坏。

提示 检查整个密封垫片的各个接触面是否有损坏的现象。

七 考核标准

任务5 顶起位置3—发动机机油（排放）、手/自动变速驱动桥、驱动轴护套、机械转向机、制动管路、悬架、燃油箱、排气管 考核标准表

顶起位置3 [1/3、2/3、3/3]（注：将汽车举到过人的头顶10cm高度）定期维护任务（共有65项）
考核时间：10min　　考核总分满分：65分

评分	考核项目	评分标准
	（一）底盘	
	1.发动机机油（排放）	
	（1）检查是否漏油（发动机各部位的配合表面）	未用手电筒照明检查扣0.5分，各接触面未全部检查到位扣0.5分，判断不正确扣0.5分

顶起位置3—发动机机油（排放）、手/自动变速驱动桥、驱动轴护套、机械转向机、制动管路、悬架、燃油箱、排气管 任务5

续上表

评分	考核项目	评分标准
	(2)检查是否漏油(油封)	两侧油封漏检扣0.5分
	(3)检查是否漏油(排放塞)	排放塞检查是否正确扣1分
	(4)排放发动机机油	油桶的准备是否到位,不到位扣0.5分;扳手是否一次性旋开,未一次性旋开扣0.5分;扳手用力方向是否正确,不正确扣0.5分;手是否碰到机油,手碰到机油扣0.5分;排放塞是否掉落,掉落扣1分;机油滴落未及时清洁扣1分
	2.手动变速器油	
	(1)检查是否漏油(壳配合面)	用手电检查壳配合面是否到位,否则扣0.5分
	(2)检查是否漏油(轴和拉索伸出的区域)	轴拉索检查是否到位,否则扣0.5分
	(3)检查是否漏油(油封)	油封检查是否到位,否则扣0.5分
	(4)检查是否漏油(排放塞和加注口塞)	排放塞检查是否到位,不到位扣0.5分
	(5)检查油位	套筒扳手选用是否正确,不正确扣0.5分;用手旋出时螺母是否掉落,掉落扣1分;手碰到油扣0.5分;油位检查不正确扣1分;螺母不牢固、没拧紧扣0.5分
	3.自动变速器油	
	(1)检查是否漏油(壳配合面)	用手电照明检查壳配合面是否到位,不到位扣0.5分
	(2)检查是否漏油(轴和拉索伸出区域)	轴拉索检查是否到位,否则扣0.5分
	(3)检查是否漏油(油封)	油封检查是否到位,不到位扣0.5分
	(4)检查是否漏油(排放塞和加注口塞)	排放塞检查是否到位,不到位扣0.5分

续上表

续上表

评分	考核项目	评分标准
	（5）检查是否漏油（管件和软管连接）	各管件软管未检查全面扣0.5分
	（6）检查机油冷却器软管是否损坏	检查判断错误扣1分
左右	4.驱动轴护套［未将车轮转向一侧扣1分］	
	（1）检查是否有裂纹和其他损坏（外侧）	未转动车轮检查扣0.5分，内外侧有漏检查的扣0.5分，前后没检查到位扣0.5分，未用手电筒扣0.5分，检查判断错误扣1分
	（2）检查是否有裂纹和其他损坏（内侧）	未转动车轮检查扣0.5分，内外侧有漏检查的扣0.5分，前后没检查到位扣0.5分，未用手电筒扣0.5分，检查判断错误扣1分
	（3）检查润滑脂是否渗漏（外侧）	没用手摸检查扣0.5分，判断错误扣1分
	（4）检查润滑脂是否渗漏（内侧）	没用手摸检查扣0.5分，判断错误扣1分
	5.机械转向机	
	检查齿轮箱是否有润滑脂或机油渗漏	未用手电筒照明扣0.5分，齿轮箱各部位检查不到位扣0.5分，判断错误扣1分
右前	6.制动管路	
	（1）检查是否泄漏	制动管路未全部检查扣0.5分，检查错误扣1分
	（2）检查制动管路上的压痕或其他损坏	检查不到位扣0.5分，错误扣1分
	（3）检查制动管路软管扭曲、裂纹和凸起	检查不到位扣0.5分，错误扣1分
	（4）检查制动器管道和软管的安装状况	轮胎未转向扣0.5分，检查时未转动车轮扣0.5分，检查完成后车轮未复位扣0.5分，检查错误扣1分

顶起位置3—发动机机油（排放）、手/自动变速驱动桥、
驱动轴护套、机械转向机、制动管路、悬架、燃油箱、排气管 任务5

续上表

评分	考核项目	评分标准
右前	7.悬架	
	（1）检查是否损坏（减振器）	未用手电照明晃动检查扣0.5分，判断错扣1分
	（2）检查是否损坏（减振器螺旋弹簧）	未拉扣0.5分，判断错扣1分
	（3）检查减振器油是否泄漏	未用手电照明手摸检查扣0.5分
	（4）检查是否损坏（转向节）	未晃动检查扣0.5分
	（5）检查是否损坏（下臂）	下臂未晃动检查扣0.5分
左前	8.制动管路	
	（1）检查是否泄漏	制动管路未全部检查扣0.5分，检查错误扣1分
	（2）检查制动管路上的压痕或其他损坏	检查不到位扣0.5分，错误扣1分
	（3）检查制动管路软管扭曲、裂纹和凸起	检查不到位扣0.5分，错误扣1分
	（4）检查制动器管道和软管的安装状况	车轮未转向扣0.5分，检查时未转动车轮扣0.5分，检查完成后车轮未复位扣0.5分，检查错误扣1分
左前	9.悬架	
	（1）检查是否损坏（减振器）	未用手电照明晃动检查扣0.5分，判断错扣1分
	（2）检查是否损坏（减振器螺旋弹簧）	未拉扣0.5分，判断错扣1分
	（3）检查减振器油是否泄漏	未用手电照明手摸检查扣0.5分
	（4）检查是否损坏（转向节）	未晃动检查扣0.5分
	（5）检查是否损坏（下臂）	未晃动检查扣0.5分
	（6）检查有无损坏（稳定杆）	未晃动检查扣0.5分

续上表

评分	考核项目	评分标准
左右	10.转向连接机构	
	（1）检查是否松动和摇摆	未前后上下晃动扣0.5分，未做扣1分
	（2）检查有无弯曲和损坏	两侧有一边未检查扣0.5分
	（3）检查防尘套是否开裂和撕破	未用手电扣0.5分，漏检扣0.5分
右后	11.制动管路	
	（1）检查是否泄漏	制动管路未全部检查扣0.5分，检查错误扣1分
	（2）检查制动管路上的压痕或其他损坏	检查不到位扣0.5分，错误扣1分
	（3）检查制动管路软管扭曲、裂纹和凸起	检查不到位扣0.5分，错误扣1分
	（4）检查制动器管道和软管的安装状况	轮胎未转向扣0.5分，检查时未转动车轮扣0.5分，检查完成后车轮未复位扣0.5分，检查错误扣1分
右后	12.悬架	
	（1）检查是否损坏（减振器）	未用手电照明晃动检查扣0.5分，判断错扣1分
	（2）检查是否损坏（减振器螺旋弹簧）	未拉扣0.5分，判断错扣1分
	（3）检查减振器油是否泄漏	未用手电照明手摸检查扣0.5分
	（4）检查有无损坏（拖臂和后桥）	未晃动检查扣0.5分
	（5）检查有无损坏（稳定杆）	未晃动检查扣0.5分

顶起位置3—发动机机油（排放）、手/自动变速驱动桥、
驱动轴护套、机械转向机、制动管路、悬架、燃油箱、排气管

续上表

评分	考核项目	评分标准
左后	13.制动管路	
	（1）检查是否泄漏	制动管路未全部检查到扣0.5分，检查错误扣1分
	（2）检查制动管路上的压痕或其他损坏	检查不到位扣0.5分，错误扣1分
	（3）检查制动管路软管扭曲、裂纹和凸起	检查不到位扣0.5分，错误扣1分
	（4）检查制动器管道和软管的安装状况	轮胎未转向扣0.5分，检查时未转动车轮扣0.5分，检查完成后车轮未复位扣0.5分，检查错误扣1分
左后	14.悬架	
	（1）检查是否损坏（减振器）	未用手电照明晃动检查扣0.5分，判断错扣1分
	（2）检查是否损坏（减振器螺旋弹簧）	未拉扣0.5分，判断错扣1分
	（3）检查减振器机油是否泄漏	未用手电照明手摸检查扣0.5分
	15.燃油管路	
	（1）检查燃油泄漏	未全部检查到位扣0.5分，判断错误扣1分
	（2）检查燃油管路损坏	前后各管路未检查到位扣0.5分，未检扣1分
	16.排气管和安装件［未用手套扣1分］	
	（1）检查排气管损坏	排气管检查未来回检查扣0.5分，未检扣1分
	（2）检查消声器损坏	检查不到位扣0.5分，未检扣1分
	（3）检查排气安装件的O形圈是否损坏或脱落	漏检扣1分，检错扣1分
	（4）检查密封垫片损坏	两个少检查一个扣0.5分，未做扣1分
	（5）检查排气泄漏	来回检查不到位扣0.5分，未检扣1分

任务6　顶起位置3—螺母和螺栓、动力转向液、传动皮带、发动机油排放塞、机油滤清器、举升机

一　任务说明

本任务为顶起位置3后半部分的操作任务,前半部分主要是以手摸、肉眼看的检查方法为主,而后半部分则大多是要用到工具的检查任务,操作难度也相对提高。

本任务操作内容包括：

(1)底盘螺母和螺栓(23种螺母和螺栓)；

(2)动力转向液(齿轮箱、PS叶轮泵、液体管路和接头处等)；

(3)发动机机油排放塞、机油滤清器更换、举升机操作等。

二　技术标准与要求

(1)中间梁×车身——标准力矩为39N·m；

(2)中间梁×横梁——标准力矩为52N·m；

(3)制动卡钳×转向节——标准力矩为106.8N·m；

(4)球节×下臂——标准力矩为142N·m；

(5)下臂×横梁——标准力矩为137N·m；

(6)下臂×横梁——标准力矩为137N·m；

(7)减振器×转向节——标准力矩为153N·m；

(8)横梁×车身——标准力矩为113N·m；

(9)稳定杆连接杆×减振器——标准力矩为74N·m；

(10)稳定杆×稳定杆连接杆——标准力矩为74N·m；

(11)转向机壳×横梁——标准力矩为149N·m；

(12)稳定杆×横梁——标准力矩为58N·m；

(13)横拉杆端头锁止螺母——标准力矩为74N·m；

(14)横拉杆端头×转向节——标准力矩为49N·m；

(15)球节×转向节——标准力矩为103N·m；

(16)制动轮缸×背板——标准力矩为46.6N·m；

(17)减振器×车身——标准力矩为80N·m；

顶起位置3—螺母和螺栓、动力转向液、传动皮带、发动机油排放塞、机油滤清器、举升机 任务6

（18）拖臂和后桥×车身——标准力矩为85N·m；

（19）减振器×拖臂和后桥——标准力矩为80N·m；

（20）控制杆×拖臂和后桥——标准力矩为149N·m；

（21）拖臂和后桥×后桥轮毂——标准力矩为56N·m；

（22）燃油箱——标准力矩为39N·m；

（23）排气管——标准力矩为43N·m；

（24）传动皮带张紧力检查——标准偏移8~10mm；张紧力200N；

（25）发动机机油排放塞螺栓——标准力矩为39N·m；

（26）机油滤清器紧固——按标准力矩拧紧后再旋转3/4圈；

（27）实训时间和考核时间均为20min。

三 实训教学目标

（1）了解螺母和螺栓、动力转向液、传动皮带、发动机油排放塞、机油滤清器、举升机中各操作任务的重要性；

（2）掌握螺母和螺栓、动力转向液、传动皮带、发动机油排放塞、机油滤清器、举升机各个任务的操作流程和操作方法；

（3）重点掌握螺母和螺栓检查、机油滤清器更换的操作方法；

（4）学会上述各个任务的操作，并能够在规定的时间内完成。

四 实训器材

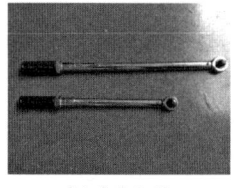
扭力扳手

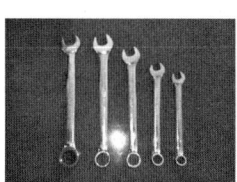
梅花、开口扳手

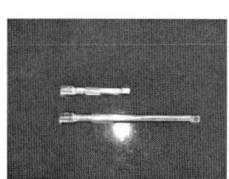
接杆

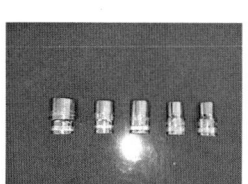
套筒

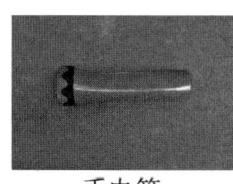
手电筒

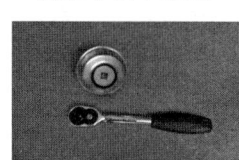
机油滤清器扳手

皮带张力器

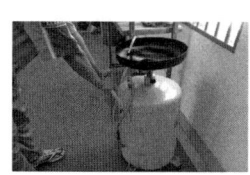
机油桶

其他工具及器材：机油、机油滤清器、排放塞垫片、纱布。

五 教学组织

1 教学组织形式

单人操作每辆车安排4名学生实训。双人操作则可每辆车安排8名学生，自行编排流程。

2 学生站位分工和要求

4名学生,一名进行操作前准备,一名进行操作,两名进行检查评分。

3 实训教师职责

(1)讲解操作任务的作业流程、操作步骤、技术规范和注意事项。

(2)组织、管理学生进行操作。

(3)在实训中进行检查、指导和纠正学生的错误。

4 学生职责变换

4名学生实行职责轮流变换制度:第一遍,1号学生操作,2号学生进行操作前准备,3号学生、4号学生进行检查评分;第二遍,2号学生操作,3号学生进行操作前准备,4号学生、1号学生进行检查评分。这样依次循环进行。

六 操作步骤

(一)底 盘

1. 螺母和螺栓

1 中间梁×车身。

第一步:从工具车中先拿来扭力扳手,按照规定的力矩调好,然后锁住。再从工具车中选好短接杆和14mm套筒,准备检查螺母和螺栓。

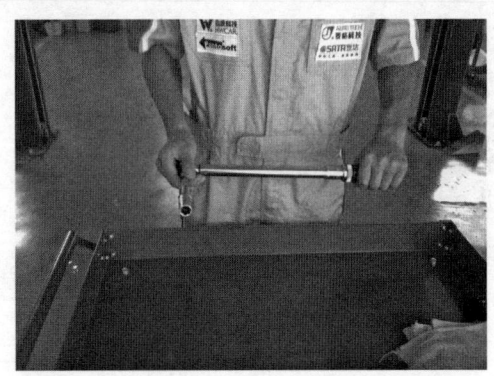

提示

①在用扭力扳手紧固螺栓螺母的时候,一只手握住前端接杆处,防止掉落。另一只手必须握在手柄处;

②各种扳手的用力方向一定要朝向操作人员自身的方向,以免造成伤害。

第二步:拿着扭力扳手走到中间梁×车身的下方,然后左手握住扭力扳手手柄,右手握接杆连接处,将套筒套进这个螺栓,然后左手慢慢用力旋紧,当听到"嗒"的一声时就可以停止操作。如果此时螺栓没有转动,则正常;如果螺栓转动,则说明以前力矩不够。最后退出套筒不要太快,防止套筒掉落。

提示

①螺栓类型:2×14mm(数量×大小);

②使用工具:扭力扳手、短接杆、14mm套筒;

③标准值:39N·m。

顶起位置3—螺母和螺栓、动力转向液、传动皮带、发动机油排放塞、机油滤清器、举升机 任务6

2 中间梁×横梁。

操作：学生拿着扭力扳手走到中间梁×栋梁的下方，然后左手握住扭力扳手手柄，右手握接杆连接处，将套筒套进这个螺栓，然后左手慢慢用力旋紧，当听到"嗒"的一声时就可以停止操作。如果此时螺栓没有转动，则正常；如果螺栓转动，则说明以前力矩不够。最后退出套筒不要太快，防止套筒掉落。

提示

①螺栓类型：2×14mm（数量×大小）；

②使用工具：扭力扳手、短接杆、14mm套筒；

③标准值：52N·m。

3 制动卡钳×转向节。

第一步：学生走到工具车处，拆下刚才使用的14mm套筒，装上17mm套筒，然后锁止，准备检查下面的螺母和螺栓。

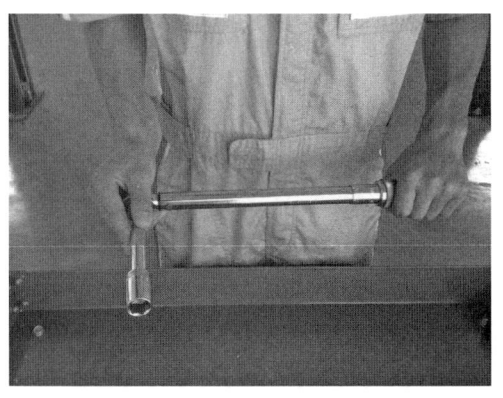

提示 各种扳手的用力方向一定要朝向操作人员自身的方向，以免造成伤害。

第二步：学生拿着扭力扳手走到右侧车轮处，然后右手握住扭力扳手手柄，左手握接杆连接处，将套筒套进制动卡钳×转向节螺栓，然后右手慢慢用力旋紧，当听到"嗒"的一声时就可以停止操作。如果此时螺栓没有转动，则正常；如果螺栓转动，则说明以前力矩不够。最后退出套筒不要太快，防止套筒掉落。

第三步：学生走到左侧车轮处，然后右手握住扭力扳手手柄，左手握接杆连接处，将套筒套进制动卡钳×转向节螺栓，然后右手慢慢用力旋紧，当听到"嗒"的一声时就可以停止操作。如果此时螺栓没有转动，则正常；如果螺栓转动，则说明以前力矩不够。最后退出套筒不要太快，防止套筒掉落。

提示

①螺栓类型:4×17mm(数量×大小);

②使用工具:扭力扳手、短接杆、17mm套筒;

③标准值:106.8N·m。

4 球节×下臂。

第一步:学生走到左侧车轮处,然后右手握住扭力扳手手柄,左手握接杆连接处,将套筒套进球节×下臂螺栓,然后右手慢慢用力旋紧,当听到"嗒"的一声时就可以停止操作。如果此时螺栓没有转动,则正常;如果螺栓转动,则说明以前力矩不够。最后退出套筒不要太快,防止套筒掉落。

第二步:学生走到右侧车轮处,然后右手握住扭力扳手手柄,左手握接杆连接处,将套筒套进球节×下臂螺栓,然后右手慢慢用力旋紧,当听到"嗒"的一声时就可以停止操作。如果此时螺栓没有转动,则正常;如果螺栓转动,则说明以前力矩不够。最后退出套筒不要太快,防止套筒掉落。

提示

①螺栓类型:6×17mm(数量×大小);

②使用工具:扭力扳手、短接杆、17mm套筒;

③标准值:142N·m。

5 下臂×横梁。

第一步:学生走到工具车处,拆下刚才在使用的17mm套筒,装上19mm套筒,然后锁止,准备检查下面的螺母和螺栓。

提示 各种扳手的用力方向一定要朝向操作人员自身的方向,以免造成伤害。

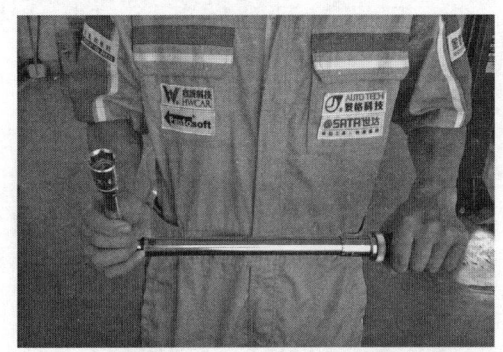

第二步:学生拿着扭力扳手走到下臂×横梁右侧,然后左手握住扭力扳手手柄,右手握接杆连接处,将套筒套进这个螺栓,然后左手慢慢用力旋紧,当听到"嗒"的一声时就可以停止操作。如果此时螺栓没有转动,则正常;如果螺栓转动,则说明以前力矩不够。最后退出套筒不要太快,防止套筒掉落。

第三步:学生拿着扭力扳手走到下臂×横梁左侧,然后左手握住扭力扳手手柄,右手握接杆连接处,将套筒套进这个螺栓,然后左手慢慢用力旋紧,当听到"嗒"的一声时就可以停止操作。如果此时螺栓没有转动,则正常;如果螺栓转动,则说明以前力矩不够。最后退出套筒不要太快,防止套筒掉落。

提示

①螺栓类型:2×19mm(数量×大小);
②使用工具:扭力扳手、短接杆、19mm套筒;
③标准值:137N·m。

6 下臂×横梁。

第一步:学生拿着扭力扳手走到下臂×横梁右侧,然后右手握住扭力扳手手柄,左手握接杆连接处,将套筒套进这个螺栓,然后右手慢慢用力旋紧,当听到"嗒"的一声时就可以停止操作。如果此时螺栓没有转动,则正常;如果螺栓转动,则说明以前力矩不够。最后退出套筒不要太快,防止套筒掉落。

第二步:学生从工具车上拿一把19梅花扳手然后走到下臂×横梁右侧,然后来检查这个螺栓。右手顺时针方向用力,如果此时螺栓没有转动,则正常;如果螺栓转动,则说明以前力矩不够。

提示

①螺栓类型:2×19mm(数量×大小);
②使用工具:19mm梅花扳手;
③标准值:137N·m。

7 减振器×转向节。

第一步:学生拿着扭力扳手走到减振器×转向节右侧,然后右手握住扭力扳手手柄,左手握接杆连接处,将套筒套进这个螺栓,然后右手慢慢用力旋紧,当听到"嗒"的一声时就可以停止操作。如果此时螺栓没有转动,则正常;如果螺栓转动,则说明以前力矩不够。最后退出套筒不要太快,防止套筒掉落。

第二步:学生拿着扭力扳手走到减振器×转向节左侧,然后右手握住扭力扳手手柄,左

手握接杆连接处,将套筒套进这个螺栓,然后右手慢慢用力旋紧,当听到"嗒"的一声时就可以停止操作。如果此时螺栓没有转动,则正常;如果螺栓转动,则说明以前力矩不够。最后退出套筒不要太快,防止套筒掉落。

提示

①螺栓类型:4×19mm(数量×大小);

②使用工具:扭力扳手、短接杆、19mm套筒;

③标准值:153N·m。

8 横梁×车身。

第一步:学生走到工具车处,拆下刚才使用的19mm套筒和短接杆,装上19mm套筒长接杆,然后锁止,准备检查下面的螺母和螺栓。

提示 各种扳手的用力方向一定要朝向操作人员自身的方向,以免造成伤害。

第二步:拿着扭力扳手走到右下角横梁×车身处,然后左手握住扭力扳手手柄,右手握接杆连接处,将套筒套进这个螺栓,然后左手慢慢用力旋紧,当听到"嗒"的一声时就可以停止操作。如果此时螺栓没有转动,则正常;如果螺栓转动,则说明以前力矩不够。最后退出套筒不要太快,防止套筒掉落。

第三步:学生拿着扭力扳手走到右上角横梁×车身处,然后左手握住扭力扳手手柄,右手握接杆连接处,将套筒套进这个螺栓,然后左手慢慢用力旋紧,当听到"嗒"的一声时就可以停止操作。如果此时螺栓没有转动,则正常;如果螺栓转动,则说明以前力矩不够。最后退出套筒不要太快,防止套筒掉落。

第四步:学生拿着扭力扳手走到左上角横梁×车身处,然后左手握住扭力扳手手柄,右手握接杆连接处,将套筒套进这个螺栓,然后左手慢慢用力旋紧,当听到"嗒"的

顶起位置3——螺母和螺栓、动力转向液、传动皮带、发动机油排放塞、机油滤清器、举升机 任务6

一声时就可以停止操作。如果此时螺栓没有转动,则正常;如果螺栓转动,则说明以前力矩不够。最后退出套筒不要太快,防止套筒掉落。

第五步:学生拿着扭力扳手走到左下角横梁×车身处,然后左手握住扭力扳手手柄,右手握接杆连接处,将套筒套进这个螺栓,然后左手慢慢用力旋紧,当听到"嗒"的一声时就可以停止操作。如果此时螺栓没有转动,则正常;如果螺栓转动,则说明以前力矩不够。最后退出套筒不要太快,防止套筒掉落。

提示

① 螺栓类型:4×19mm(数量×大小);
② 使用工具:扭力扳手、长接杆、19mm套筒;
③ 标准值:113N·m。

9 稳定杆连接杆×减振器。

第一步:学生走到工具车处,放下刚才使用的扭力扳手,拿来一把17mm的梅花扳手,准备检查下面的螺栓螺母。

提示 各种扳手的用力方向一定要朝向操作人员自身的方向,以免造成伤害。

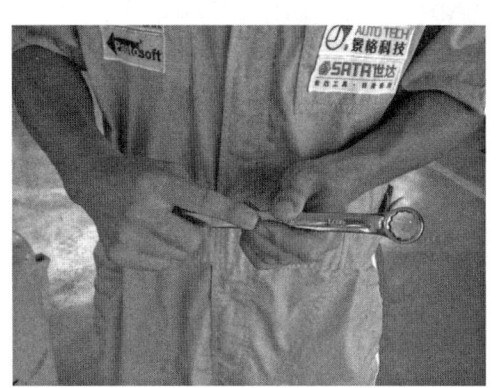

第二步:学生拿着扳手走到稳定杆连接杆×减振器左侧,然后来检查这个螺栓。左手顺时针方向用力,如果此时螺栓没有转动,则正常;如果螺栓转动,则说明以前力矩不够。

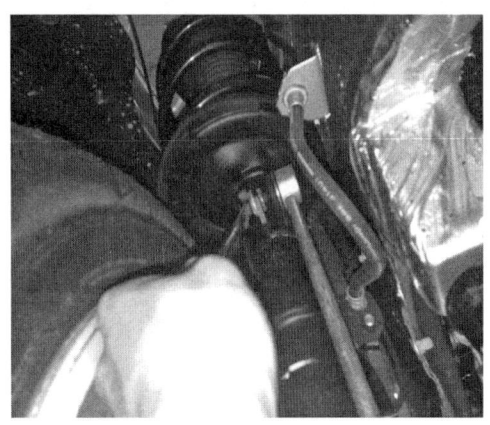

第三步:学生拿着扳手走到稳定杆连接杆×减振器右侧,然后来检查这个螺栓。右手顺时针方向用力,如果此时螺栓没有转动,则正常;如果螺栓转动,则说明以前力矩不够。

提示

① 螺栓类型:2×17mm(数量×大小);
② 使用工具:17mm梅花扳手;
③ 标准值:74N·m。

10 稳定杆×稳定杆连接杆。

第一步:学生拿着扳手走到稳定杆×稳定杆连接杆右侧,然后来检查这个螺栓。左手顺时针方向用力,如果此时螺栓没有转动,则正常;如果螺栓转动,则说明以前力矩不够。

第二步:学生拿着扳手走到稳定杆×稳定杆连接杆左侧,然后来检查这个螺栓。右手顺时针方向用力,如果此时螺栓没有转动,则正常;如果螺栓转动,则说明以前力矩不够。

提示

①螺栓类型:2×17mm(数量×大小);
②使用工具:17mm梅花扳手;
③标准值:74N·m。

11 转向机壳×横梁。

操作:学生拿着扳手走到转向机壳×横梁螺栓处,然后来检查这个螺栓。右手顺时针方向用力,如果此时螺栓没有转动,则正常;如果螺栓转动,则说明以前力矩不够。

提示

①螺栓类型:4×17mm(数量×大小);
②使用工具:17mm梅花扳手;
③标准值:149N·m。

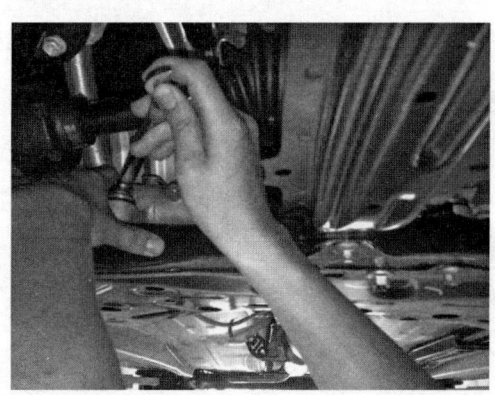

12 稳定杆×横梁。

第一步:学生从工具车上拿着扳手走到稳定杆×稳定杆连接杆右侧,然后来检查这个螺栓。右手顺时针方向用力,如果此时螺栓没有转动,则正常;如果螺栓转动,则说明以前力矩不够。

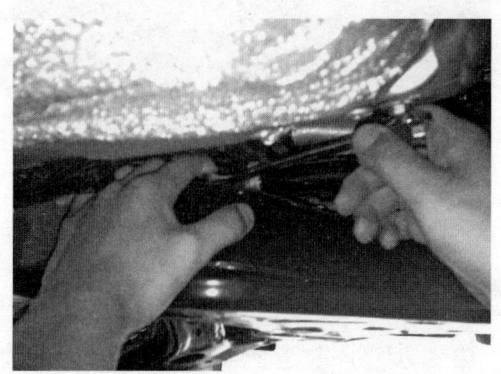

顶起位置3——螺母和螺栓、动力转向液、传动皮带、发动机油排放塞、机油滤清器、举升机 任务6

第二步：学生拿着扳手走到稳定杆×稳定杆连接杆左侧，然后来检查这个螺栓。左手顺时针方向用力，如果此时螺栓没有转动，则正常；如果螺栓转动，则说明以前力矩不够。

提示

①螺栓类型：4×12mm（数量×大小）；
②使用工具：12mm梅花扳手；
③标准值：58N·m。

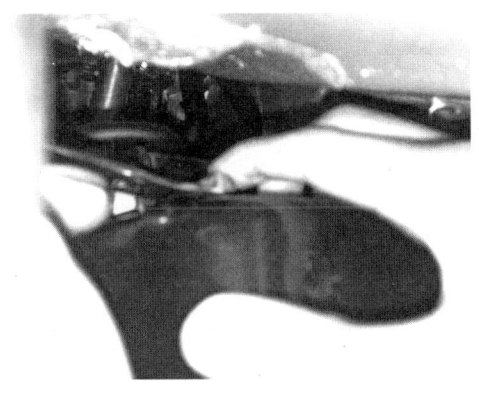

13 横拉杆端头锁止螺母。

第一步：学生从工具车上拿着一把开口扳手和一把梅花扳手走到稳定杆×稳定杆连接杆右侧，然后来检查这个螺栓。右手用开口扳手固定，左手顺时针方向用力，如果此时螺栓没有转动，则正常；如果螺栓转动，则说明以前力矩不够。

第二步：学生从工具车上拿着一把开口扳手和一把梅花扳手走到稳定杆×稳定杆连接杆左侧，然后来检查这个螺栓。左手用开口扳手固定，右手顺时针方向用力，如果此时螺栓没有转动，则正常；如果螺栓转动，则说明以前力矩不够。

提示

①螺栓类型：2×19mm（数量×大小）；
②使用工具：19mm梅花扳手；
③标准值：74N·m。

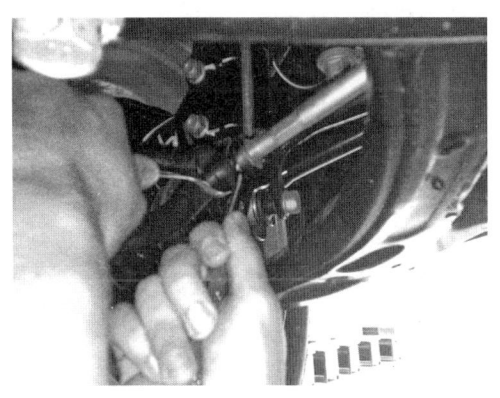

14 横拉杆端头×转向节。

第一步：学生将刚才用的扳手放回到工具车上去，然后走到横拉杆端头×转向节左侧，用手晃动检查其是否松动，如果松动，则将其紧固。由于此螺栓有锁止销，因而不能用扳手，以防销断裂。

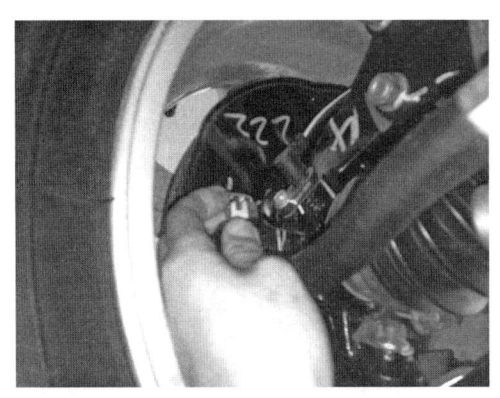

第二步：学生走到横拉杆端头×转向节右侧，用手晃动检查其是否松动，如果松动，则将其紧固。由于此螺栓有锁止销，因而不能用扳手，以防销断裂。

提示

①螺栓类型:2×17mm(数量×大小);
②标准值:49N·m。

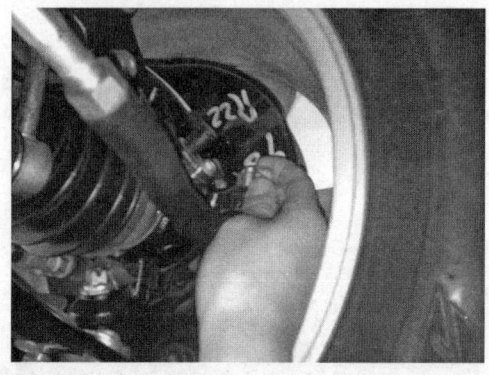

15 球节×转向节。

第一步:学生走到球节×转向节右侧,用手晃动检查其是否松动,如果松动,则将其紧固。由于此螺栓有锁止销,因而不能用扳手,以防销断裂。

第二步:学生将刚才用的扳手放回到工具车上去,然后走到横拉杆端头×转向节左侧,用手晃动检查其是否松动,如果松动,则将其紧固。由于此螺栓有锁止销,因而不能用扳手,以防销断裂。

提示

①螺栓类型:2×19mm(数量×大小);
②标准值:103N·m。

16 制动轮缸×背板。

第一步:学生先将工具车推到车辆的后面,然后在工具车上拿起扭力扳手,拆下刚才在使用的19mm套筒,装上14mm套筒,然后锁止,准备检查下面的螺母和螺栓。

提示 各种扳手的用力方向一定要朝向操作人员自身的方向,以免造成伤害。

第二步:学生拿着扭力扳手走到制动轮缸×背板右侧,然后右手握住扭力扳手手柄,左手握接杆连接处,将套筒套进这个螺栓,然后右手慢慢用力旋紧,当听到"嗒"的一声时就可以停止操作。如果此时螺栓没有转动,则正常;如果螺栓转动,则说明以前力矩不够。最后退出套筒不要太快,防止套筒掉落。

第三步:学生拿着扭力扳手走到制动轮

缸×背板左侧,然后右手握住扭力扳手手柄,左手握接杆连接处,将套筒套进这个螺栓,然后右手慢慢用力旋紧,当听到"嗒"的一声时就可以停止操作。如果此时螺栓没有转动,则正常;如果螺栓转动,则说明以前力矩不够。最后退出套筒不要太快,防止套筒掉落。

💡提示

①螺栓类型:4×14mm(数量×大小);
②使用工具:扭力扳手、长接杆、14mm套筒;
③标准值:46.6N·m。

17 减振器×车身。

第一步:学生拿着扭力扳手走到制动轮缸×背板左侧,然后左手握住扭力扳手手柄,右手握接杆连接处,将套筒套进这个螺栓,然后左手慢慢用力旋紧,当听到"嗒"的一声时就可以停止操作。如果此时螺栓没有转动,则正常;如果螺栓转动,则说明以前力矩不够。最后退出套筒不要太快,防止套筒掉落。

第二步:学生拿着扭力扳手走到制动轮缸×背板右侧,然后左手握住扭力扳手手柄,右手握接杆连接处,将套筒套进这个螺栓,然后左手慢慢用力旋紧,当听到"嗒"的一声时就可以停止操作。如果此时螺栓没有转动,则正常;如果螺栓转动,则说明以前力矩不够。最后退出套筒不要太快,防止套筒掉落。

💡提示

①螺栓类型:2×14mm(数量×大小);
②使用工具:扭力扳手、长接杆、14mm套筒;
③标准值:80N·m。

18 拖臂和后桥×车身。

第一步:学生从工具车上拆除长接杆,直接装上17mm套筒,走到拖臂后桥×车身右侧,然后右手握住扭力扳手手柄,左手握接杆连接处,将套筒套进这个螺栓,然后右手慢慢用力旋紧,当听到"嗒"的一声时就可以停止操作。如果此时螺栓没有转动,则正常;如果螺栓转动,则说明以前力矩不够。最后退出套筒不要太快,防止套筒掉落。

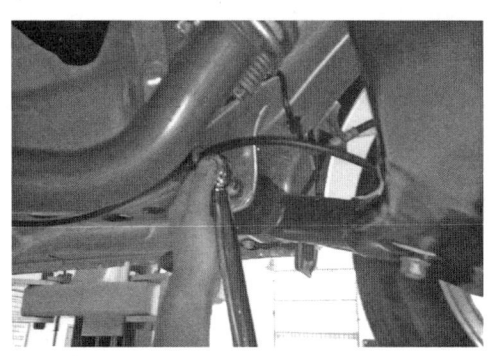

第二步：学生走到拖臂后桥×车身左侧，然后右手握住扭力扳手手柄，左手握接杆连接处，将套筒套进这个螺栓，然后右手慢慢用力旋紧，当听到"嗒"的一声时就可以停止操作。如果此时螺栓没有转动，则正常；如果螺栓转动，则说明以前力矩不够。最后退出套筒不要太快，防止套筒掉落。

提示

①螺栓类型：2×17mm（数量×大小）；
②使用工具：扭力扳手、17mm套筒；
③标准值：85N·m。

19 减振器×拖臂和后桥。

第一步：学生拆下刚才在使用的17套筒，装上短接杆和19套筒，然后锁止，准备检查下面的螺母和螺栓。

提示 各种扳手的用力方向一定要朝向操作人员自身的方向，以免造成伤害。

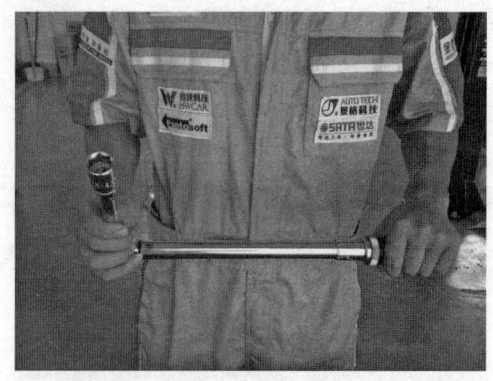

第二步：学生走到减振器×拖臂和后桥右侧，然后右手握住扭力扳手手柄，左手握接杆连接处，将套筒套进这个螺栓，然后右手慢慢用力旋紧，当听到"嗒"的一声时就可以停止操作。如果此时螺栓没有转动，则正常；如果螺栓转动，则说明以前力矩不够。最后退出套筒不要太快，防止套筒掉落。

第三步：学生走到减振器×拖臂和后桥左侧，然后右手握住扭力扳手手柄，左手握接杆连接处，将套筒套进这个螺栓，然后右手慢慢用力旋紧，当听到"嗒"的一声时就可以停止操作。如果此时螺栓没有转动，则正常；如果螺栓转动，则说明以前力矩不够。最后退出套筒不要太快，防止套筒掉落。

提示

①螺栓类型：2×19mm（数量×大小）；
②使用工具：扭力扳手、短接杆、19mm套筒；
③标准值：80N·m。

20 控制杆×拖臂和后桥。

第一步：学生走到控制杆×拖臂和后桥

任务6 顶起位置3—螺母和螺栓、动力转向液、传动皮带、发动机油排放塞、机油滤清器、举升机

右侧,然后右手握住扭力扳手手柄,左手握接杆连接处,将套筒套进这个螺栓,然后右手慢慢用力旋紧,当听到"嗒"的一声时就可以停止操作。如果此时螺栓没有转动,则正常;如果螺栓转动,则说明以前力矩不够。最后退出套筒不要太快,防止套筒掉落。

第二步:学生走到控制杆×拖臂和后桥左侧,然后右手握住扭力扳手手柄,左手握接杆连接处,将套筒套进这个螺栓,然后右手慢慢用力旋紧,当听到"嗒"的一声时就可以停止操作。如果此时螺栓没有转动,则正常;如果螺栓转动,则说明以前力矩不够。最后退出套筒不要太快,防止套筒掉落。

提示

①螺栓类型:2×19mm(数量×大小);
②使用工具:扭力扳手、短接杆、19mm套筒;
③标准值:149N·m。

21 拖臂和后桥×后桥轮毂。

第一步:学生拆下刚才在使用的19mm套筒,装上12mm套筒,然后锁止,准备检查下面的螺母和螺栓。

提示 各种扳手的用力方向一定要朝向操作人员自身的方向,以免造成伤害。

第二步:学生走到拖臂和后桥×后桥轮毂右侧,然后右手握住扭力扳手手柄,左手握接杆连接处,将套筒套进这个螺栓,然后右手慢慢用力旋紧,当听到"嗒"的一声时就可以停止操作。如果此时螺栓没有转动,则正常;如果螺栓转动,则说明以前力矩不够。最后退出套筒不要太快,防止套筒掉落。

第三步:学生走到拖臂和后桥×后桥轮毂左侧,然后右手握住扭力扳手手柄,左手握接杆连接处,将套筒套进这个螺栓,然后右手慢慢用力旋紧,当听到"嗒"的一声时就可以停止操作。如果此时螺栓没有转动,则正常;如果螺栓转动,则说明以前力矩不够。最后退出套筒不要太快,防止套筒掉落。

提示

①螺栓类型:8×12mm(数量×大小);

②使用工具:扭力扳手、短接杆、12mm套筒;

③标准值:56N·m。

22 燃油箱。

第一步:学生拆下刚才在使用的12mm套筒,装上14mm套筒,然后锁止,准备检查下面的螺母和螺栓。

提示 各种扳手的用力方向一定要朝向操作人员自身的方向,以免造成伤害。

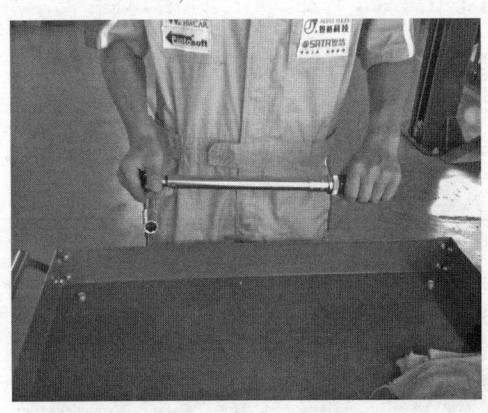

第二步:学生走到燃油箱后面,然后左手握住扭力扳手手柄,右手握接杆连接处,将套筒套进这个螺栓,然后左手慢慢用力旋紧,当听到"嗒"的一声时就可以停止操作。如果此时螺栓没有转动,则正常;如果螺栓转动,则说明以前力矩不够。最后退出套筒不要太快,防止套筒掉落。

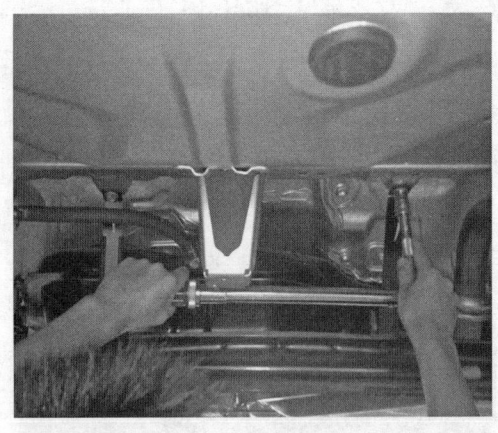

第三步:学生走到燃油箱前面,然后左手握住扭力扳手手柄,右手握接杆连接处,将套筒套进这个螺栓,然后左手慢慢用力旋紧,当听到"嗒"的一声时就可以停止操作。如果此时螺栓没有转动,则正常;如果螺栓转动,则说明以前力矩不够。最后退出套筒不要太快,防止套筒掉落。

提示

①螺栓类型:4×14mm(数量×大小);

②使用工具:扭力扳手、短接杆、14mm套筒;

③标准值:39N·m。

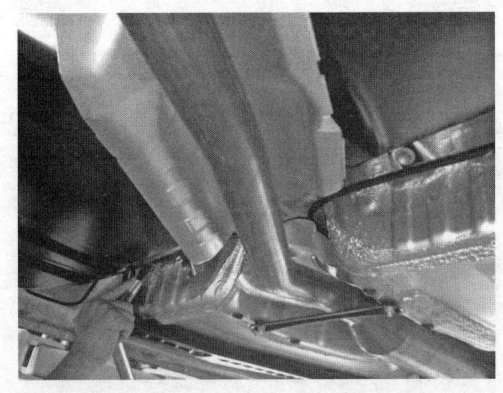

23 排气管。

第一步:学生走到排气管后面,然后右手握住扭力扳手手柄,左手握接杆连接处,将套筒套进这个螺栓,然后右手慢慢用力旋紧,当听到"嗒"的一声时就可以停止操作。如果此时螺栓没有转动,则正常;如果螺栓

顶起位置3——螺母和螺栓、动力转向液、传动皮带、发动机油排放塞、机油滤清器、举升机 任务6

转动,则说明以前力矩不够。最后退出套筒不要太快,防止套筒掉落。

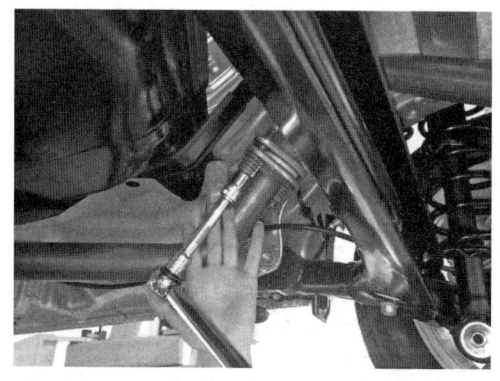

第二步:学生走到排气管前面,然后右手握住扭力扳手手柄,左手握接杆连接处,将套筒套进这个螺栓,然后右手慢慢用力旋紧,当听到"嗒"的一声时就可以停止操作。如果此时螺栓没有转动,则正常;如果螺栓转动,则说明以前力矩不够。最后退出套筒不要太快,防止套筒掉落。

提示

①螺栓类型:4×14mm(数量×大小);
②使用工具:扭力扳手、短接杆、14mm套筒;
③标准值:43N·m。

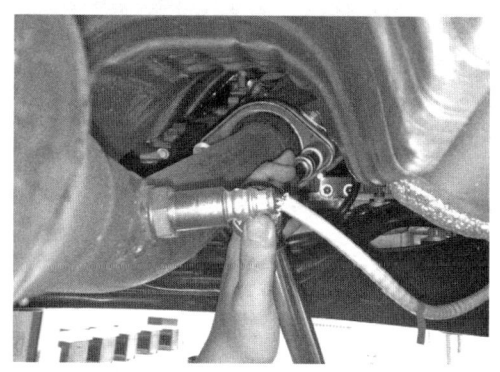

2. 动力转向液(齿条和小齿轮型)

1 检查是否泄漏(齿轮箱)。

戴上手套去触摸齿轮箱,检查是否有泄漏的现象。

2 检查是否泄漏(PS叶轮泵)。

戴上手套去触摸PS叶轮泵,检查是否有泄漏的现象。

提示 也可用手电筒照明观察是否漏油。如果出现泄漏的现象时,可以先用纱布把泄漏表面擦干净,然后过一段时间再来检查确认是否泄漏。

3 检查是否泄漏(液体管路和接头处)。

戴上手套去触摸液体管路和接头处,检查是否有泄漏的现象。

提示 也可用手电筒照明观察是否漏油。如果出现泄漏的现象时,可以先用纱布把泄漏表面擦干净,然后过一段时间再来检查确认是否泄漏。

4 检查动力转向软管的裂纹或其他损坏。

戴上手套去触摸动力转向软管,检查是否有裂纹或者其他损坏现象。

提示 也可用手电筒照明观察是否漏

油。这里的动力转向软管是与上面的动力转向储液罐相连接的,检查时要注意观察上面的软管。

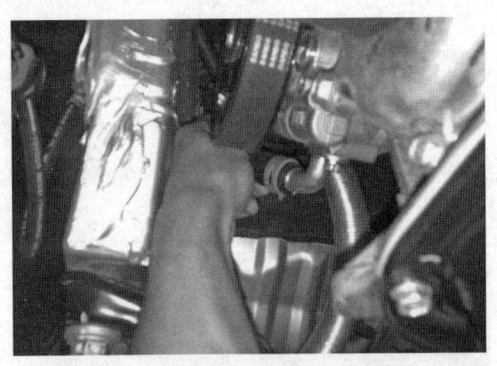

3. 传动皮带

1 检查是否变形。

用手摸、眼看传动皮带,检查传动皮带的整个外围是否有变形。

2 检查是否损坏。

用手摸、眼看传动皮带,检查传动皮带的整个外围是否有磨损、裂纹、层离或者其他损坏。

提示 如果无法检查皮带的整个外围,则通过在发动机转动方向转动曲轴带轮来检查皮带。

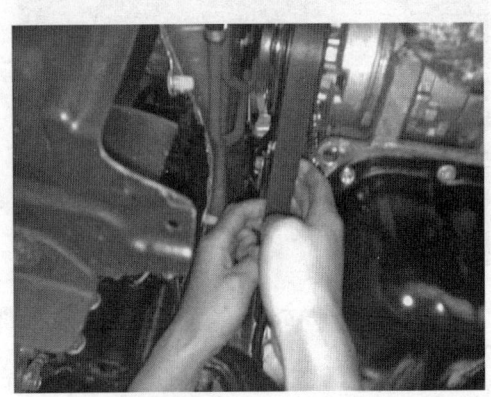

3 检查安装状况。

操作:检查皮带以确保其已正确地安装在皮带轮槽内。

提示 在检查时可用手电筒进行边照边检查,确保检查准确无误。

4 传动带张力检查。

方法1:通过用手指按压传动皮带检查松紧程度。

提示

①通过在维修手册中规定的区域施加一个98N(10kg,22.0lb)的力检查松紧程度;

②标准:偏移8~10mm。

方法2:检查皮带张力的另外一个方法是使用一个皮带张力计。

第一步:先从工具车中拿来检查皮带用的皮带张力计,然后进行调整。

提示 调整时,要根据说明书进行调整。

顶起位置3—螺母和螺栓、动力转向液、传动皮带、
发动机油排放塞、机油滤清器、举升机 **任务6**

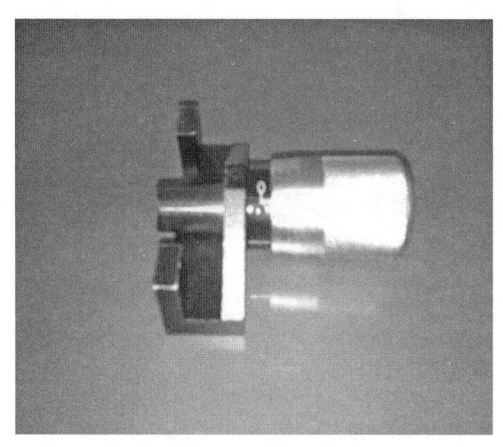

第二步：将皮带张力计安装到传动皮带上面进行检查，确定其张紧力是否正常。

提示 张紧力标准值为200N。

4. 发动机机油排放塞

1 更换排放塞垫片。

操作：将刚才拆下的排放塞垫片更换成一个新的垫片，然后用纱布清洁一下。

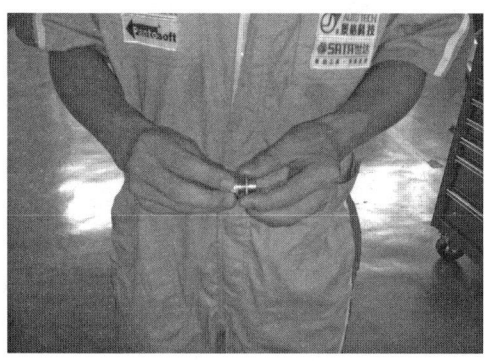

提示 在拆垫片的时候注意要慢，防止卡住。另外，也可与排放塞螺栓一起更换。

2 安装排放塞。

第一步：先用纱布清洁排放塞孔，再将排放塞安装在排放塞孔上，然后用手旋紧，最后用纱布擦一下排放塞表面。

提示 在旋紧的时候要防止油滴到手上，特别是刚刚把排放塞放上去的一瞬间。

第二步：从工具车上拿一把扭力扳手，将其调到规定力矩，装上14mm套筒。用扭力扳手把排放塞螺栓紧固到规定的力矩。

提示

①该步操作也可放在机油滤清器更换了以后进行；

②标准值：39N·m。

5. 更换机油滤清器

1 更换发动机油滤清器。

第一步：将放油桶移动到机油滤清器的正下方。

提示　主要是为了防止机油滴落到地面上。

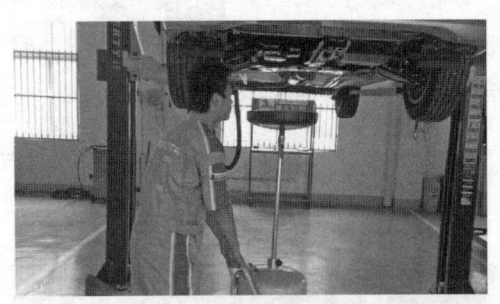

第二步：从工具车上拿来机油滤清器扳手，然后套在机油滤清器上面，将机油滤清器旋松。

提示　旋松的时候要注意方向。另外，在旋松时，不要一次性用很大的力，要均匀用力，以免造成机油滤清器的损坏。

第三步：将刚才用的机油滤清器扳手放在工具车上，然后一只手拿一块纱布，另一只手则去旋机油滤清器。

提示　在机油滤清器旋出来的时候，要注意机油尽量不要滴在手上，如果滴到手上必须立即擦干净。

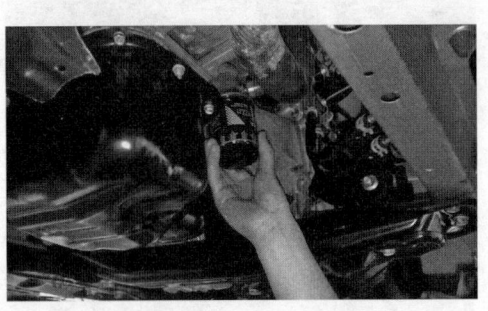

第四步：当机油滤清器旋出来后，马上将其倒置，将机油滤清器里面的机油倒干净。

提示　在操作时也可以将其放在油桶上倒油。

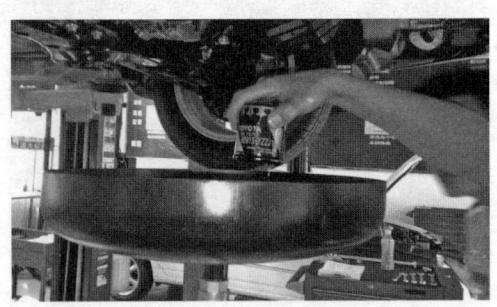

第五步：从工具车中拿出一个预先准备好的新的机油滤清器进行更换。

提示　对于新的机油滤清器其上表面应该有一层薄膜，应先将薄膜去除。

第六步：从工具车上拿出一桶机油，然后将机油桶的盖子打开。

提示　此时打开机油桶的目的是为了取机油进行润滑操作。

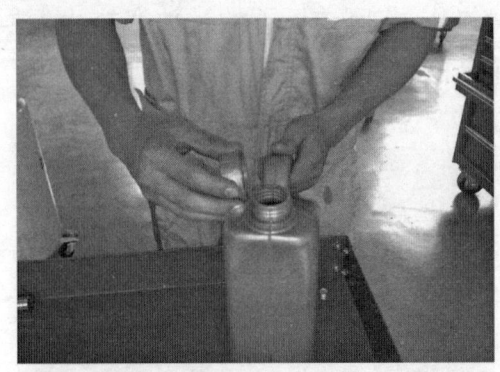

第七步：从工具车上拿来刚才已经取出来了的新的机油滤清器，然后用手指伸进机

油桶中沾一点机油,再把机油均匀地涂抹在机油滤清器表面的O形圈上。

提示 在涂机油的时候一定要确保均匀。涂好后马上用布将手擦干净。

第八步:先将新的机油滤清器放在工具车上,再将机油桶的盖子盖上,然后再将机油桶放在原始位置。

提示 在盖盖子和拿放机油桶的时候要小心,防止滑落。

第九步:从工具车上拿一块纱布先清洁一下将要安装的机油滤清器的表面。

提示 清洁时要注意油不要沾到手上。如果手上有油则应该立即擦干净。

第十步:拿来新的机油滤清器,然后用手将其安装上去。

提示
①安装时一定要对正螺纹;
②安装过程中,另一只手要拿着一块纱布,随时准备清洁。

第十一步:用手将机油滤清器旋紧。

提示 在用手旋的时候不要旋得很紧,只要使机油滤清器与其安装支座接触有点阻力即可。

第十二步:从工具车上限取来机油滤清器专用扳手,然后套在机油滤清器上面,旋紧3/4圈。

提示 具体的紧固方法可参照维修手册。

2 后续工作,放油桶归位。

第一步:用纱布清洁一下机油排放塞螺栓处,以防有机油滴落。

提示 这是为了防止在机油桶移出后出现机油滴落现象。

第二步:用纱布清洁机油滤清器的各个表面,以防有机油滴落。

提示 这是为了防止在机油桶移出后出现机油滴落现象。

第三步:将放油桶从车辆下面推出来,关闭放油筒的进油阀门。

提示 阀门的开关如果垂直于油管,则处于关闭状态;阀门的开关如果平行于油管,则处于打开状态。

第四步:关闭空气阀门。

提示 阀门的开关如果垂直于油管,则处于关闭状态;阀门的开关如果平行于油管,则处于打开状态。

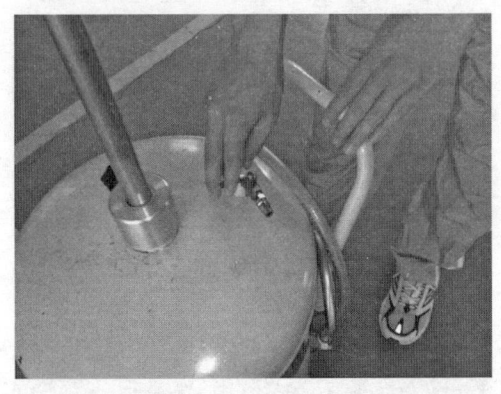

第五步:将接油盘降下来,然后将其推到原始位置。

提示 在推动油桶的过程中,必须将接油盘降下来,以降低油桶的重心,防止油桶在推动过程中翻倒。

(二)举升准备

下降(OK 锁止正常)(降到顶起位置4)。

第一步:当检查完所有的支架和锁止后,学生走到举升机操作台,检查车身周围是否有障碍物,然后喊"下降"(周围学生听到后则喊"OK"),这时操作的学生先拉下锁止手柄,然后再按下下降手柄进行下降操作。

提示 每次举升或下降的时候一定要喊出来进行示意,此时才可以进行举升或下降,注意操作的安全性。

第二步:当车辆的举升高度到达与人胸口平齐位置的时候可以停止下降,此时已经到达顶起位置4。

提示 操作:先放掉锁止手柄,当听到"嗒嗒"两声的时候再放开下降按钮,停止操作。

七 考核标准

任务6 顶起位置3—螺母和螺栓、动力转向液、传动皮带、发动机油排放塞、机油滤清器、举升机 考核标准表

顶起位置3[3/3] (注:将汽车举到过人的头顶10cm高度) 定期维护任务(共有34项)
考核时间:20min 考核总分满分:34分

评分	考核项目	评分标准
	(一)底盘(螺母和螺栓)	
	1.螺母和螺栓	
	(1)中间梁×车身(2×14 DT 39N·m)	选用工具不正确扣0.5分,扳紧时打滑扣0.5分,方向不正确扣0.5分,工具碰到车身零件扣0.5分,报错扣0.5分,掉落扣1分,未做扣1分
	(2)中间梁×横梁(3×14 DT 52N·m)	选用工具不正确扣0.5分,扳紧时打滑扣0.5分,方向不正确扣0.5分,工具碰到车身零件扣0.5分,报错扣0.5分,掉落扣1分,未做扣1分

续上表

评分	考 核 项 目	评 分 标 准
	(3)制动卡钳 × 转向节（4 × 17 DT 106.8N·m）	选用工具不正确扣0.5分,扳紧时打滑扣0.5分,方向不正确扣0.5分,工具碰到零件扣0.5分,报错扣0.5分,掉落扣1分,未做扣1分
	(4)球节 × 下臂（6 × 17 DT 142N·m）	选用工具不正确扣0.5分,扳紧时打滑扣0.5分,方向不正确扣0.5分,工具碰到车身零件扣0.5分,报错扣0.5分,掉落扣1分,未做扣1分
	(5)下臂 × 横梁（2 × 19 DT 137N·m）	选用工具不正确扣0.5分,扳紧时打滑扣0.5分,方向不正确扣0.5分,工具碰到车身零件扣0.5分,报错扣0.5分,掉落扣1分,未做扣1分
	(6)下臂 × 横梁（2 × 19 DT 137N·m）	选用工具不正确扣0.5分,扳紧时打滑扣0.5分,方向不正确扣0.5分,工具碰到车身零件扣0.5分,报错扣0.5分,掉落扣1分,未做扣1分
	(7)减振器 × 转向节（4 × 19 DT 153N·m）	选用工具不正确扣0.5分,扳紧时打滑扣0.5分,方向不正确扣0.5分,工具碰到零件扣0.5分,报错扣0.5分,掉落扣1分,未做扣1分
	(8)横梁 × 车身（4 × 19 CT 113N·m）	选用工具不正确扣0.5分,扳紧时打滑扣0.5分,方向不正确扣0.5分,工具碰到车身零件扣0.5分,报错扣0.5分,掉落扣1分,未做扣1分
	(9)稳定杆连接杆 × 减振器（2 × 17 M 74N·m）	选用工具不正确扣0.5分,扳紧时打滑扣0.5分,方向不正确扣0.5分,工具碰车身扣0.5分,报错扣0.5分,掉落扣1分,未做扣1分
	(10)稳定杆 × 稳定杆连接杆（2 × 17 M 74N·m）	选用工具不正确扣0.5分,扳紧时打滑扣0.5分,方向不正确扣0.5分,工具碰车身扣0.5分,报错扣0.5分,掉落扣1分,未做扣1分
	(11)转向机壳 × 横梁（4 × 17 MC 149N·m）	选用工具不正确扣0.5分,扳紧时打滑扣0.5分,方向不正确扣0.5分,工具碰车身扣0.5分,报错扣0.5分,掉落扣1分,未做扣1分

续上表

评分	考核项目	评分标准
	（12）稳定杆 × 横梁（4 × 12 M 58N·m）	选用工具不正确扣0.5分,扳紧时打滑扣0.5分,方向不正确扣0.5分,工具碰到车身扣0.5分,报错扣0.5分,掉落扣1分,未做扣1分
	（13）横拉杆端头锁止螺母（2 × 19 2C 74N·m）	选用工具不正确扣0.5分,扳紧时打滑扣0.5分,方向不正确扣0.5分,工具碰到车身扣0.5分,报错扣0.5分,掉落扣1分,未做扣1分
	（14）横拉杆端头 × 转向节（2 × 17 S 49N·m）	选用工具不正确扣0.5分,扳紧时打滑扣0.5分,方向不正确扣0.5分,工具碰到车身扣0.5分,报错扣0.5分,掉落扣1分,未做扣1分
	（15）球节 × 转向节（2 × 19 S 103N·m）	选用工具不正确扣0.5分,扳紧时打滑扣0.5分,方向不正确扣0.5分,工具碰到车身扣0.5分,报错扣0.5分,掉落扣1分,未做扣1分
	（16）制动轮缸 × 背板（4 × 14 CT 46.6N·m）	选用工具不正确扣0.5分,扳紧时打滑扣0.5分,方向不正确扣0.5分,工具碰到车身扣0.5分,报错扣0.5分,掉落扣1分,未做扣1分
	（17）减振器 × 车身（2 × 14 CT 80N·m）	选用工具不正确扣0.5分,扳紧时打滑扣0.5分,方向不正确扣0.5分,工具碰到车身扣0.5分,报错扣0.5分,掉落扣1分,未做扣1分
	（18）拖臂和后桥 × 车身（2 × 17 T 85N·m）	选用工具不正确扣0.5分,扳紧时打滑扣0.5分,方向不正确扣0.5分,工具碰到车身扣0.5分,报错扣0.5分,掉落扣1分,未做扣1分
	（19）减振器 × 拖臂和后桥（2 × 19 DT 80N·m）	选用工具不正确扣0.5分,扳紧时打滑扣0.5分,方向不正确扣0.5分,工具碰车身扣0.5分,报错扣0.5分,掉落扣1分,未做扣1分
	（20）控制杆 × 拖臂和后桥（2 × 19 DT 149N·m）	选用工具不正确扣0.5分,扳紧时打滑扣0.5分,方向不正确扣0.5分,工具碰车身扣0.5分,报错扣0.5分,掉落扣1分,未做扣1分

续上表

评分	考核项目	评分标准
	（21）拖臂和后桥 × 后桥轮毂（8 × 12 DT 56N·m）	选用工具不正确扣0.5分,扳紧时打滑扣0.5分,方向不正确扣0.5分,工具碰车身扣0.5分,报错扣0.5分,掉落扣1分,未做扣1分
	（22）燃油箱（4 × 14 DT 39N·m）	选用工具不正确扣0.5分,扳紧时打滑扣0.5分,方向不正确扣0.5分,工具碰到车身扣0.5分,报错扣0.5分,掉落扣1分,未做扣1分
	（23）排气管（4 × 14 DT 43N·m）	选用工具不正确扣0.5分,扳紧时打滑扣0.5分,方向不正确扣0.5分,工具碰到车身扣0.5分,报错扣0.5分,掉落扣1分,未做扣1分
	2.动力转向液(齿条和小齿轮型)	
	（1）检查是否泄漏(齿轮箱)	未用手摸检查扣0.5分,检查错扣1分
	（2）检查是否泄漏(PS叶轮泵)	未用手摸检查扣0.5分,检查错扣1分
	（3）检查是否泄漏(液体管路和接头处)	未用手摸检查扣0.5分
	（4）检查动力转向软管的裂纹或其他损坏	未用手摸检查扣0.5分
	3.传动皮带	
	（1）检查是否变形	目测检查不到位扣0.5分,未做扣1分
	（2）检查是否损坏(磨损、裂纹、脱层或其他损坏)	未做扣1分
	（3）检查安装状况(传动带张力检查)(偏移:8~10mm;张紧力:200N)	未检查每个位置安装扣0.5分,张紧力手压部位不正确扣0.5分,报错扣0.5分,未检查扣1分
	4.发动机油排放塞	
	（1）更换排放塞垫片	未拆垫片扣0.5分,未清洁扣0.5分,未换扣1分

续上表

评分	考核项目	评分标准
	(2)安装排放塞(39N·m)	手未旋紧排放塞扣0.5分,套筒选错扣0.5分,力矩不当扣0.5分,操作不到位扣0.5分,未紧力矩扣1分
	5.更换发动机油滤清器(手紧后再旋转3/4圈)	拆滤清器时滤清器掉落扣1分,油滴到地上未清洁扣1分,未润滑扣0.5分,未清洁扣0.5分,手紧后再旋转3/4圈,未做扣1分
	(二)举升准备	
	下降(OK锁止正常)(降到顶起位置4)	下降没报扣0.5分,车辆周围障碍物没检查扣0.5分,下降位置不到位扣0.5分

任务7　顶起位置4——车轮轴承、轮胎、盘式制动器

一　任务说明

为了方便本任务操作,须将车举到与人胸口平齐高度,即顶起位置4。轿车基本采用的是盘式制动器和鼓式制动器这两种,对于COROLLA轿车,其前轮为盘式制动器,后轮为盘式或鼓式制动器。这里先来介绍盘式制动器。

本任务操作内容包括：

(1)车轮轴承(摆动、转动状况、噪声、拆卸车轮)；

(2)轮胎(裂纹、损坏、金属碎片、异物、异常磨损、气压、漏气等)；

(3)盘式制动器(摩擦片、制动盘厚度、制动盘跳动量、制动卡钳泄漏等)。

二　技术标准与要求

(1)轮胎沟槽深度标准:大于3mm；

(2)轮胎气压标准:前轮230kPa,后轮210kPa；

(3)内侧摩擦片厚度:标准值为:11mm,极限值为1mm；

(4)外侧摩擦片厚度:标准值为:11mm,极限值为1mm；

(5)制动盘厚度:标准值为25.00mm,极限值为23.00mm；

(6)制动盘跳动量标准不大于0.05mm；

(7)制动卡钳×制动轮缸螺栓标准力矩为34N·m；

(8)实训时间和考核时间均为15min。

三　实训教学目标

(1)了解车轮轴承、轮胎、盘式制动器任务的重要性；

(2)掌握车轮轴承、轮胎、盘式制动器任务的作业流程和操作方法；

(3)重点掌握盘式制动器任务的检查方法；

(4)学会车轮轴承、轮胎、盘式制动器中各个任务的操作,并能够在规定的时间内完成。

任务7 顶起位置4——车轮轴承、轮胎、盘式制动器

四 实训器材

 风动扳手　　 百分表　　 磁性座　　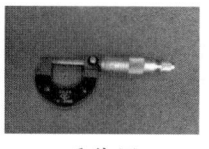 千分尺　　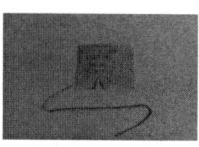 钢丝钩、纱皮

其他工具及器材：套筒、胎纹深度尺、气压表、肥皂水、毛笔、手套、轮胎架、钢直尺、开口扳手、梅花扳手、扭力扳手、纱布等。

五 教学组织

1 教学组织形式

单人操作每辆车安排 4 名学生实训，双人操作则可每辆车安排 8 名学生，自行编排流程。

2 学生站位分工和要求

4 名学生，一名进行操作前准备，一名进行操作，两名进行检查评分。

3 实训教师职责

（1）讲解操作任务的作业流程、操作步骤、技术规范和注意事项；

（2）组织、管理学生进行操作；

（3）在实训中进行检查、指导和纠正学生的错误。

4 学生职责变换

4 名学生实行职责轮流变换制度，第一遍，1 号学生操作，2 号学生进行操作前准备，3 号学生、4 号学生进行检查评分；第二遍，2 号学生操作，3 号学生进行操作前准备，4 号学生、1 号学生进行检查评分。这样依次循环进行。

六 操作步骤

1 顶起位置4（将汽车举到与人胸口平齐的位置）：围绕车辆进行一次检查，主要是检查车轮和制动器。

使用工具：风动扳手、21mm 套筒、磁性座百分表、千分尺（0～25mm）、内径游标卡尺、钢丝钩、纱皮、钢直尺、开口扳手17mm、梅花扳手14mm 等。

备件：摩擦片、制动液等。

2 车轮位置。

左前、左后、右后、右前四个车轮，检查左前、右后两个车轮，其余两轮操作方法一样。

3 在各位置进行下述操作。

①车轮轴承；
②车轮拆卸；
③车胎；
④盘式制动器；
⑤鼓式制动器。

1. 车轮轴承

1 检查有无摆动（左前）。

第一步：将一只手放在轮胎左面，而另一只手放在轮胎右面，交叉用力推拉轮胎以便检查是否有摆动现象。

提示 检查时学生必须站在车轮的正前方。

第二步：将一只手放在轮胎上面，而另一只手放在轮胎下面，交叉用力推拉轮胎以便检查是否有摆动现象。

提示 检查时学生必须站在车轮的正前方。

提示 出现摆动现象时，压下制动踏板再次检查其行程。没有更大的摆动，车轮轴承是起因；仍然摆动，球节、主销或者悬架是起因。下图中为制动踏压器。

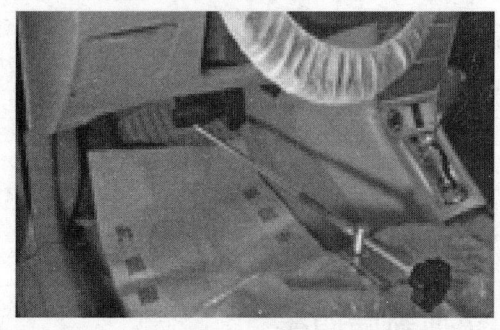

2 检查转动状况和噪声（左前）。

用手转动车轮以便检查其是否能够无任何噪声地平稳转动。

提示 在检查噪声时，耳朵可侧向车轮

顶起位置4—车轮轴承、轮胎、盘式制动器 任务7

来听车轮的噪声。

右后车轮有无摆力,以及转动状况和噪声的检查,参考左前车轮的检查方法。

3 拆卸车轮。

第一步:将气管从气管收集器中拉出来,根据需要的长度来确定拉出来的长度。

提示 拉的过程中注意一只手拿住气管的一端,另一只手从里往外拉,然后将拉出来的部分用另一只手拿住,这样直到拉到所需要的长度为止。最后听到"嗒嗒"声时停止拉气管。

第二步:打开气管收集器的开关,使气管充满高压气体。

提示 此操作也是检查在气管中是否有高压气体。

第三步:将气管拉到左前车轮处,然后从工具车上取来风动扳手,将气管插入到风动扳手中,再选择好风动扳手的挡位与旋转方向,最后将21mm风动套筒与风动扳手连接。

提示 安装过程中注意要一次性用力

将气管插入到风动扳手中。在安装套筒时也要注意方向。

第四步:将风动扳手放入轮胎的左侧螺栓孔中。按下风动扳手,先打松轮胎螺母,但不要打出来。

提示 在操作风动扳手的过程中,不能让风动套筒与轮胎的轮辋相互接触,否则会破坏轮胎的轮辋。

第五步:将风动扳手放入轮胎的右侧螺栓孔中。按下风动扳手,先打松轮胎螺母,但不要打出来。

提示 在操作风动扳手的过程中,不能让风动套筒与轮胎的轮辋相互接触,那样会破坏轮胎的轮辋。

第六步：将风动扳手放入轮胎的下侧螺栓孔中。按下风动扳手，先打松轮胎螺母，但不要打出来。

提示 在操作风动扳手的过程中，不能让风动套筒与轮胎的轮辋相互接触，那样会破坏轮胎的轮辋。

第七步：将风动扳手放入轮胎的上侧螺栓孔中。按下风动扳手，先打松轮胎螺母，但不要打出来。

提示 在操作风动扳手的过程中，不能让风动套筒与轮胎的轮辋相互接触，那样会破坏轮胎的轮辋。

第八步：再按照同样的顺序一个个地将轮胎螺母打下来拿在手中。

提示 在操作风动扳手的过程中，不能让风动套筒与轮胎的轮辋相互接触，那样会破坏轮胎的轮辋。

第九步：打下螺母以后，将螺母按照直线的顺序排好，注意一定要放整齐，而且要做到一次性放好。

提示 在拿放螺母的时候，可以根据螺栓的个数分别放置，也可以一次拿两个。

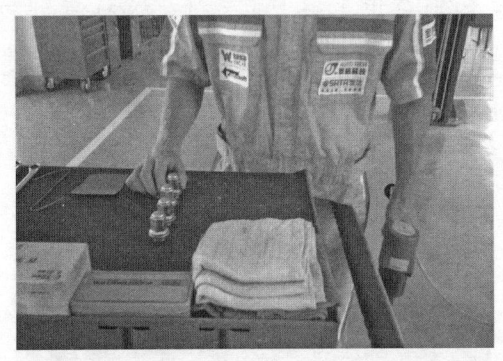

第十步：走到右后车轮处，用同样的方法将右后车轮的螺母拆下来，然后整齐地放在工具车上。

提示 其他的车轮也是按照同样的方法拆卸。

第十一步：打完轮胎螺母后，将风动扳手从气管中拔出来，然后将其放在工具车上。

提示 拔气管的动作一定要正确，即左手拿好风动扳手，右手按下气管扣子，用力向下拉，这样就可以将其拉下。

第十二步:将刚才拉出来的气管收回到气管收集器中去。

提示 在收气管的时候动作不要太快,一端用手拉住,另一只手则将气管收回到里面去。

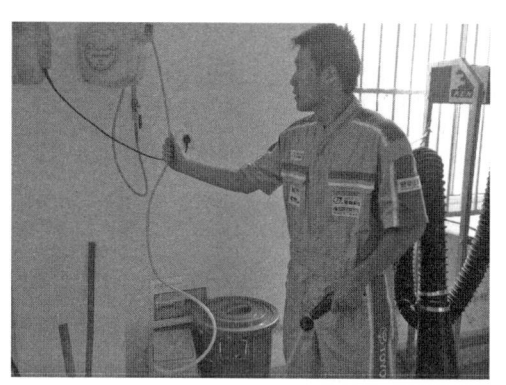

第十三步:最后关闭气管的阀门,防止漏气。

提示 关闭阀门的工作一定要记牢,因为很容易忘记。

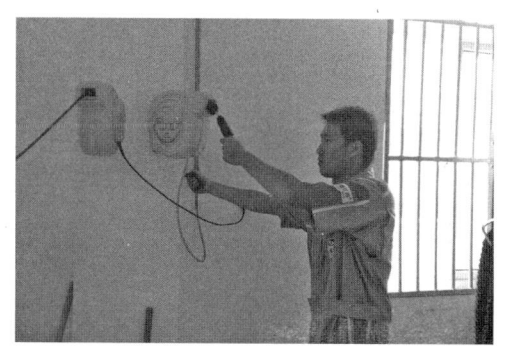

第十四步:走到左前车轮处,将刚才已经打松的车轮从车上搬运下来。

提示 在搬运车轮过程中,双手必须放在车轮的外胎侧,不能将手放到里面轮辋处。另外,不可将车轮放在地上以及在地上滚动。

第十五步:将搬运过来的车轮放在轮胎架上。

提示 车轮放下后要记住放的位置,也可以在轮胎上用粉笔做上记号。

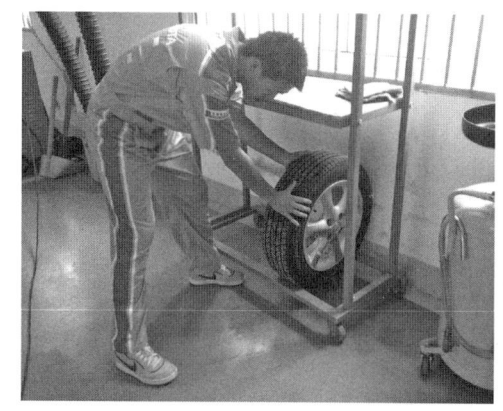

第十六步:走到右后车轮处,将刚才已经打松的车轮从车上搬运下来。

提示 在搬运车轮过程中,双手必须放在车轮的外胎侧,不能将手放到里面轮辋处。另外,不可将车轮放在地上以及在地上滚动。

第十七步：将搬运过来的车轮放在轮胎架上。

提示 车轮放下后要记住放的位置,也可以在轮胎上用粉笔做上记号。

2. 轮胎

1 检查是否有裂纹和损坏;

2 检查是否嵌入金属颗粒或其他异物;

3 检查是否有异常磨损;

4 检查轮辋是否损坏或腐蚀;

5 测量胎面沟槽深度(测量规);

6 检查气压;

7 检查是否漏气。

以上内容参考本教材第54页：

顶起位置1;6.后部;3.备用轮胎(2)(3)(4)(5)(6)(7)(8)。

3. 盘式制动器

1 拆卸盘式制动器。

第一步：从工具车中拿来一把17mm开口和一把14mm的梅花扳手,准备拆卸。

提示 在拿扳手时,对于左前车轮,则左手拿14扳手,右手拿17扳手。对于右前车轮,扳手拿法则相反。

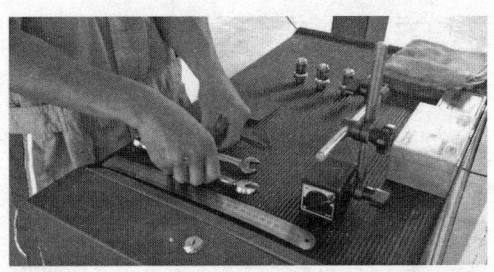

第二步：用一把17mm的开口扳手先放在里面一个17mm的螺栓中,再用一把14mm的梅花扳手放在外侧的制动卡钳×制动轮缸螺栓中。然后,双手用力将制动卡钳×制动轮缸螺栓旋松。

提示 在操作过程中注意不要用力太猛,防止手撞到车身的护板。

第三步：将刚才在用的两把扳手放回到工具车里,然后用手将刚才旋松的制动卡钳×制动轮缸螺栓旋出来。

提示 在旋松制动卡钳×制动轮缸螺栓的时候,右手要按住制动轮缸,并可以根据螺栓的松紧情况进行适当移动调节。

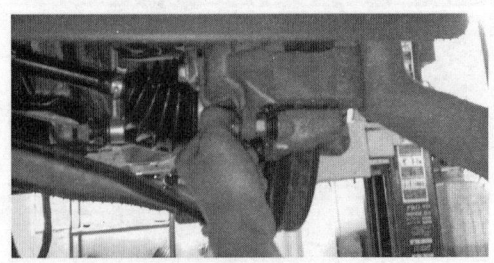

第四步：将刚才拆下的制动卡钳×制动轮缸螺栓放在工具车上。

提示 拆下和螺栓需和轮胎螺母放在

同一个地方,并且螺栓尾部放在工具车上,以方便安装时的取用。

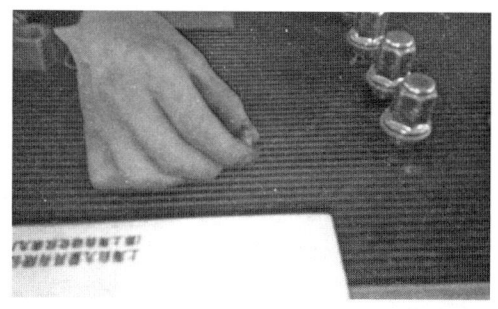

第五步:先从工具车上拿一条钢丝钩,然后掀起制动轮缸,再用钢丝钩将制动轮缸一端钩住,钢丝钩另一端则钩到螺旋弹簧上面。

提示 这样就可以避免制动轮缸位置不合适而影响操作。另外,要注意不要使制动管路弯曲或扭曲。

第六步:用双手将制动摩擦片从制动钳固定架中拆下来放在工具车上,注意放的位置要确定。

提示 在拆制动摩擦片过程中,注意双手一定要拿住,防止掉落。另外,手不可以接触制动摩擦片的表面,以防止污染制动摩擦片从而影响制动效果。

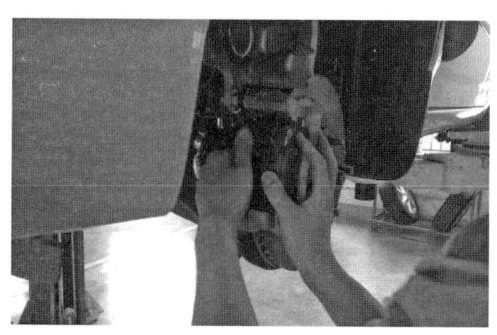

2 清洁制动摩擦片。

第一步:先用手拿起一块制动摩擦片,然后用砂皮清洁制动摩擦片,清除制动摩擦片表面的污垢,方便下面的检查。

提示 在清洁制动摩擦片过程中,手不可以接触到制动摩擦片的表面。

第二步:将第一块制动摩擦片放下,拿起另一块制动摩擦片,然后用砂皮清洁制动摩擦片,清除制动摩擦片表面的污垢,方便下面的检查。

提示 在清洁制动摩擦片过程中,手不可以接触到制动摩擦片的表面。

3 检查制动摩擦片的不均匀磨损。

确认制动摩擦片没有不均匀磨损。

提示 在清洁制动摩擦片过程中,手不可以接触到制动摩擦片的表面。

4 目视检查制动摩擦片厚度（内侧）。

目视检查内侧制动摩擦片的厚度，检查其是否在正常范围之内。如果制动摩擦片的厚度低于磨损极限，则更换制动摩擦片。

提示

①在清洁制动摩擦片过程中，手不可以接触到制动摩擦片的表面；

②制动摩擦片标准值为11mm；极限值为1mm。

5 测量制动摩擦片厚度（外侧）。

第一步：拿起外侧制动摩擦片，然后用一把钢直尺测量内侧制动摩擦片中间点的厚度。如果制动摩擦片的厚度低于磨损极限，则更换。

提示

①在清洁制动摩擦片过程中，手不可以接触到制动摩擦片的表面；

②制动摩擦片标准值为11mm；极限值为1mm。

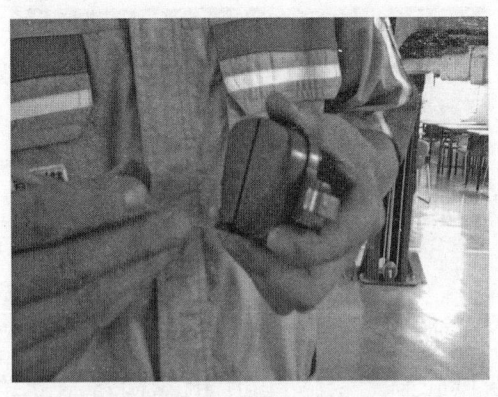

第二步：测量制动摩擦片外侧中间点制动摩擦片的厚度是否在标准范围内。如果厚度低于磨损极限，则更换制动摩擦片。

提示 使用该次检查和上一次检查之间的行驶距离，估计到下一次检查前的行驶距离。通过检查自从上一次检查到现在的制动摩擦片的磨损，来估计制动摩擦片在下一次检查时的情况。在下一次计划检查时，如果估计制动摩擦片的厚度将会小于可接受的磨损值时，建议车主更换制动摩擦片。

6 临时安装两个车轮螺母。

第一步：从工具车上取来两个轮胎螺母，注意在拿的时候不要碰倒边上螺母。

提示 在拿轮胎螺母的时候一个手拿一个，以方便进行安装。

顶起位置4—车轮轴承、轮胎、盘式制动器 任务7

第二步:将两个轮胎螺母旋在轮胎螺栓上面,压制动盘,以便进行跳动量的检查和制动摩擦片的安装。

提示 两个轮胎螺母必须交叉安装。

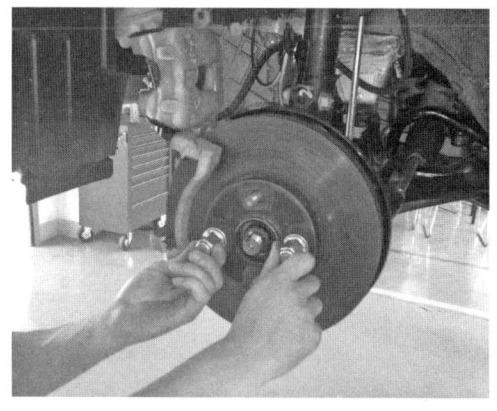

7 清洁制动盘。

第一步:用一块砂布先清洁制动盘外侧表面。

提示

①在清洁制动盘过程中,手不可以接触制动盘表面,以免污染制动盘影响制动效果;

②对于训练来说,由于砂布打的次数多会把制动盘磨薄,则可用干净的布代替砂布使用。

第二步:用砂布清洁制动盘内侧表面,边转动制动盘边清洁。

提示 在清洁制动盘过程中,手不可以接触制动盘表面,以免污染制动盘影响制动效果。

8 检查盘式制动盘磨损和损坏。

第一步:检查制动盘外侧是否有刻痕、不均匀或者异常磨损以及裂纹和其他损坏。

提示 在检查时,用眼睛观察制动盘的外表面,注意特别要检查制动盘与制动摩擦片的接触部位。

第二步:检查制动盘内侧是否有刻痕、不均匀或者异常磨损以及裂纹和其他损坏。

提示 此时由于在内侧,观察起来比较麻烦,则侧身的同时另一个手转动制动盘,以便于能够整个都检查到。

9 检查制动盘厚度。

第一步：从工具车上拿来钢直尺及记号笔，在距离制动盘边缘10mm处做好3个测量点标记，间隔120°。

提示 制动盘的磨损不是均匀的，在距离制动盘边缘10mm左右的位置时磨损最严重的。

第二步：选择合适的千分尺。根据维修手册制动盘的标准尺寸与模式极限选择量程合适的千分尺。

提示 注意千分尺的量程范围，要根据制动盘的厚度标准来定，这里针对这种车型选用0~25mm的千分尺。

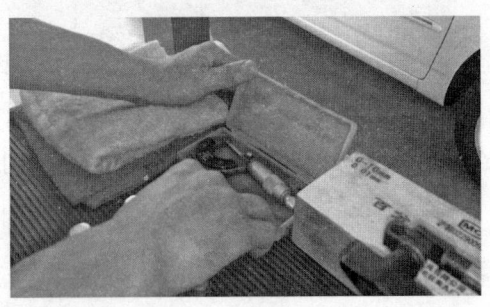

第三步：先将千分尺旋开一定距离，然后再用纱布进行清洁。

提示 此时的清洁主要是为了清洁千分尺两个测量端面，保证测量精度。

第四步：进行千分尺的对零操作，要确定其零位正确。如果零位不正确，则必须进行调整，调整好以后才能进行测量。

提示 在实际操作中，也可以将误差记下，然后等最后读数读出后再进行换算。

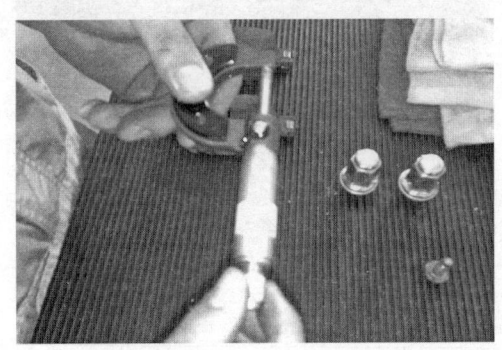

第五步：此时，学生走到车辆的制动盘处，然后将千分尺旋开，旋开的距离大于制动盘的厚度，这样以便千分尺放入到制动盘里面进行测量。

提示 在千分尺放进行去的过程中，不可以太用力，以免损坏量具。

第六步:读取第一个测量位置厚度,然后拿出千分尺,转动制动盘120°再进行测量第二个位置的厚度,然后再转动制动盘120°再进行测量第三个位置的厚度,再将三个厚度的最小值与标准进行比较。

提示

①要求制动盘的厚度在标准的范围之内,如果尺寸不合适则将其进行更换;

②制动盘厚度标准值为25.00mm,极限值为23.00mm。

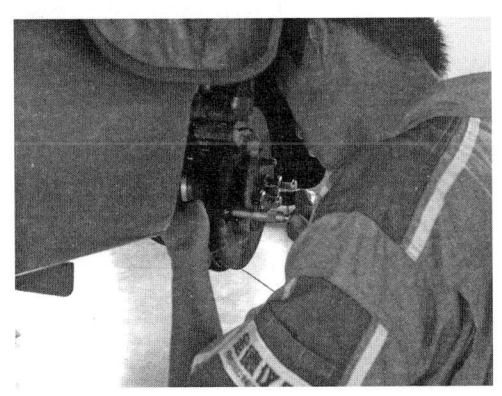

第七步:测量好以后,先清洁千分尺,再将千分尺旋转到接近原始位置(零位)且有一定间隙。

提示 清洁千分尺,保证量具不会被污损,确保以后能够继续使用。

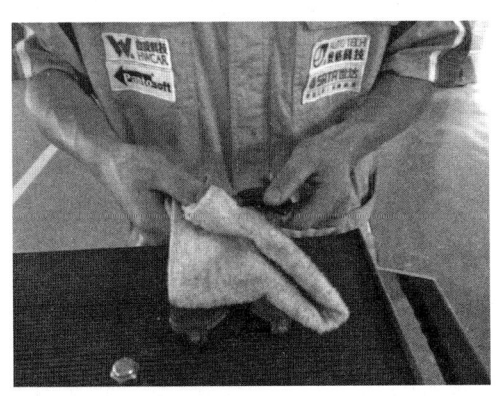

第八步:将千分尺放回到盒子里面,同时放好清洁用的纱布。

提示 放回千分尺的时候必须轻放。另外,如果此时没有将千分尺旋到零位的话,则有可能千分尺就放不回到盒子中去。

10 检查制动盘跳动量。

第一步:从工具车上取来测量跳动量用的磁性表座,以便进行在汽车上的固定测量。

提示 如果磁性表座操作前没有安装好,则必须先安装好后才能使用。

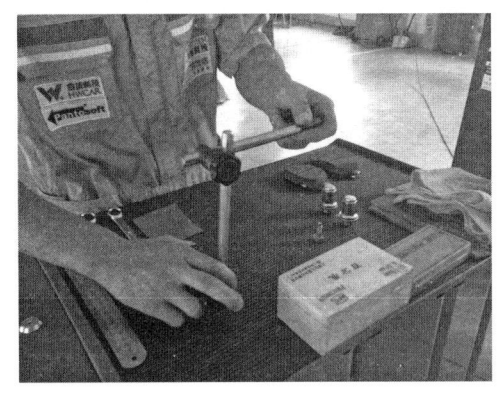

第二步:将磁性表座安装到车辆上面。先打开磁性座的磁性开关,然后安装到减振器处,等到放置稳定后,再关闭磁性座的磁性开关。

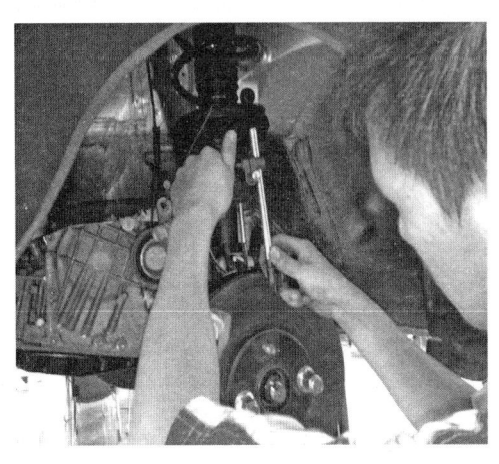

提示 为了使磁性座固定更稳定,测量更加方便,因此将其固定在减振器处。另外,磁性座一定要安装到位。

第三步:从工具车上取来百分表,手顶一下百分表探针2~3次,检查百分表指针是否每次都回到同一位置,否则应更换百分表。若百分表指针摆动正常,再检查表盘转动是否正常,之后全面清洁百分表。

提示 在取百分表的时候,要注意防止其他周围的物体碰到探针。

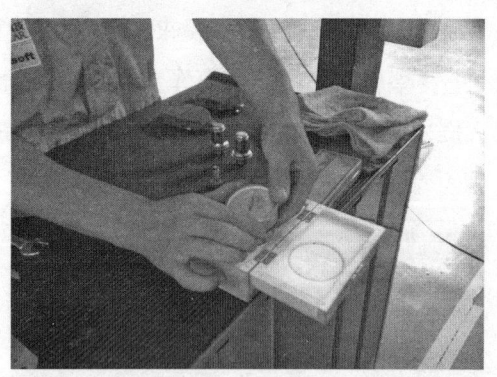

第四步:先将磁性座的支架打开一定角度,然后将百分表安装到磁性座的支架上面。

提示 安装百分表的时候,要注意磁性座的支架要夹在百分表探针外套的中间靠上部分,以防止探针被夹住,影响测量。

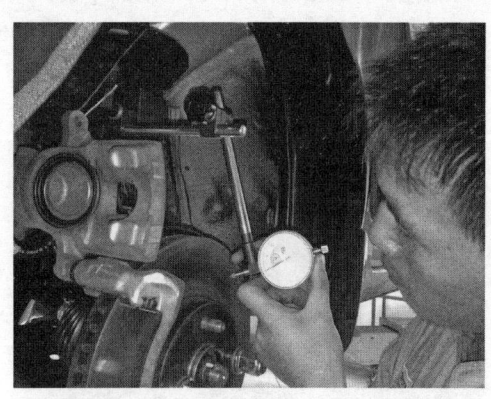

第五步:将百分表的探针位置调到制动盘的外侧进行测量,距离制动盘边缘10mm。另外,百分表的探针必须与制动盘表面垂直。

提示

①距离制动盘边缘10mm可用直尺量好,做好记号;

②通过转动磁性座支架的固定螺母,然后上下滑动支架来调节百分表的高度。

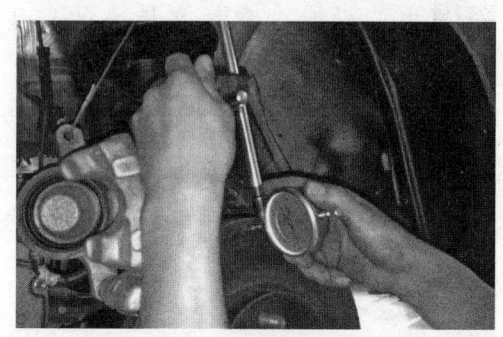

第六步:先将百分表预紧1~2圈(看小指针),然后进行固定。接着将百分表盘零位转动到与指针对齐,上提百分表探针,观察零位是否有变化,否则重新对齐,以便能够正常地读取数据。

提示 预紧1~2圈主要是为了在测量时有一定的余量,才能进行正常的测量。预紧的圈数应为量程的1/3。

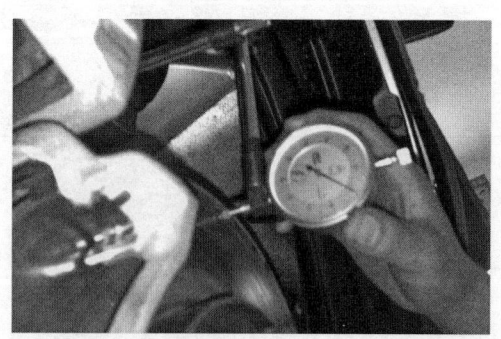

第七步:双手放在轮胎螺母处,转动制动盘,观察百分表指针的左右摆动量,以摆动量最大的为准,并读出此时的制动盘的跳动量。

用同样的方法测量制动盘内侧处的跳动量,读取数据。将测量出的数值与标准值进行对比,确定是否正常。如不正常,则根据制动盘厚度和跳动量决定是修复还是更换。

🔔 提示
①制动盘的转动圈数为3圈；
②制动盘跳动量标准值≤0.05mm。

第八步：测量完成以后，首先将磁性座的支架向外移动，然后拆除百分表。

🔔 提示 由于百分表是精密量具，为了防止其损坏，则先将百分表拆除。

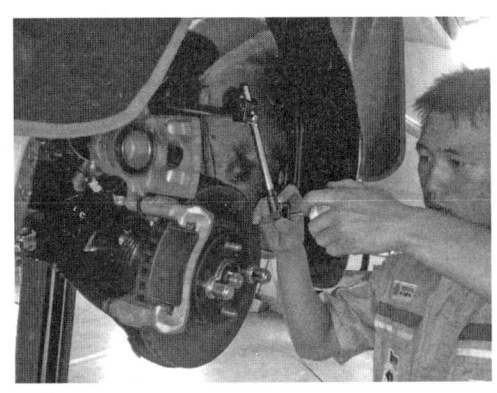

第九步：拆下百分表以后，清洁百分表。

🔔 提示 清洁百分表，保证量具不会被污损，确保以后能够继续使用。

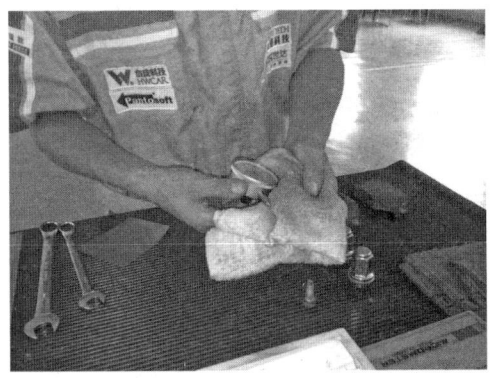

第十步：将百分表放回到盒子里面，同时放好清洁用的纱布。

🔔 提示 在放回去的时候要注意轻放，同时要注意探针不要碰到周围物体。

第十一步：从车辆上面拆除磁性座，先松开磁性座的开关，再将磁性座从车辆上面取下。

🔔 提示 拆除过程中注意安全。

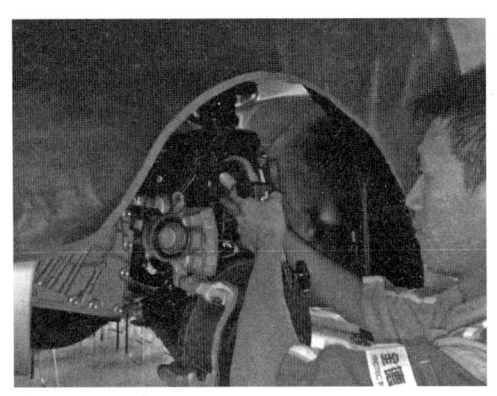

第十二步：将磁性座拆下后，放置到工具车上的原始位置。

🔔 提示 在放磁性座的时候，要保证该座放置牢固，不会翻倒。

11 安装制动摩擦片。

第一步：从工具车上取来刚才拆下的两块制动摩擦片。

提示 拿制动摩擦片的时候注意手不能接触其表面。

第二步：将制动摩擦片安装到制动盘的制动卡钳上面。注意磨损指示器朝上。

提示 安装过程中要注意制动摩擦片的内、外侧不要搞错，内片带有磨损指示器。

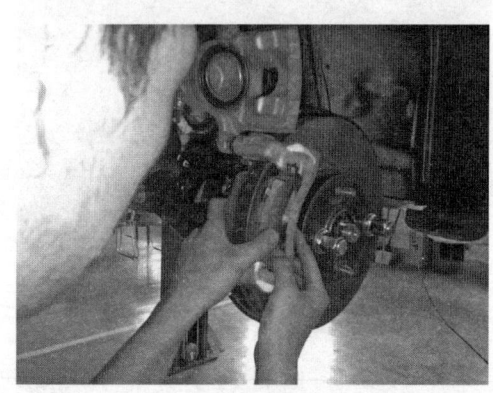

第三步：将固定制动轮缸的钢丝钩从减振器上面取下来。一只手拿住制动轮缸，另一只手来拆钢丝钩。

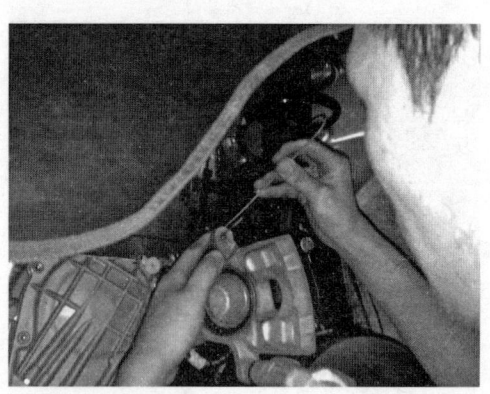

提示 在拿钩子的时候要小心，防止轮缸掉落。

第四步：一只手拿住制动轮缸，另一只手将钢丝钩放在工具车上面。

提示 在放钩子的时候要防止钢丝钩与工具车的零件工具重叠。

12 检查制动卡钳的制动液泄漏。

用手检查制动卡钳是否有液体渗漏。

提示 如果制动液溅出或者粘在油漆上，要立即用水清洗。否则，将损坏油漆表面。

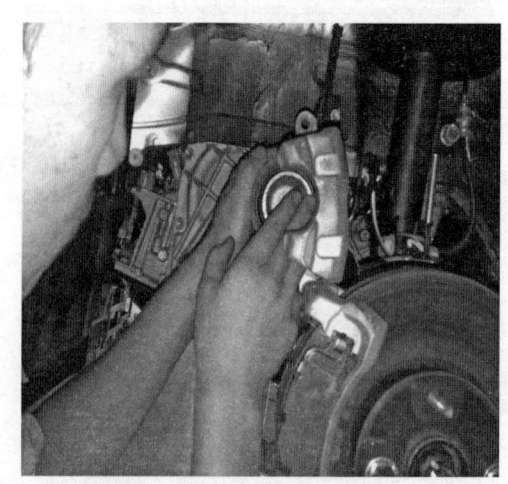

13 安装制动卡钳×制动轮缸螺栓。

第一步：使用制动活塞回位器将制动活塞压回至最低位置。

顶起位置4—车轮轴承、轮胎、盘式制动器 任务7

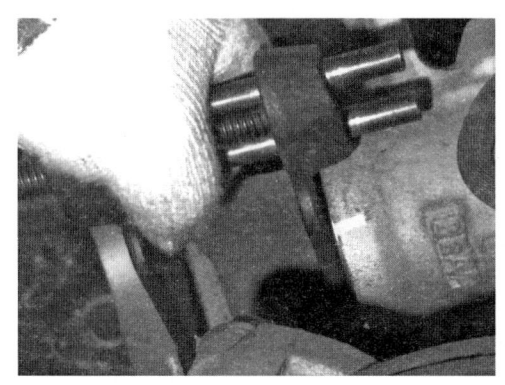

提示 未将活塞压回的话,制动卡钳或会无法安装或安装困难。

第二步:将制动轮缸往下放,安装到规定位置。

提示 安装过程中后面一只手要顶住后侧摩擦片,以防止消声片、制动摩擦片掉落。

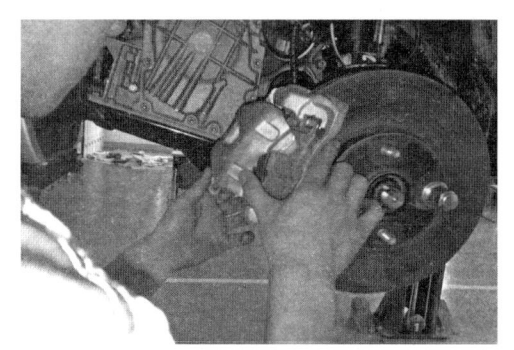

第三步:从工具车上拿来制动卡钳×制动轮缸螺栓,然后用手将其旋紧。

提示 在拿的时候可用左手拿来直接进行安装。

第四步:先从工具车上取一把扭力扳手并调好力矩,然后再拿一把17mm开口扳手,来紧固制动卡钳×制动轮缸螺栓。

提示

①注意这里同时也要紧固上面一个制动卡钳×制动轮缸螺栓;

②力矩标准值:34N·m。

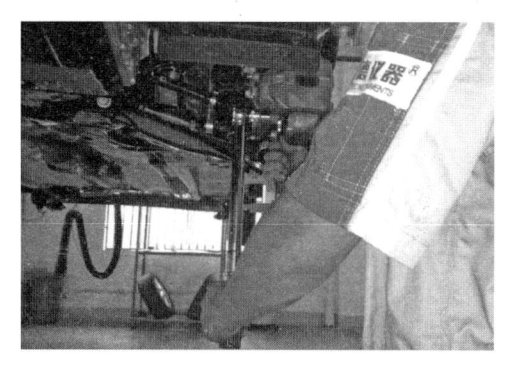

七 考核标准

任务7 顶起位置4—车轮轴承、轮胎、盘式制动器 考核标准表

顶起位置4 [1/2] (注:将汽车举到与人胸口平齐的位置) 定期维护任务(共有21项)

考核时间:15min 考核总分满分:21分

评分				考核项目	评分标准
左		右		1. 车轮轴承	
前	后	前	后		
√		√		(1)检查有无摆动	未上下左右晃动操作扣0.5分,未做扣1分

续上表

评分	考核项目	评分标准
√√	（2）检查转动状况和噪声	车轮未转动扣0.5分，噪声未听扣0.5分
√√	（3）拆卸车轮	气管连接不正确扣0.5分，风动旋转方向未检查扣0.5分，风动锁止未检查扣0.5分，螺母掉落扣1分，拆顺序错扣0.5分，螺母未放整齐扣0.5分
	2. 轮胎	
√√	（1）检查是否有裂纹和损坏	轮胎未转到一圈扣0.5分，未检查出来扣1分
√√	（2）检查是否嵌入金属碎片和异物	未检查出扣1分
√√	（3）检查轮胎异常磨损	未检查出扣1分
√√	（4）检查轮辋损坏或腐蚀	未检查出扣1分
√√	（5）测量胎面沟槽深度（>3mm）	深度计未清洁对零扣0.5分，未两道三点测量扣0.5分，未旋转到120°扣0.5分，测量结果错误扣1分
√√	（6）测量轮胎气压（前轮230kPa；后轮210kPa）	未旋开气门嘴盖扣0.5分，气压表未校零扣0.5分，气压读数不正确扣0.5分，判断错误扣1分
√√	（7）检查轮胎漏气	肥皂水滴未清洁落扣0.5分，肥皂水未滴气门嘴扣0.5分，判断错误扣1分，气门嘴未清洁扣0.5分，气门嘴未盖上扣1分
	3. 盘式制动器	
	（1）清洁制动摩擦片	未两次清洁扣0.5分，未清洁扣1分
	（2）检查制动摩擦片的不均匀磨损	未目视检查扣0.5分，未做扣1分

续上表

评	分	考核项目	评分标准
		（3）目视检查制动摩擦片厚度（内侧）（标准值11mm；极限值1mm）	未目视检查内侧厚度扣0.5分，报数据不正确扣0.5分，未检查扣1分
		（4）测量制动摩擦片厚度（外侧）（标准：11mm；极限：1mm）	测量点不正确扣0.5分，读数不正确扣0.5分，报数不正确扣0.5分，未检查扣1分
		（5）临时安装两个车轮螺母	未安装扣1分，螺母掉落扣1分
		（6）清洁制动盘	内外有一侧没清洁扣0.5分，未清洁扣1分
		（7）检查制动盘磨损和损坏	内外侧目视检查未做扣1分
		（8）检查制动盘厚度（标准：25.00mm；极限：23.00mm）	未清洁千分尺扣0.5分，未校扣0.5分，测量位置错扣0.5分，测量点数错扣0.5分，测一点后制动盘未清洁扣0.5分，测好后千分尺未清洁扣0.5分，千分尺未零位归位扣0.5分，读数不正确扣1分
		（9）检查制动盘跳动量（≤0.05mm）	未检查百分表扣0.5分，百分表安装不到位扣0.5分，预紧不到位扣0.5分，测量点错误扣0.5分，百分表未对零进行测量扣0.5分，制动盘转动没有一圈以上扣0.5分，量具未清洁扣0.5分，测量数据错误扣1分
		（10）检查制动卡钳的制动液泄漏	未用手摸检查扣0.5分，未做扣1分
		（11）安装制动卡钳×制动轮缸螺栓（扭矩34N·m）	螺栓安装不到位扣0.5分，套筒选用不当扣0.5分，扭矩不当扣0.5分，操作时碰到周围零件扣0.5分，未紧2个扣0.5分

任务 8　顶起位置 4——盘式制动器和鼓式制动器、举升机

一　任务说明

本任务主要是盘式制动器和鼓式制动器的拆装,同时要对两者分别进行检查。

本任务内容包括:

(1)盘式制动器和鼓式制动器(制动摩擦片、制动摩擦片厚度、制动蹄、制动液泄漏、制动衬片、制动鼓、制动盘厚度、制动盘跳动量、制动间隙调整等);

(2)举升机。

二　技术标准与要求

(1)制动摩擦片厚度——内侧标准:11mm;极限:1mm;

(2)制动摩擦片厚度——外侧标准:11mm;极限:1mm;

(3)制动器衬片厚度——标准:3.5mm;极限:1mm;

(4)制动鼓内径——标准:173～174mm;

(5)制动盘厚度——标准:9.00mm;极限:8.00mm;

(6)制动盘跳动量——标准小于0.05mm;

(7)制动轮缸×背板螺栓——标准力矩为46.6N·m;

(8)制动轮缸×制动卡钳螺栓——标准力矩为34N·m;

(9)制动蹄间隙调整在锁紧制动鼓后回调8个槽口;

(10)举升器下降至顶起位置5高度时标准为离地面20cm;

(11)实训时间和考核时间均为15min。

三　实训教学目标

(1)了解盘式制动器和鼓式制动器、举升机任务操作的重要性;

(2)掌握盘式制动器和鼓式制动器、举升机的作业流程和操作方法;

(3)重点掌握盘式制动器和鼓式制动器任务的检查方法;

(4)学会盘式制动器和鼓式制动器、举升机中各个任务的操作,并能够在规定的时间内完成。

顶起位置4—盘式制动器和鼓式制动器、举升机 任务8

四 实训器材

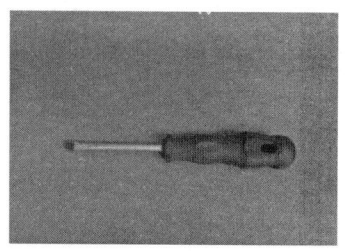
一字螺丝刀

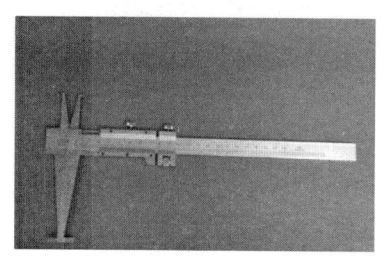
内径游标卡尺

其他工具及器材:磁性座百分表、千分尺 0~25mm、钢丝钩、砂布、钢直尺、开口扳手、梅花扳手、纱布等。

五 教学组织

1 教学组织形式

单人操作每辆车安排 4 名学生实训。双人操作则可每辆车安排 8 名学生,自行编排流程。

2 学生站位分工和要求

4 名学生,一名进行操作前准备,一名进行操作,两名进行检查评分。

3 实训教师职责

(1)讲解操作任务的作业流程、操作步骤、技术规范和注意事项;
(2)组织、管理学生进行操作;
(3)在实训中进行检查、指导和纠正学生的错误。

4 学生职责变换

4 名学生进行职责轮流变换制度,第一遍,1 号学生操作,2 号学生进行操作前准备,3 号学生、4 号学生进行检查评分;第二遍,2 号学生操作,3 号学生进行操作前准备,4 号学生、1 号学生进行检查评分。这样依次循环进行。

六 操作步骤

(一)盘式制动器和鼓式制动器

1 拆卸制动轮缸。

第一步:从工具车上取来一把 17mm 梅花扳手来旋松制动轮缸×制动卡钳螺栓。松完后将扳手放回到工具车上。

提示 只要旋到用手可以旋的紧度就

可以了,以便拆下制动轮缸的操作。

第二步:从工具车上取来一把14mm的梅花扳手,来拆卸制动轮缸×背板螺栓。拆好后,将扳手放回到工具车上,将螺栓也放在工具车上。

提示 这里有2枚制动轮缸×背板螺栓都要拆掉,才能将整个制动轮缸取下。

第三步:将制动轮缸从制动鼓上面取下来,然后用手拿住。再拆卸制动轮缸×制动卡钳螺栓,用手拧出来,然后将其放在工具上。

提示

①在取出制动轮缸的时候会有些紧,则可轻轻晃动;

②此时一只手在旋螺栓的时候,另一只手一定要拿稳,防止制动轮缸掉落。

第四步:一只手托住制动轮缸,另一只手慢慢地打开制动卡钳。

提示 打开的时候动作慢一些,以防止里面制动摩擦片的掉落。

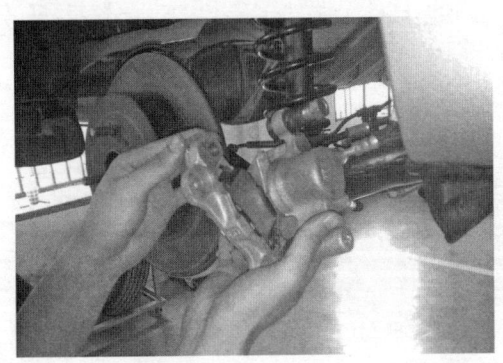

第五步:打开以后,一只手托住制动轮缸,另一只手则从制动卡钳中取出制动摩擦片。

提示 取制动摩擦片的时候动作慢一些,以防止里面制动摩擦片的掉落。

第六步:取下制动摩擦片以后,一只手还是托住制动轮缸,另一只手将刚才拆下的两块制动摩擦片整齐地放在工具上。

提示 放下制动摩擦片的时候,要记住制动摩擦片的放置位置,千万不要搞错。

顶起位置4——盘式制动器和鼓式制动器、举升机 任务8

第七步：从工具车上面拿来一根钢丝钩，用来固定制动轮缸。

提示 在拿钢丝钩的时候，要注意防止碰到工具车中其他的零件。

第八步：用钢丝钩将制动轮缸一端钩住，钢丝钩另一端则钩到螺旋弹簧上面。

提示 通过这样就可以避免制动轮缸影响操作。另外，要注意这个制动管路不要将其弯曲扭曲。

2 清洁制动摩擦片。

第一步：先用手拿起一块制动摩擦片，然后用砂布清洁制动摩擦片，清除制动摩擦片表面的污垢，方便下面的检查。

提示 在清洁制动摩擦片过程中，手不可以接触其表面。

第二步：将第一块制动摩擦片放下，拿起另一块制动摩擦片，然后用砂布清洁摩擦片，清除制动摩擦片表面的污垢，方便下面的检查。

提示 在清洁制动摩擦片过程中，手不可以接触其表面。

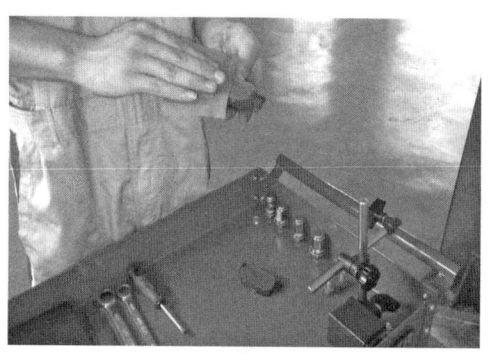

3 检查制动摩擦片的不均匀磨损。

确认制动摩擦片没有不均匀磨损。

提示 在清洁制动摩擦片过程中，手不可以接触其表面。

4 目视检查制动摩擦片厚度(内侧)。

操作:目视检查内侧制动摩擦片的厚度,检查其是否在正常范围之内。如果制动摩擦片的厚度低于磨损极限,则更换制动。

提示

①在清洁制动摩擦片过程中,手不可以接触其表面;

②标准值11mm,极限值1mm。

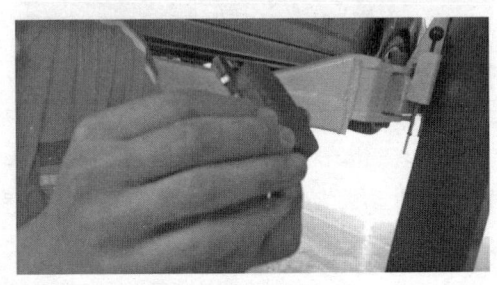

5 测量制动摩擦片厚度(外侧)。

第一步:拿起外侧制动摩擦片,然后用一把钢直尺测量外侧制动摩擦片的厚度。先测量制动摩擦片内侧中间点制动摩擦片的厚度是否在标准范围内。如果制动摩擦片的厚度低于磨损极限,则更换。

第二步:测量制动摩擦片外侧中间点制动摩擦片的厚度是否在标准范围内。如果制动摩擦片的厚度低于磨损极限,则更换。

提示

①在清洁制动摩擦片过程中,手不可以接触其表面;

②标准值11mm,极限值1mm。

6 拆卸制动鼓。

第一步:用双手直接将制动鼓拆下。

提示

①拆的时候,手不能接触与制动摩擦片接触的那一面;

②如果很紧手拿不下来的话,可用两个M8螺栓来辅助拆卸,两个螺栓要均匀用力,以免损坏制动鼓。

第二步:拆下制动鼓以后,将制动鼓放置在工具车上面。

提示 放的时候不要与其他工具、零件重叠。

7 检查制动蹄滑动状况。

双手拿住制动蹄摩擦片,然后左右移动并检查制动蹄摩擦片移动是否顺利。

提示 在检查时要注意手尽量不要接触到制动衬片表面,以防有油污沾到上面去。

顶起位置4—盘式制动器和鼓式制动器、举升机 **任务8**

8 检查制动蹄和背板与固定件之间接触表面的磨损。

第一步：从工具车中取一把一字型螺丝刀，然后撬起左侧制动蹄，检查上制动蹄和背板与固定件之间接触表面是否磨损。检查制动蹄摩擦片、背板和固定件是否生锈。

提示 在用螺丝刀的时候，要注意螺丝刀顶的位置和撬的力度。

第二步：从工具车中取一把一字型螺丝刀，然后撬起右侧制动蹄，检查上制动蹄和背板和固定件之间接触表面是否磨损。检查制动蹄摩擦片、背板和固定件是否生锈。

提示 在用螺丝刀的时候，要注意螺丝刀顶的位置和撬的力度。

9 检查从轮缸的制动液泄漏。

检查车轮从轮缸中是否有制动液泄漏。

提示 如果制动液溅出或者粘在油漆上，要立即用水清洗。否则，将损坏油漆表面。

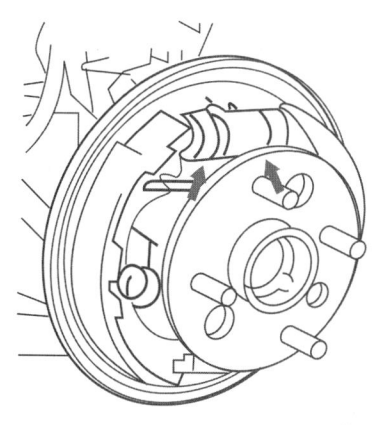

10 清洁制动器衬片。

第一步：从工具车取来一块砂布，然后用其分别清洁两侧的制动器衬片，以便进行检查和测量。

提示 用砂布清洁的时候，来回清洁一次，确保每个表面都清洁过。

第二步：清洁完以后，将砂布放回到工具中，所有的工具必须放置整齐。

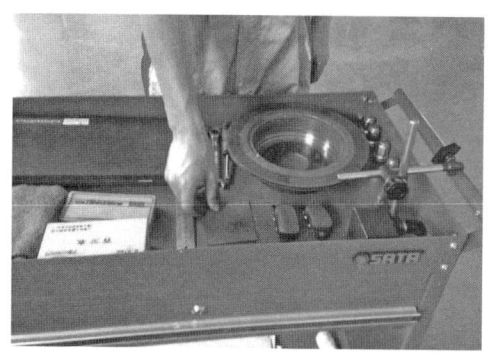

提示 在放回去的时候一定要放平整，并防止与其他工具接触。

11 检查制动器衬片损坏。

检查两块制动器衬片是否有裂纹、蜕皮和损坏。

提示 此时用眼睛仔细观察两侧的制动器衬片，有其中任何一种情况出现，即为不正常。

12 测量制动器衬片厚度。

第一步：使用一把钢直尺，先测量一块制动器衬片上端的厚度，然后把数据读取出来。

提示 在测量时，钢直尺的毫米（mm）刻度要朝向自己一侧，以便进行读数。

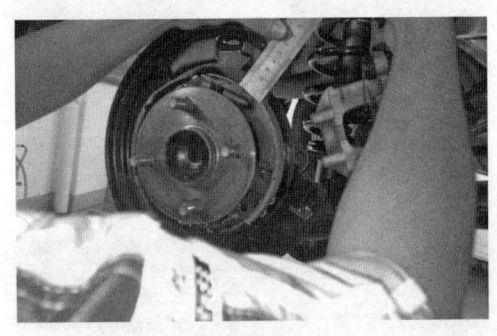

第二步：再测量一块制动器衬片中间的厚度，然后把数据读取出来。

提示 在测量时，钢直尺的毫米（mm）刻度要朝向自己一侧，以便进行读数。

第三步：再测量一块制动器衬片下端的厚度，然后把数据读取出来。然后与标准值进行比较，检查其是否能继续使用。然后用同样的方法测量另一块制动器衬片的厚度。

提示

①如果测量出来其中一块制动器衬片不符合标准，而另一块符合标准，那么两块制动器衬片都要更换；

②标准值3.5mm，极限值1mm。

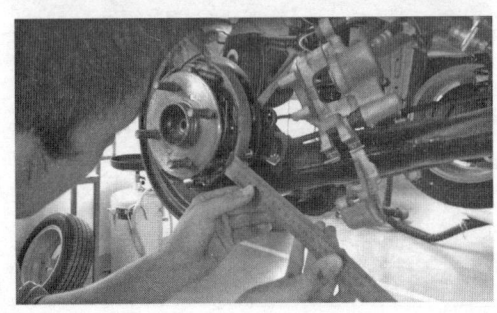

13 清洁制动鼓（转子盘）。

第一步：从工具车拿一块砂布，然后清洁整个制动鼓（转子盘），特别是内侧一定要清洁干净。

提示 在清洁制动鼓过程中，手不可以接触到内外侧的表面。

第二步：清洁好后,将砂布放在工具车上,制动鼓也放在工具车上,但不要重叠。

提示 在放制动鼓的时候,要注意轻放。

14 检查制动鼓的磨损和损坏。

检查整个制动鼓是否有任何磨损和损坏的现象。

提示 用双手拿起制动鼓,眼睛观察制动鼓各个表面是否有任何磨损和损坏的现象。

15 测量制动鼓内径。

第一步：先将用来测量制动鼓内径的内径游标卡尺从盒子中拿出来,然后将盖子盖上。

提示 在拿的时候,要注意卡尺不要碰到周围物体。

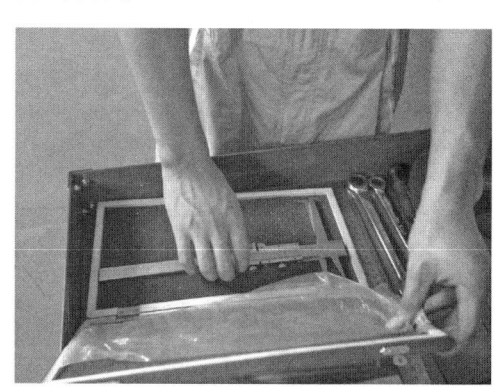

第二步：对内径游标卡尺进行零位校准,确保测量出来的数据误差最小。

提示 在校零之前必须先进行清洁,然后再进行校零,如零位下正常,应更换卡尺或用估算法确定实实际尺寸。

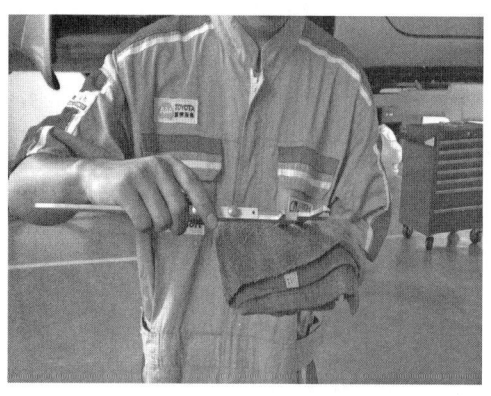

第三步：将内径游标卡尺放入到制动鼓中,注意是测量制动鼓的有磨损痕迹的区域上端和下端分两次。然后游标卡尺的一端固定,另一端慢慢左右移动,当数值为最大的时候,即为该制动鼓的最大直径读取并记录数据。

提示 在测量的时候,一定要保证游标卡尺的两个测量端要在一个水平线上。

第四步：用同样的方法将游标卡尺放入到制动鼓中,再测量一次,再读出数据。然后将这两个数据与标准值进行比较,确定制动是否可以正常使用。

提示 标准值为 173~174mm。

第五步:清洁内径游标卡尺,确保以后能够继续使用。

提示 清洁的时候要小心,由于这个游标卡尺比较尖。

第六步:打开盒子,将内径游标卡尺放回到原来的盒子中,然后关上盒子。

提示 在游标卡尺放回去之前,需要对其进行复位、对零。

16 临时安装两个车轮螺母。

第一步:从工具车上把制动鼓拿过来,然后将制动鼓安装上去。

提示 安装过程中,手不可以接触到制动鼓与制动摩擦片接触的表面。

第二步:从工具车上取来两个轮胎螺母,注意在拿的时候不要碰倒边上的螺母。

提示 拿来的时候,一只手拿一螺栓,以便进行安装。

第三步:将两个轮胎螺母旋在轮胎螺栓上面,压制动盘,以便进行跳动量的检查和制动摩擦片的安装。

提示 两个轮胎螺母必须交叉安装。

17 清洁制动盘(制动鼓)。

操作:从工具车中拿一块砂布,来清洁制动鼓的整个表面。

提示

①在清洁制动盘过程中,手不可以接触

转子盘表面,以免污染制动盘影响制动效果;

②对于我们训练来说,由于砂布打的次数多会把制动盘磨薄,则我们可用干净的布代替。

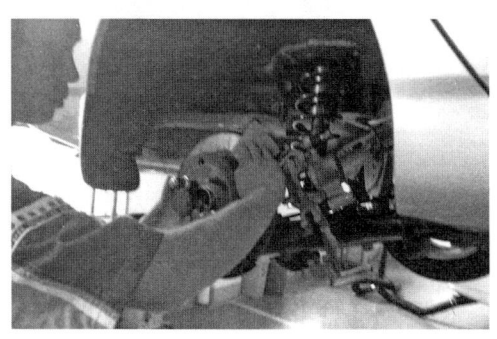

18 检查制动盘厚度。

第一步:从工具车上拿来检查制动盘厚度的千分尺。

提示 注意千分尺的量程范围,要根据制动盘的厚度标准来定。

第二步:先将千分尺向外旋开一定距离,然后再用纱布进行清洁。

提示 此时的清洁主要是为了清洁千分尺两个测量端面。保证测量精度。

第三步:进行千分尺的对零操作,要确定其零位正确。如果零位不正确,则必须进行调整,调整好以后才能进行测量。

提示 在实际操作中,也可以将误差记下,然后等最后读数读出后再进行换算。

第四步:学生走到车辆的制动盘处,然后将千分尺旋开,旋开的距离大于制动盘的厚度,这样以便千分尺放入到制动盘里面进行测量。读取第一个测量位置厚度,然后拿出千分尺,转动制动盘120°再进行测量第二个位置的厚度,然后再转动制动盘120°再进行测量第三个位置的厚度,再将三个厚度的最小值与标准进行比较。

提示

①要求制动盘的厚度在标准的范围之内,如果超出则进行更换;

②标准值9mm,极限值8mm。

第五步:测量好以后,先清洁千分尺,再将千分尺旋转到测量范围最小值附近,要留有间隙。

提示 清洁千分尺,保证量具不会被污损,确保以后能够继续使用。

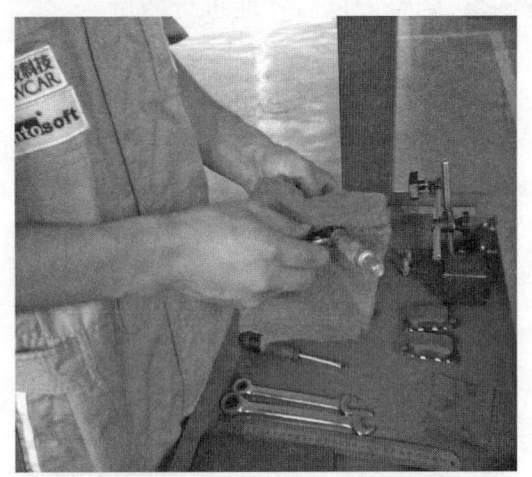

第六步:将千分尺放回到盒子里面,同时放好清洁用的纱布。

提示 放回千分尺的时候必须轻放。另外,如果此时没有将千分尺旋到零位的话,则有可能千分尺就放不回到盒子中去。

19 检查制动盘跳动量。

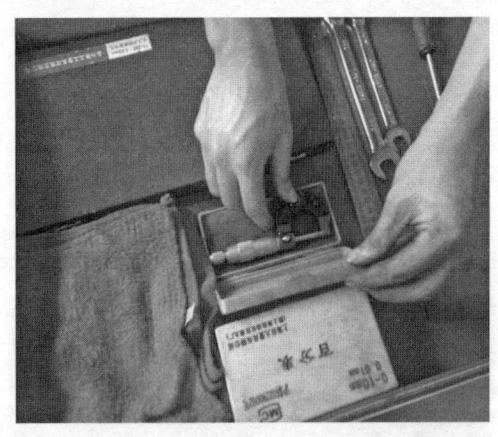

20 安装制动摩擦片。

第一步:先将钢丝钩拆下来放在工具车上,然后从工具车上取来刚才拆下的两块制动摩擦片。一只手托住制动轮缸,另一只手先将一块制动摩擦片装上。

提示 拿摩擦片的时候,注意手不能接触制动摩擦片的表面。

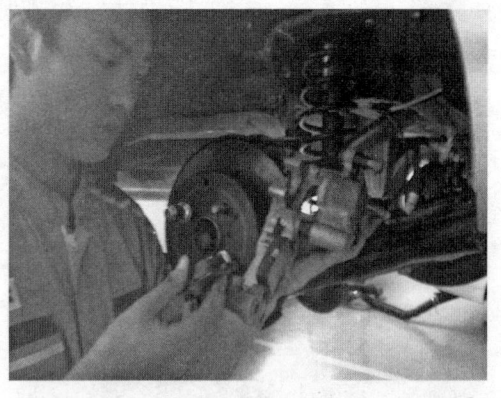

第二步:将两块制动摩擦片都安装到制动卡钳上面,注意一定要小心,以防止制动摩擦片掉落。

提示 拿制动摩擦片的时候,注意手不能接触制动摩擦片的表面。

21 检查从制动卡钳的制动液泄漏。

用手检查制动卡钳中是否有液体渗漏。

提示 如果制动液溅出或者粘在油漆上,要立即用水清洗。否则,将损坏油漆表面。

顶起位置4——盘式制动器和鼓式制动器、举升机 任务8

22 安装制动轮缸。

第一步：调整好两块制动摩擦片的位置，准备将制动卡钳安装到制动轮缸中去。

提示 在调整的时候一定要小心，以防止制动摩擦片掉落。

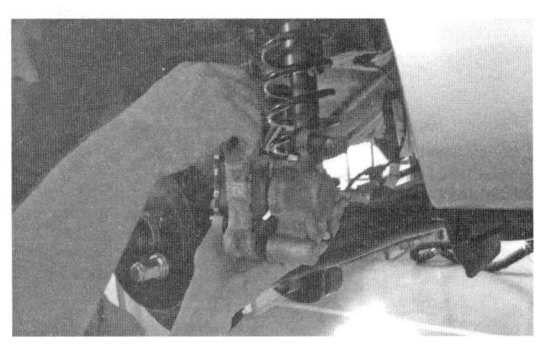

第二步：将制动卡钳慢慢合上，装到制动轮缸里面。

提示 如果里面制动摩擦片位置偏移时，可用螺丝刀顶一下或重新安装。

第三步：将制动卡钳×制动轮缸螺栓从工具车上拿下来，然后用手将其旋紧。主要是为了方便安装制动轮缸。

提示 这里用手旋紧的话，不用将其完全旋紧，只要螺纹有3圈左右即可。

第四步：将制动轮缸安装到转子盘上面去。

提示 在安装的时候要注意安装位置。另外，在安装的时要注意制动摩擦片是否被打开。

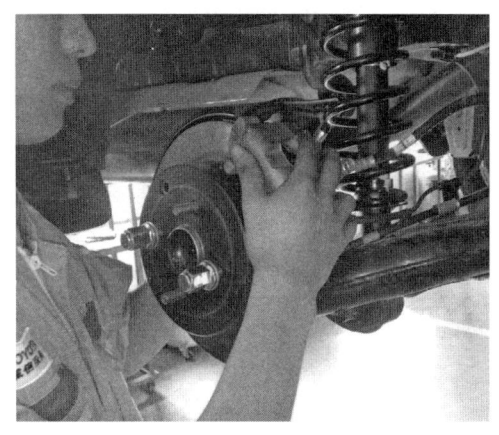

23 安装制动轮缸×背板螺栓。

第一步：从工具车中拿来两个制动轮缸×背板螺栓，然后用手将其旋紧。

提示 在安装两个制动轮缸×背板螺栓的时候，先安装下面一个螺栓，然后再安装上面一个螺栓。

第二步：用扭力扳手将制动轮缸×背板螺栓紧固到规定力矩，如果不能用扭力扳手，则用梅花扳手。

提示 标准值为46.6N·m。

24 紧固制动轮缸×制动卡钳螺栓。

操作:用扭力扳手将制动轮缸×制动卡钳螺栓紧固到规定力矩。

提示 标准值为34N·m。

25 制动蹄间隙调整。

第一步:首先用一把一字螺丝刀来拆卸孔塞,然后将孔塞放到工具车上。

提示 此孔塞在拆的时候要防止塞子破裂。另外,也可以在安装制动鼓之前先将孔塞顶出。

第二步:使用一把螺丝刀,转动调节螺母并扩展制动蹄摩擦片直到制动鼓锁定。

提示 在用螺丝刀顶的时候会发出"咔咔"的声音。

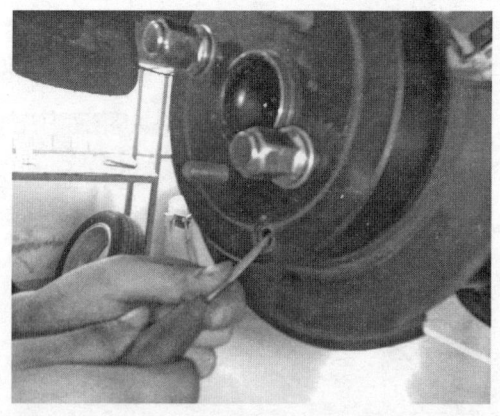

第三步:用手转动制动鼓,确保制动鼓不会转动。

提示 如果制动鼓还会转动,则再进行调节,直到锁住为止。

第四步:用一把一字螺丝刀推动自动调接杆并且返回调节器8个槽口。

提示 不同的车型,回调的槽口数不一样,这要参照维修手册进行。

顶起位置4——盘式制动器和鼓式制动器、举升机 任务8

第五步：转动制动鼓，检查一下制动鼓是否有拖滞现象。

提示 如果出现拖滞的现象，则需要进行重新调整。

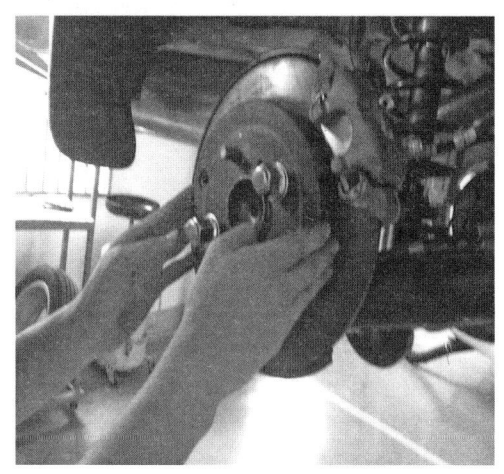

第六步：将孔塞从工具车上拿来，然后安装孔塞。

提示 安装的时候用螺丝刀顶住孔塞，然后用力顶入即可。

（二）举升准备

下降（OK锁止正常）（降到顶起位置5）。

第一步：当检查完所有的支架和锁止后，学生走到举升机操作台，检查车身周围是否有障碍物，然后喊"下降"（周围学生听到后则喊"OK"），这时操作的学生先拉下锁止手柄，然后再按下下降手柄进行下降操作。

提示 每次举升或下降的时候一定要喊出来进行示意，此时才可以进行举升或下降，注意操作的安全性。

第二步：当车辆的举升高度离地20cm的时候可以停止下降，此时已经到达顶起位置5。

提示 操作时先放掉锁止手柄，当听到"嗒嗒"两声的时候再放开下降按钮，停止操作。

七 考核标准

任务 8　顶起位置 4—盘式制动器和鼓式制动器、举升机　考核标准表

顶起位置 4 [2/2]　（注：将汽车举到与人胸口平齐的位置）　定期维护任务（共有 23 项）

考核时间：15min　　考核总分满分：23 分

评分	考核项目	评分标准
右后	（一）盘式制动器和鼓式制动器	
	（1）清洁制动摩擦片	未两次清洁扣 0.5 分，未清洁扣 1 分
	（2）检查制动摩擦片的不均匀磨损	未目视检查扣 0.5 分，未做扣 1 分
	（3）目视检查制动摩擦片厚度（内侧）（标准：11mm；极限：1mm）	未目视检查内侧厚度扣 0.5 分，数据报不正确扣 0.5 分，未检查扣 1 分
	（4）测量制动摩擦片厚度（外侧）（标准值 11mm；极限值 1mm）	测量点不正确扣 0.5 分，读数不正确扣 0.5 分，报数不正确扣 0.5 分，未检查扣 1 分
	（5）检查制动蹄滑动状况	手接触衬片扣 0.5 分，未晃动扣 0.5 分
	（6）检查制动蹄和背板和固定件之间接触表面的磨损	检查时未用螺丝刀顶起扣 0.5 分，漏检一个点扣 0.5 分
	（7）检查制动蹄和背板和固定件的锈蚀	检查时未用螺丝刀顶起扣 0.5 分，漏检一个点扣 0.5 分
	（8）检查从轮缸的制动液泄漏	用手摸目视检查，未做扣 1 分
	（9）清洁制动器衬片	未两次清洁扣 0.5 分，未清洁扣 1 分
	（10）检查制动器衬片损坏	未目视检查扣 0.5 分，未做扣 1 分
	（11）测量制动器衬片厚度（标准：3.5mm；极限：1mm）	测量点不正确扣 0.5 分，读数不正确扣 0.5 分，报数不正确扣 0.5 分，未检查扣 1 分
	（12）清洁制动鼓（制动盘）	内外有一则没清洁扣 0.5 分，未清洁扣 1 分

续上表

评分	考核项目	评分标准
	（13）检查制动鼓的磨损和损坏（制动盘）	内外侧目视检查未做扣1分
	（14）测量制动鼓内径（标准值为173～174mm）	游标卡尺未清洁扣0.5分，游标卡尺未对零扣0.5分，测量动作不正确扣0.5分，测量点不正确扣0.5分，数据不正确扣0.5分
	（15）临时安装两个车轮螺母	未安装扣1分，螺母掉落扣1分
√	（16）清洁制动盘（制动鼓）	内外有一则没清洁扣0.5分，未清洁扣1分
√	（17）检查制动盘厚度（标准值9.00mm；极限值8.00mm）	未清洁千分尺扣0.5分，未校扣0.5分，测量位置错扣0.5分，测量点数错扣0.5分，测好后千分尺未清洁扣0.5分，千分尺未零位归位扣0.5分，读数不正确扣1分
√	（18）检查制动盘跳动量（≤0.05mm）	未检查百分表扣0.5分，百分表安装不到位扣0.5分，预紧不到位扣0.5分，测量点错误扣0.5分，百分表未对零进行测量扣0.5分，制动盘转动没有一圈以上扣0.5分，量具未清洁扣0.5分，测量数据错误扣1分
	（19）检查从制动卡钳的制动液泄漏	未用手摸检查扣0.5分，未做扣1分
	（20）安装制动轮缸×背板螺栓（46.6N·m）	螺栓安装不到位扣0.5分，套筒选用不当扣0.5分，力矩不当扣0.5分，操作时碰到周围零件扣0.5分，未紧2个扣0.5分
	（21）紧固制动轮缸×制动卡钳螺栓（34N·m）	螺栓安装不到位扣0.5分，套筒选用不当扣0.5分，力矩不当扣0.5分，操作时碰到周围零件扣0.5分，未紧2个扣0.5分

续上表

评分	考核项目	评分标准
	(22)制动蹄间隙调整	未拆除孔塞扣0.5分,孔塞破裂扣1分,螺丝刀顶方向错误扣0.5分,未到锁住制动鼓扣0.5分,未回调8个口扣0.5分,有拖滞扣0.5分,孔塞未装扣0.5分,未做扣1分
	(二)举升准备	
	下降(OK 锁止正常)(降到顶起位置5)	下降没报扣0.5分,车辆周围障碍物没检查扣0.5分,下降位置不到位扣0.5分

任务9 顶起位置5—驾驶人座椅、发动机舱、每个车轮位置、举升机 顶起位置6—每个车轮位置、举升机

一 任务说明

此任务操作为顶起位置5和顶起位置6两个位置的作业内容。对于顶起位置5中的任务,其实为制动器拆卸完成后的一个复检操作,而顶起位置6主要是制动管路中放空气操作和车轮的安装。

本任务操作任务包括:

(1)顶起位置5 驾驶人座椅(制动踏板和手制动杆);

(2)发动机舱(制动液);

(3)每个车轮位置(制动器拖滞);

(4)举升机;

(5)顶起位置6 每个车轮位置(制动管路放空气、车轮螺母拆除、车轮临时安装);

(6)举升机。

二 技术标准与要求

(1)顶起位置5车辆举升高度为汽车举到离地面20cm高度;

(2)驻车制动杆行程——标准6~9响;

(3)顶起位置6车辆举升高度为汽车举到与人胸口平齐的位置;

(4)车轮临时安装的按照规定的顺序进行;

(5)实训时间和考核时间均为10min。

三 实训教学目标

(1)了解顶起位置5和顶起位置6任务检查的重要性;

(2)掌握顶起位置5和顶起位置6任务的作业流程和操作方法;

(3)重点掌握制动器拖滞和制动管路放空气的操作方法;

(4)学会顶起位置5和顶起位置6中各个任务的操作,并能够在规定的时间内完成。

四 实训器材

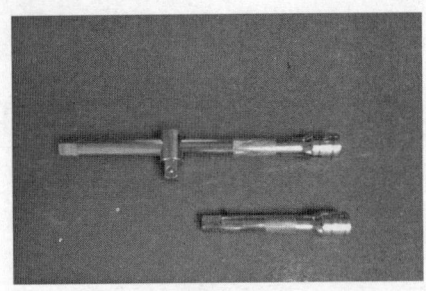
接杆

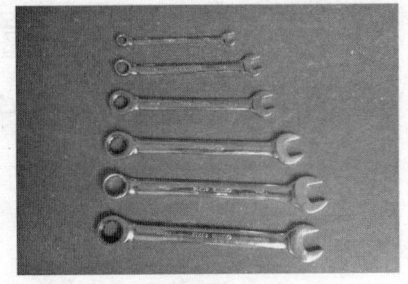
扳手

其他工具及器材:制动液、制动液更换工具、套筒21mm、纱布等。

五 教学组织

1 教学组织形式

单人操作每辆车安排4名学生实训。双人操作则可每辆车安排8名学生,自行编排流程。

2 学生站位分工和要求

4名学生,一名进行操作前准备,一名进行操作,两名进行检查评分。

3 实训教师职责

(1)讲解操作任务的作业流程、操作步骤、技术规范和注意事项;

(2)组织、管理学生进行操作;

(3)在实训中进行检查、指导和纠正学生的错误。

4 学生职责变换

4名学生实行职责轮流变换制度,第一遍,1号学生操作,2号学生进行操作前准备,3号学生、4号学生进行检查评分;第二遍,2号学生操作,3号学生进行操作前准备,4号学生、1号学生进行检查评分。这样依次循环进行。

六 操作步骤

顶起位置5(汽车举到离地面20cm高度):检查制动器和阻滞,将制动液从制动主缸排出。

备件:制动液等。

(一)制动系统

1. 更换制动液

1 准备工作。

操作:戴防护手套(丁胶)并检查制动液交换机是否正常。

2 取下储液壶内滤网。

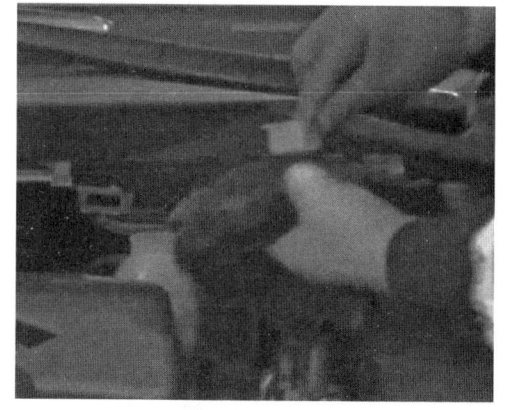

提示 制动液是高腐蚀液体,如有滴落需立即使用大量清水冲洗。

3 抽取制动主缸储液壶内制动液。

4 确认新制动液型号与原车要求一致。

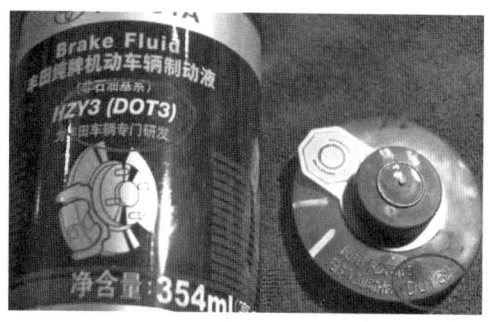

5 加注制动液至储液壶上刻度线。

6 抽取制动管路和四轮制动轮缸内制动液。

第一步:将放空气的防尘盖子打开,将其放在工具车上。

提示 由于该孔塞比较小也比较光滑,在打开的时候要小心,防止其掉落。

第二步:抽吸制动管路和四轮制动轮缸内制动液(一般车型每个车轮抽吸200mL左右)。

提示

①按管路的长短,对角线抽吸,顺序为:

右后、左前、左后、右前；

②抽吸时，先开启抽吸开关，再拧松排放塞；

③关闭时，先拧紧排放塞，再关闭抽吸开关；

④否则制动系统容易进入空气，造成制动疲软，严重时会制动失灵；

⑤在抽吸过程中时刻注意，制动液储液壶内液位不低于最低刻度线。

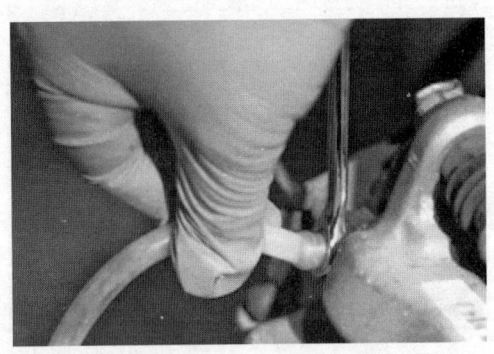

7 检查是否制动液泄漏。

第一步：添加制动液至储液壶上刻度线。

第二步：反复地、大力地踩踏制动踏板。

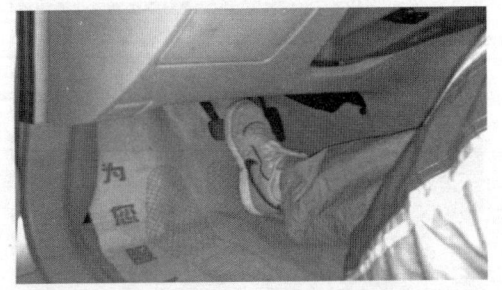

第三步：确认制动轮缸上排气孔处是否有制动液泄漏。

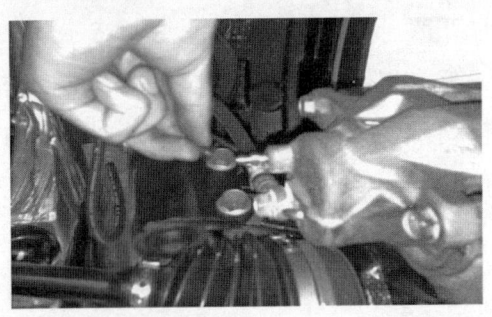

8 整理工作。

操作：安装制动液滤网及储液壶盖，制动液按照环保要求处理。

2. 驾驶人座椅

检查制动踏板和手制动杆。

第一步：当车辆降到顶起位置5以后，学生走向左前车门处，打开左前车门，准备进行到车内检查制动踏板和手制动杆。

提示 此时走过去要小心要注意举升器的支架，不要被它绊着。

第二步：学生进入驾驶室内，然后关闭车门。

提示 走进驾驶室的时候要小心，因为此时举升机的支架还在外面支撑着。

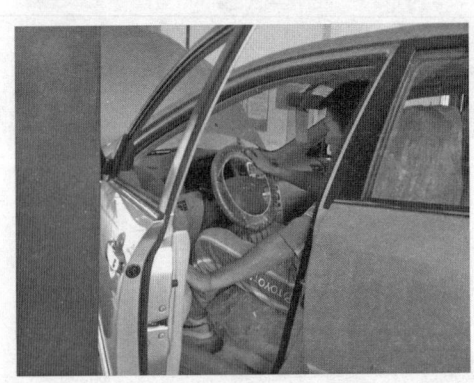

第三步：脚踩制动踏板数次，以便进行制动蹄摩擦片间隙自调。

提示 使用驻车制动杆或者制动踏板

顶起位置5—驾驶人座椅、发动机舱、每个车轮位置、举升机
顶起位置6—每个车轮位置、举升机   任务9

直到后制动器自动调节器的"咔嗒"声音消失。

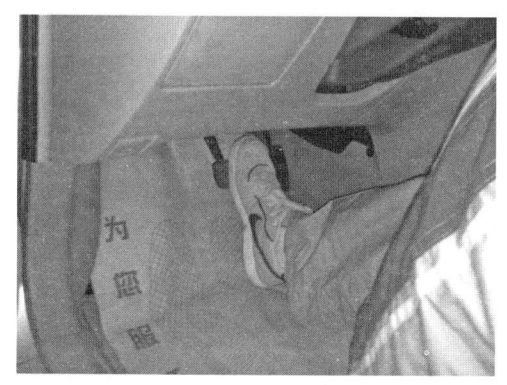

第四步:拉起驻车制动杆,检查驻车制动杆的行程是否正确。

提示 这里的检查方法与顶起位置1的检查方法一样。

第五步:放下驻车制动杆,然后再拉起驻车制动杆,这样重复操作几次,最后释放驻车制动杆。

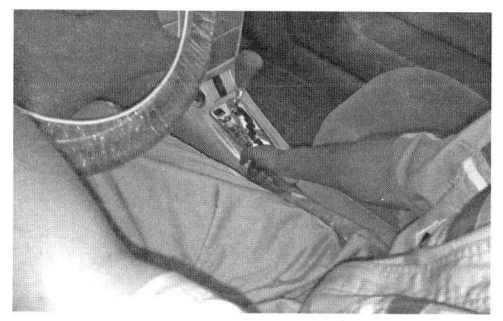

提示 使用驻车制动杆或者制动踏板,直到后制动器自动调节器的"咔嗒"声音消失。

3. 发动机舱

检查制动液(补充)。

检查:确保制动主缸的储液箱内的制动液液位正常。如果不够,则进行加注补充。

提示 制动液液位的检查是为了确保制动系统能够正常运行。

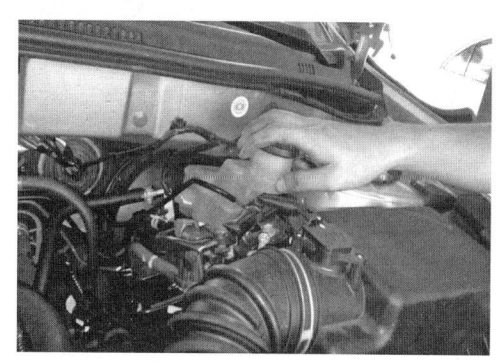

4. 每个车轮位置

检查制动器拖滞。

第一步:学生在驾驶室里听辅助人员的口令,当辅助人员喊"刹"时,学生则迅速踩下制动踏板。

提示 该任务需要两个人来配和操作,驾驶室外为辅助操作人员。

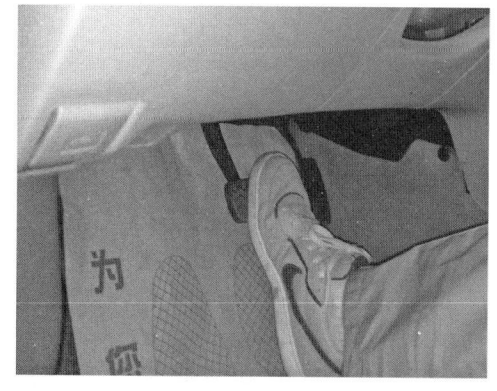

第二步:当驾驶室操作人员踩下制动

踏板后，车外辅助人员转动左前制动盘，此时制动盘应不会转动。如会转动，则制动系统有故障。然后转向驾驶室人员喊"放"。

提示 对于前轮可能转动的阻力比较大，因此，在转的时候双手稍稍加力。

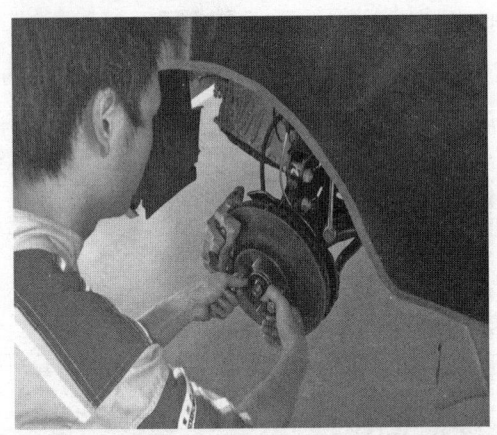

第三步：当驾驶室操作人员听到车外辅助人员喊"放"的时候，则马上释放制动踏板。

提示 此时驾驶室操作人员一定要根据车外辅助人员的口令来进行操作。

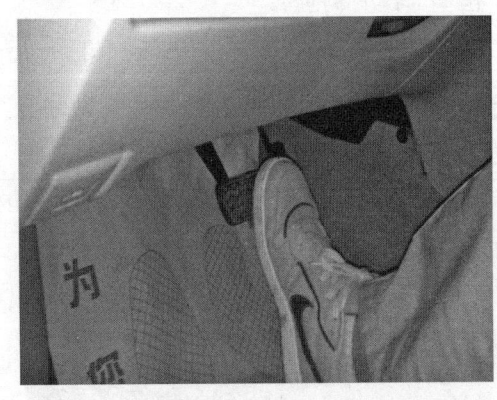

第四步：当驾驶室操作人员释放制动踏板后，马上用双手转动制动盘，检查其是否能够转动，此时应该能立即转动。如果不会转动则制动系统有故障。如果过一会才能转动，则为拖滞。

提示 对于前轮可能转动的阻力比较大，因此，在转的时候双手稍稍加力。

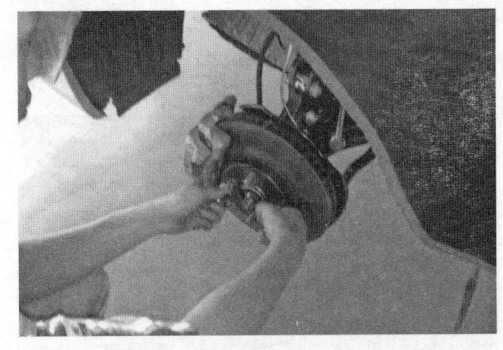

第五步：学生在驾驶室里听车外辅助人员的口令，当辅助人员喊"刹"时，学生则迅速踩下制动踏板。

提示 该任务需要两个人来配合和操作，驾驶室外为辅助操作人员。

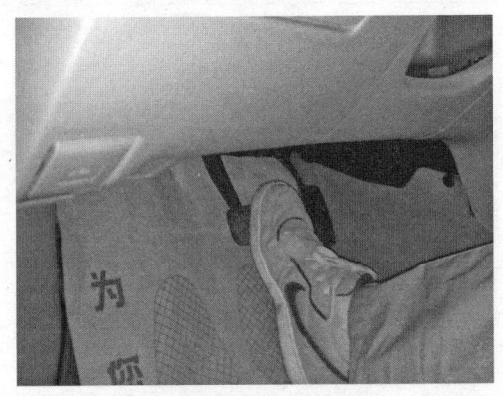

第六步：此时学生走到右后车轮处，当驾驶室操作人员踩下制动踏板后，车外辅助人员转动右后车轮制动鼓，此时制动鼓应不会转动。如会转动，则制动系统有故障。然后转向驾驶室操作人员喊"放"。

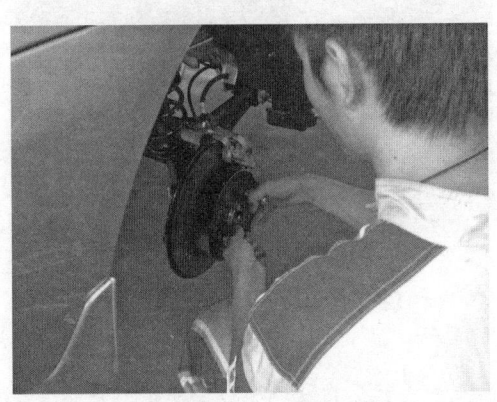

第七步：当驾驶室操作人员听到车外辅助

顶起位置5—驾驶人座椅、发动机舱、每个车轮位置、举升机
顶起位置6—每个车轮位置、举升机 任务9

人员喊"放"的时候,则马上释放制动器踏板。

提示 此时驾驶室操作人员一定要根据车外辅助人员的口令来进行操作。

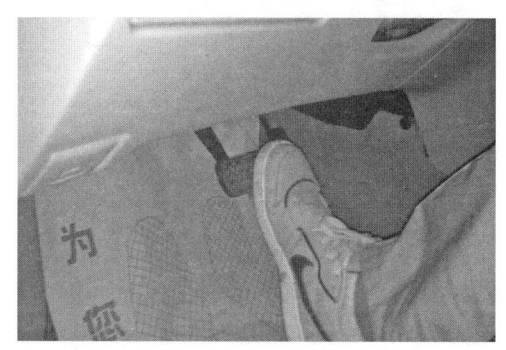

第八步:当驾驶室操作人员释放制动踏板后,马上用双手转动制动鼓,检查其是否能够转动,此时应该能立即转动。如果不会转动则制动系统有故障。如果过一会才能转动,则为拖滞。

提示 此时操作时,一只手握住一个车轮螺母处进行旋转。

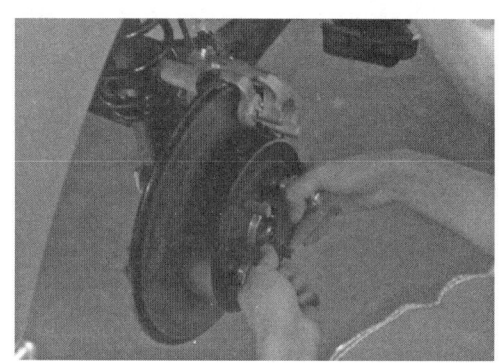

第九步:驾驶室里操作人员听车外辅助人员的口令,当辅助人员喊"刹"时,操作人员则迅速拉起手制动杆。

提示 该任务需要两个人来合和操作,驾驶室外操作人员起辅助作用。

第十步:当驾驶室操作人员拉起手制动杆后,车外辅助人员转动右后车轮制动鼓,此时制动鼓应不会转动。如会转动,则制动系统有故障。然后转好后向驾驶室操作人员喊"放"。

提示 此时为一个制动释放的检查过程。

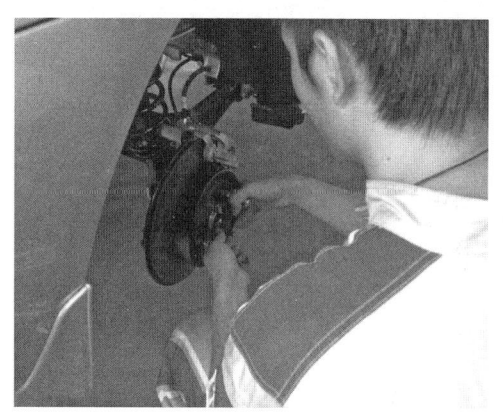

第十一步:当驾驶室操作人员听到车外辅助人员喊"放"的时候,则马上释放手制动杆。

提示 此时驾驶室操作人员一定要根据车外辅助人员的口令来进行操作。

第十二步:当驾驶室操作人员释放驻车制动杆后,马上用双手转动制动鼓,检查其是否能够转动,此时应该能立即转动。如果不会转动则制动系统有故障。如果过一会

才能转动,则为拖滞。此时操作完成。

提示 此时整个制动器拖滞的检查完成。

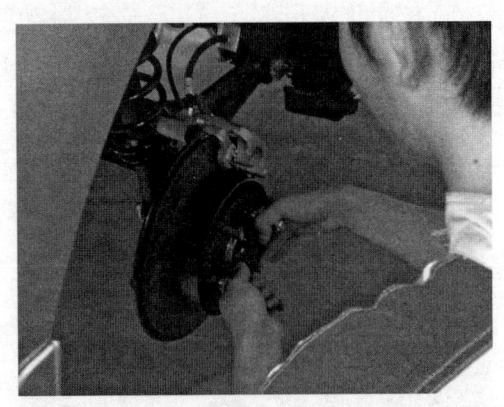

(二)举升准备

举升(OK锁止正常)(举到顶起位置6)。

第一步:当检查完所有的支架和锁止后,学生走到举升机操作台,检查车身周围是否有障碍物,然后喊"举升"(周围学生听到后则喊"OK"),当听到"OK"的喊声以后,此时学生先拉下锁止手柄,然后再按下举升按钮进行举升操作。

提示 锁止手柄主要是为了锁止举升机的支架,如果举升过程中没拉下则会发出"嗒嗒"的声音。

第二步:当车辆的举升高度到达与人胸口平齐位置的时候可以停止举升,此时已经到达顶起位置6。

提示 操作时先放掉锁止手柄,当听到"嗒嗒"两声的时候再放开举升按钮,停止操作。

顶起位置6(汽车举到与人胸口平齐的位置):更换制动液和安装车轮。

使用工具:10mm梅花扳手、制动液更换工具、接杆、21mm轮胎套筒等。

(一)制动系统

1 制动管路放空气。

第一步:将放空气的防尘盖子打开,将其放在工具车上。

提示 由于该孔塞比较小也比较光滑,在打开的时候要小心,防止其掉落。

顶起位置5—驾驶人座椅、发动机舱、每个车轮位置、举升机
顶起位置6—每个车轮位置、举升机 任务9

第二步:从工具车中拿一把10mm梅花扳手,将扳手套在放空气的螺栓上面。

提示 梅花扳手必须完全套进这个放空气的螺栓上面,并适当靠里一些。

第三步:将放空气装置的管子与制动器的放空气孔接上。

然后喊口令,当喊"刹"时,驾驶室操作人员踩下制动踏板,此时旋松放空气的螺栓,空气放出后再旋紧放空气的螺栓,然后再喊"放"。

提示 按照同样的方法往复操作,直到制动管路中空气全都放完。其他的车轮也是按照同样的方法进行放空气。

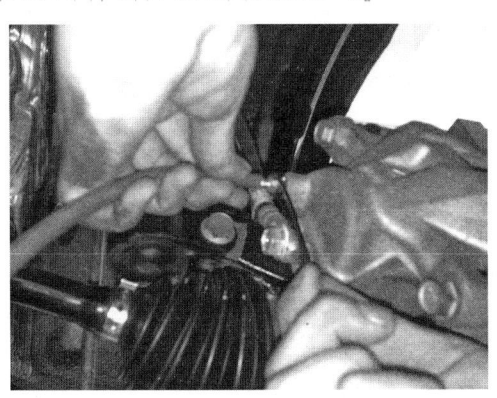

第四步:拆除放空气装置和梅花扳手,并将放空气的防尘塞装上。

提示

①先取出放空气的装置,然后再取出梅花扳手,将它们放到工具车上。最后拿来放空气的防尘塞进行安装;

②使用同样的方法对全部四个车轮的制动管路进行放空气;

③放空气原则为对角且先远后近。

2 拆除两个车轮螺母。

第一步:学生走左前车轮处,然后拆除左前车轮的两个车轮螺母。

提示 拆车轮螺母的时候要小心,防止螺母掉落。

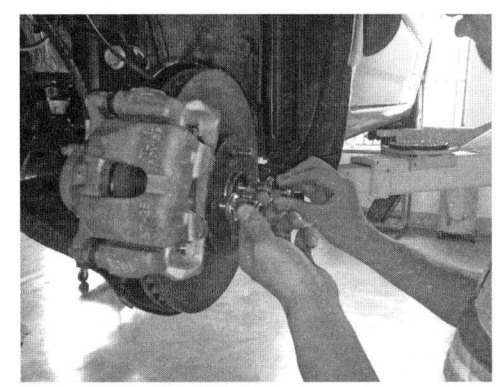

第二步:将拆下的车轮螺母放在工具车上,且一定要放置整齐。

提示 这两个拆下的车轮螺母与之前的两个车轮螺母放在同一位置,排列整齐。

第三步:学生走到右后车轮处,然后拆除右后车轮的两个车轮螺母。

提示 拆车轮螺母的时候要小心,防止螺母掉落。

第四步:将拆下的车轮螺母放在工具车上,且一定要放置整齐。

提示 这两个拆下的车轮螺母与之前的两个车轮螺母放在同一位置,排列整齐。

3 车轮临时安装。

第一步:从轮胎架上面把左前车轮抱起来,走到车辆的左前车轮处。

提示 在搬运车轮过程中,手不能放在轮辋里面,并且车轮不可以着地。

第二步:双手放在车轮的外胎处,将车轮装到制动盘上面。此时手不可以放在轮辋里面去。

提示 此安装过程有一定难度,首先这个车轮上面的孔必须先与轴头上面的螺栓对上,然后再将车轮安装上去,必须要做到一次性安装到位。

第三步:一只手扶住车轮,不要让车轮倾斜。然后另一只手从工具车上拿来车轮螺母,将螺母装到上面的螺栓上。

提示 此时要保持好车轮的平衡,保持其稳定,可以通过下面的手来进行控制。

顶起位置5—驾驶人座椅、发动机舱、每个车轮位置、举升机
顶起位置6—每个车轮位置、举升机 任务9

第四步：一只手扶住车轮，不要让车轮倾斜。然后另一只手从工具车上拿来车轮螺母，将螺母装到下面的螺栓上。

提示 由于上面一个螺母已经安装好了，因此在安装下面螺母的时候，我们一只手只要按住车轮的下沿即可保持平衡。

第五步：一只手扶住车轮，不要让车轮倾斜。然后另一只手从工具车上拿来车轮螺母，将螺母装到左面和右面的螺栓上。

提示 最后余下的两车轮螺母，就可以同时进行安装。

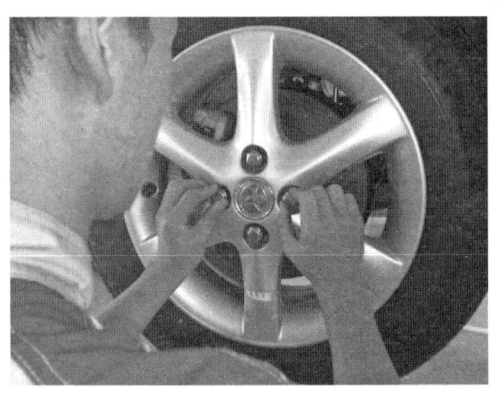

第六步：从工具车中拿来接杆和轮胎套筒装好，然后按照对称交叉的原则将轮胎临时紧固。

提示

①在用套筒的时候必须使套筒和螺母完全配合；

②此时可配合短接杆进行紧固，在紧固一次后，再用力紧固一次，以保证其有一定的紧度。

第七步：从车轮架上面把右后车轮抱起来，走到车辆的右后车轮处。

提示 在搬运车轮过程中，手不能放在轮辋里面，并且车轮不可以着地。

第八步：双手放在车轮的外胎处，将车

轮装到制动盘上面。此时手不可以放到轮辋里面去。

提示 此安装过程有一定难度，首先这个车轮上面的孔必须先与轴头上面的螺栓对上，然后再将车轮安装上去，且必须要做到一次安装到位。

第九步：一只手扶住车轮，不要让车轮倾斜。然后另一只手从工具车上拿来车轮螺母，将螺母装到上面的螺栓上。

提示 此时要保持好车轮的平衡，保持其稳定，可以通过下面的手来进行控制。

第十步：一只手扶住车轮，不要让车轮倾斜。然后另一只手从工具车上拿来车轮螺母，将螺母装到下面的螺栓上。

提示 此时由于上面一个螺母已经安装好了，因此在安装下面螺母的时候一只手只要按住车轮的下沿即可使车轮保持平衡。

第十一步：一只手扶住车轮，不要让车轮倾斜。然后另一只手从工具车上拿来车轮螺母，将螺母装到右面的螺栓上。

提示 最后余下的两个车轮螺母，也就可以同时进行安装了。

第十二步：一只手扶住车轮，不要让车轮倾斜。然后另一只手从工具车上拿来车轮螺母，将螺母装到左面的螺栓上。

提示 最后余下的两个车轮螺母，就可以同时进行安装了。

任务9 顶起位置5—驾驶人座椅、发动机舱、每个车轮位置、举升机 顶起位置6—每个车轮位置、举升机

第十三步：从工具车中拿来接杆和车轮套筒装好，然后按照对称、交叉的原则将车轮临时紧固。

提示

①在用套筒的时候，必须使套筒和螺母完全地配合；

②此时配用短接杆进行紧固，在紧固一次后，再用力紧固一次，以保证其有足够的紧度。

（二）举升准备

下降（OK 锁止正常）（降到顶起位置7）。

第一步：当检查完所有的支架和锁止后，学生走到举升机操作台，检查车身周围是否有障碍物，然后喊"下降"（周围学生听到后则喊"OK"），这时操作的学生先拉下锁止手柄，然后再按下下降手柄进行下降操作。

提示 每次举升或下降的时候一定要喊出来进行示意，此时才可以进行举升或下降，注意操作的安全性。

第二步：当车辆下降到地面的时候可以停止操作，此时已经到达顶起位置7。

提示 先放掉锁止手柄，当听到"嗒嗒"两声的时候再放开下降按钮，停止操作。

七 考核标准

任务9　顶起位置5—驾驶人座椅、发动机舱、每个车轮位置、举升机
顶起位置6—每个车轮位置、举升机　考核标准表

顶起位置5 [1/1]　（注：汽车举到离地面20cm高度）　定期维护任务（共有4项）
考核时间：10min　　考核总分满分：8分

评　　分	考核项目	评分标准
	（一）制动系统	
	1. 更换制动液	
	2. 驾驶人座椅	
	检查制动踏板和手制动杆	检查方法与位置1一样，未做扣1分（拖滞检查准备工作）
	3. 发动机舱	
	检查制动液（补充）	用手摇晃冷液罐扣0.5分，读数错误扣0.5分
左前 后 右前 后 　√　　√	4. 每个车轮位置	
	检查制动器拖滞	双人配合不到位扣0.5分，检查错误扣1分
	（二）举升准备	
	举升（OK锁止正常）（举到顶起位置6）	举升没报扣0.5分，车辆周围障碍物没检查扣0.5分，举升位置不到位扣0.5分

顶起位置6 [1/1]　（注：将汽车举到与人胸口平齐的位置）　定期维护任务（共有4项）
考核时间：10min　　考核总分满分：8分

评　　分	考核项目	评分标准
	（一）制动系统	
左前 后 右前 后 　√　√　√　√	（1）制动管路放空气	未拆除放空气盖扣0.5分，工具选择不正确扣0.5分，放空气装置安装不正确扣0.5分，双人配合不好扣0.5分，空气未放干净扣1分

顶起位置5—驾驶人座椅、发动机舱、每个车轮位置、举升机
顶起位置6—每个车轮位置、举升机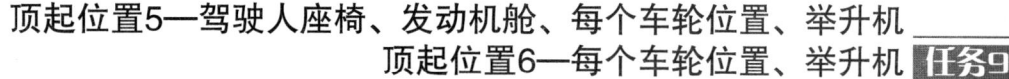

续上表

评分		考核项目	评分标准
√	√	(2)拆除两个车轮螺母	螺母掉落扣1分;忘记拆螺母扣1分
√	√	(3)车轮临时安装	双手抱车轮动作不对扣0.5分,没将车轮一次性装到轮毂上面扣0.5分,螺母上紧顺序不正确扣0.5分,螺母掉落扣1分,工具使用不当扣0.5分
		(二)举升准备	
		下降(OK 锁止正常)(降到顶起位置7)	下降没报扣0.5分,车辆周围障碍物没检查扣0.5分,下降位置不到位扣0.5分

任务10　顶起位置7—发动机起动前

一　任务说明

本任务中的作业内容为顶起位置7中的内容，相关操作是在地面上进行的。这些任务是在发动机起动之前进行检查的任务，其作业地方基本上都在驾驶室内。由于驾驶室内作业任务较多，为了节省时间和提高作业效率，应编写相应的作业流程。

本任务操作内容包括：驻车制动器和车轮挡块、发动机油、喷洗液、发动机冷却液、散热器盖、火花塞、活性炭罐、制动液、制动管路、离合器液、空气滤清器芯、蓄电池、前减振器上支承等。

二　技术标准与要求

（1）发动机机油加注量——标准3.7L；

（2）散热器盖阀门开启压力——标准74~103kPa；

（3）火花塞间隙——标准间隙1.0~1.1mm；

（4）火花塞——标准力矩为18N·m；

（5）蓄电池电解液密度——标准1.25~1.28g/cm^3；

（6）前减振器上支承螺栓——标准力矩为39N·m；

（7）实训时间和考核时间均为10min。

三　实训教学目标

（1）了解发动机起动前检查任务的重要性；

（2）掌握发动机起动前任务的作业流程和操作方法；

（3）重点是蓄电池电解液密度任务的检查方法；

（4）学会发动机起动前各个任务的操作，并能够在规定的时间内完成。

四 实训器材

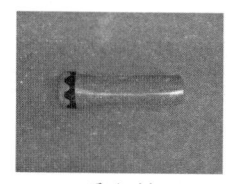 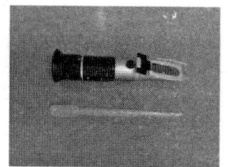 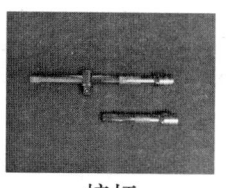 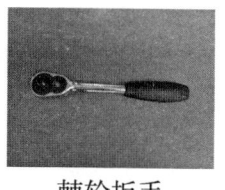 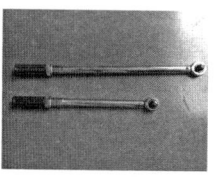

手电筒　　　　密度计　　　　接杆　　　　棘轮扳手　　　扭力扳手

其他工具及器材：套筒、火花塞套筒、纱布等。

五 教学组织

1 教学组织形式

单人操作每辆车安排4名学生实训。双人操作则可每辆车安排8名学生，自行编排流程。

2 学生站位分工和要求

4名学生，一名进行操作前准备，一名进行操作，两名进行检查评分。

3 实训教师职责

（1）讲解操作任务的作业流程、操作步骤、技术规范和注意事项。

（2）组织、管理学生进行操作。

（3）在实训中进行检查、指导和纠正学生的错误。

4 学生职责变换

4名学生实行职责轮流变换制度，第一遍，1号学生操作，2号学生进行操作前准备，3号学生、4号学生进行检查评分；第二遍，2号学生操作，3号学生进行操作前准备，4号学生、1号学生进行检查评分。这样依次循环进行。

六 操作步骤

顶起位置7（举升器未升起）：检查主要集中在发动机舱内进行。但毕竟还有对其他部分的检查，所以必须以有效的方式将它们组合起来。为缩短空闲时间，应该合理组织这些操作，特别是在发动机起动前预热时和预热后。

使用工具：扭力扳手、接杆、套筒、棘轮扳手、三合一液体密度计、火花塞套筒、手电筒等。

备件：机油、空气滤清器。

发动机舱的检查包括以下内容。

起动发动机前的检查包括：(1)驻车制动器和车轮挡块；(2)机油(填充)；(3)发动机冷却液；(4)散热器盖；(5)火花塞；(6)蓄电池；(7)制动液；(8)制动管路；(9)离合器液；(10)空气滤清器；(11)活性炭罐；(12)前减振器的上支架；(13)喷洗液。

起动发动机(发动机暖机过程)的检查包括：(1)轮毂螺母的再紧固；(2)PCV系统；(3)发动机冷却液。

发动机暖机后(和运行中)的检查包括：(1)怠速混合气；(2)自动变速器油；(3)空调；(4)动力转向液。

发动机停机后的检查包括：(1)机油；(2)气门间隙。

燃油滤清器的检查。

1. 驻车制动器和车轮挡块

1 使用驻车制动器。

第一步：当车辆到达顶起位置7以后，学生走向车辆的左前车门处，左手握住左前车门的把手，将左前车门打开。

提示 车门打开后注意不要太用力，也不要使车门与举升机的立柱相撞。

第二步：学生进入驾驶室，拉起驻车制动器。

提示 当车辆着地后，必须拉起驻车制动器，防止车辆移动，确保安全操作。

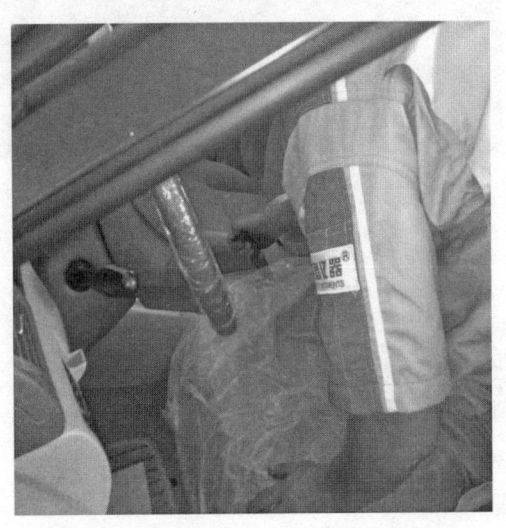

第三步：拉起驻车制动器后，学生走出驾驶室，左手握住车门把手，关闭车门。

提示 关闭车门时要稍稍用点力，确保车门一次性关上。

2 安装车轮挡块。

3 安装尾气管。

2. 发动机油

加注发动机油。

第一步：从工具车上拿来一桶机油，打开机油桶盖，将其放在工具车上。然后一只手提着机油桶，另一只手托住，准备加注机油。

提示 拿过来机油的过程要稳点，防止机油滴落。

第二步：将机油桶口对准发动机的机油加注口，开始倒机油的时候，动作一定要慢。刚开始倒出来的油最关键，直接影响到机油是否能正常地倒进去。

提示 倒机油的过程中，机油桶要倾斜，要让油桶的手柄处悬空通气，以防止倒机油的时候产生气泡。

第三步：在倒机油的过程中，注意力一定要集中，如果有机油倒出外面的话，则必须立即停止加注，到工具车上拿纱布擦干净。

提示 注意在倒机油时，由于油桶里面的油会越来越少，因此，倒油者要适当调整角度。

第四步：在倒机油的同时，观察机油的加注量，到了规定加注量的时候，可停止加油。

提示 机油加完后机油桶慢慢抬起来，防止机油滴落。然后观察一下油桶的刻度，是否正常，再将盖子盖上，将油桶放到工具车上。

第五步：从工具车上拿来机油加注口盖，准备安装。

提示 在拿机油加注口盖的时候注意动作不要太快，因为这个盖比较光滑，要防止其掉落。

第六步：用手将加油加注口盖旋紧，然后再用纱布将其擦干净。

提示 在用布擦的时候，也要擦一下周围，如果手上有油也应该马上擦掉。

3. 喷洗液

检查液位。

此内容操作参考本教材第11页：
顶起位置1,预检工作;3.发动机舱(1)。

4. 发动机冷却液

[1] 排放发动机冷却液。

通过散热器和发动机以及储液罐的排放塞排放发动机冷却液。

提示

①收集冷却液和清洁水,并且将其当作工业废水处理,以便保护环境;

②不要在汽车刚运行后立即进行该项工作,因为冷却液此时会很热(散热器盖将会热得不能接触)。

[2] 加注发动机冷却液。

将发动机冷却液加入散热器和储液罐中。

5. 散热器盖

[1] 测量阀门开启压力。

第一步:在盖上放一块布并且松开45°以便释放压力。然后,拆卸散热器盖。

提示 在打开散热器盖的时候,不要立即拆卸散热器盖,否则冷却液将会溅出。

第二步:散热器盖旋出来后,将其放在布上面,以防止冷却液滴落。

提示 此时可将散热器盖反向放置,以方便进行检查。

第三步:使用一个散热器盖测试仪测量阀门开启压力,并检查其是否在规定的范围以内。

提示 标准值为74～103kPa。

[2] 检查真空阀工作情况。

检查真空阀能够平稳工作。

顶起位置7—发动机起动前 任务10

3 检查橡胶密封件裂纹和其他损坏。

检查橡胶密封垫是否有裂纹或者破损。

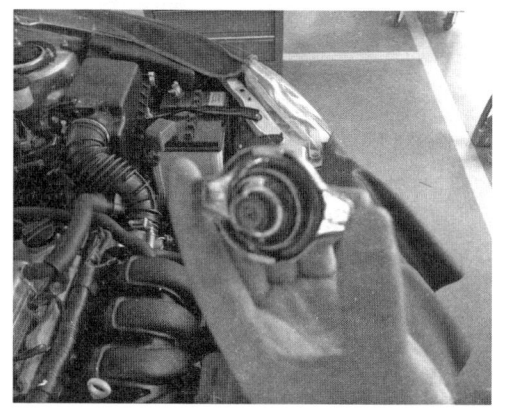

4 安装散热器盖。

将散热器盖安装回去。注意也要旋转45°角。

提示 在安装的时候,先将散热器盖和散热器上的扣子对上,然后再慢慢旋转,直到有阻力停住为止。

6. 火花塞

更换(检查与调整间隙)。

第一步:学生先将高压线的插头拔出来。

提示 在拔的时候按下插头按钮慢慢向外即可拔出,不能用力过大。

第二步:学生从工具车里拿一把棘轮扳手和一个套筒,用来固定高压线的螺栓。

提示 在旋松之前要先检查一下棘轮扳手的旋转方向。

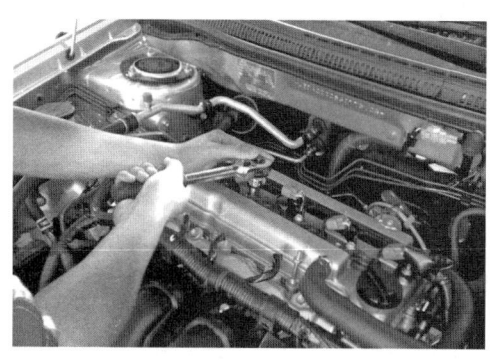

第三步:旋出来以后,将工具和螺栓放在工具车上。然后拔出高压线,将其放在工具车上。

提示 高压线拔出后放在工具车上要轻放。

第四步：从工具车上拿来棘轮扳手、长接杆、火花塞套筒并安装好，准备用来拆卸火花塞。

提示 在旋松之前要先检查一下棘轮扳手的旋转方向。

第五步：将火花塞套筒套在火花塞上面，然后均匀用力，将火花塞旋松。

提示 旋松火花塞的时候，一定注意不要用冲击力，以防拧坏火花塞。

第六步：将火花塞从发动机中取出来，然后检查火花塞。取火花塞的时候可用磁棒吸出来，如果没有磁棒，可用火花塞专用套筒或高压线橡胶套直接套出来。具体检查看以下提示。

提示

① 火花塞专用套筒内都有橡胶圈，可方便地将脱离螺纹的火花塞取出；

② 检查火花塞电极边缘未被完全磨掉或者变圆；

③ 检查绝缘体是否咬住；

④ 检查绝缘体是否裂纹、端子是否腐蚀和螺纹被损坏；

⑤ 如果电极上有湿炭痕迹，要使其干燥。然后，使用火花塞清洁剂清洁机油痕迹。使用火花塞清洁剂之前用汽油将油迹清除。

第七步：使用一个火花塞间隙规，检查中央电极和接地电极之间的间隙是否在规定值以内。如果未在规定值以内，调整火花塞间隙。

提示

① 不要调整间隙或者使用一个火花塞清洁剂清洁一个镶铂或者镶铱的火花塞。但是，如果火花塞非常乌黑，可以短时间(小于20s)清洁火花塞；

② 标准间隙为 1.0～1.1mm。

第八步：将火花塞装回到发动机里面。

提示 注意不可以直接放下去，以免损坏火花塞电极。可用火花塞专用套筒或高压线慢慢放下去，然后用火花塞筒将火花塞紧固。(应先手动旋转 3～4 牙后再使用棘

轮扳手)

第九步：从工具车上拿来扭力扳手，然后调到规定的力矩来紧固火花塞。

提示 标准值为18N·m。

第十步：将高压线从工具车上拿过来，装回到发动机中，要确保与火花塞连接良好。

提示 在放高压线的时候，一定要稍稍用力，确保高压线与火花塞接合。

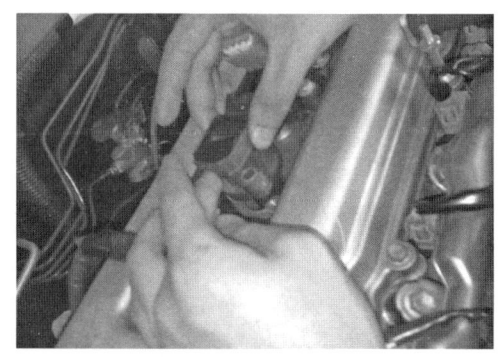

第十一步：从工具车上拿来用来固定高压线的螺栓，先用手将其旋紧。

提示 用手旋到不能旋动时即可。

第十二步：从工具车上拿来扭力扳手，然后调到规定的力矩来紧固高压线固定螺栓。

提示 拿出扭力扳手，调到18N·m，然后安装好套筒进行紧固。

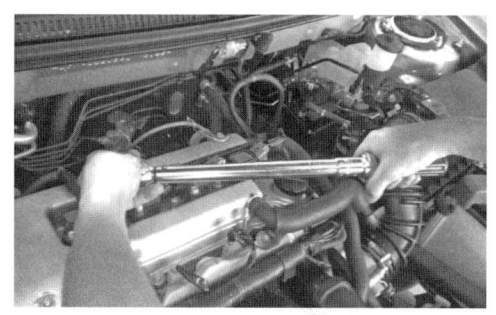

第十三步：最后将高压线的插头插回到高压线上。

维修提示：

火花塞间隙调整：使用火花塞间隙规，将火花塞的接地电极放入火花塞间隙规的缺口部分，然后弯曲接地电极以便调整间隙。

提示

①弯曲接地极时，不要让火花塞间隙规

和绝缘体接触，确保绝缘体不会破裂；

②只要它不是全新的就没有必要调整铱电极型的火花塞或者铂电极型的火花塞。

7. 活性炭罐

1 检查是否损坏。

检查活性炭罐是否出现损坏的现象。

提示 一只手摸炭罐的外表面，同时观察其各个表面是否有损坏、裂纹的情况。

2 检查止回阀的工作情况。

拆下炭罐，通过将三个出口的打开与关闭来检查里面的两个止回阀的工作情况是否正常。

8. 制动液

1 检查主缸内液面（储液罐）。

检查主缸储液罐中的液位是否在最高刻度和最低刻度之间。

提示

①如果制动液溅出或者粘在油漆上，立即用水清洗。否则，制动液将损坏油漆表面；

②如果制动衬片或者制动器摩擦片磨损，制动液液位就会下降。如果制动液液位明显偏低，则需要检查制动系统是否有渗漏。

2 检查主缸液体泄漏。

检查制动主缸是否有渗漏。

提示 如果制动液溅出或者粘在油漆上，立即用水清洗。否则，制动液将损坏油漆表面。

9. 制动管路

1 检查液体是否泄漏。

检查制动管线是否有制动液泄漏。

2 检查制动器管和软管是否有裂纹和损坏。

检查制动软管和管道是否有裂纹和老化现象。

3 检查制动器管和软管的安装状况。

检查制动软管和管道的安装是否正确。

顶起位置7—发动机起动前 **任务10**

提示

①需要在各软管和管道上安装管箍；
②软管和管道不得干扰其他部件。

液体渗漏情况。

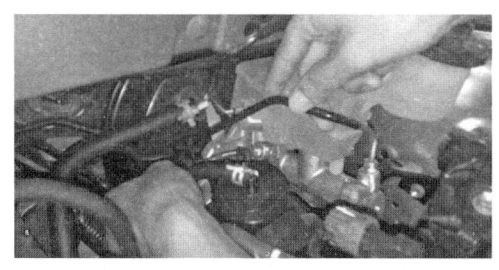

10. 离合器液

1 检查主缸（储液罐）内液位（与制动主缸储液罐共用）。

检查主缸储液罐中的液位是否在最高刻度和最低刻度之间。

提示

①如果离合器液溅到油漆表面，立即用水清洗。否则，离合器液将损坏油漆表面；
②离合器液位不会因离合器磨损而下降，也就是说液位低说明可能有漏液现象；
③某些汽车有一个离合器接头和总泵储液罐。

2 检查离合器各个零件的液体泄漏情况。

检查离合器的各部分（包括离合器主缸、管道和软管接头、离合器分离泵）是否有

11. 空气滤清器芯

1 更换（检查）。

第一步：用手打开空气滤清器罩的两个扣子。

提示 在打开的时候要小心，以防止其碰到周围的其他零件。

第二步：打开空气滤清器罩，然后将里面的空气滤清器芯抽出来。

提示 在打开空气滤清器罩的时候，注意不要碰到周围的零件，在拿滤芯的时候也要小心。

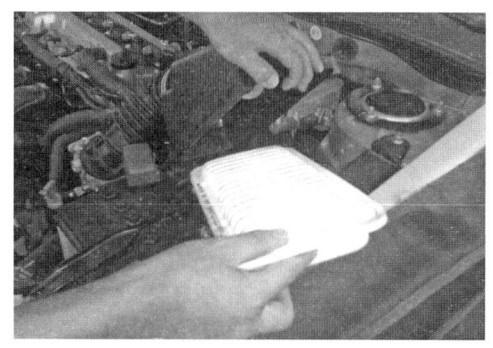

第三步：更换一个新的空气滤清器芯，将旧的放在工具车上。

提示 在更换空气滤清器之前，先用布清洁一下空气滤清器支座里面，保证清洁，然后再进行更换。

第四步：将新的空气滤清器安装进去，注意安装的方向，有标记的一面朝上。

提示 在安装之前，一定要先检查安装标记，在此时也可做一下停顿进行观察。

第五步：将空气滤清器罩的扣子扣上。

提示 在扣扣子之前，要先确保空气滤清器的上下罩已经完全配合好，才可以进行。

2 空气滤清器芯的检查（参考）。

第一步：清洁。检查前使用压缩空气清除污物。首先，从空气滤清器滤芯的发动机侧吹入压缩空气。同时用布清除空气滤清器盖内污物。

第二步：灰尘和积聚微粒。检查空气滤清器滤芯中是否有灰尘、积聚微粒或者破裂。

第三步：安装。检查空气滤清器滤芯上的橡胶密封良好并且确保其没有裂纹或者其他损坏。

12. 蓄电池

1 检查电解液液位。

第一步：从工具车里拿一个手电筒，然后照着检查蓄电池各个单元的液位是否处于上线和下线之间。

提示 如果很难确定电解液液位，则通过轻轻摇晃汽车检查。同时，可以通过拆卸一个通风孔塞并从该开口中观察电解液液位。

顶起位置7——发动机起动前 任务10

第二步:换个位置,再用手电筒照着检查蓄电池各个单元的液位是否处于上线和下线之间。

提示

①需要加水时,使用蒸馏水;

②某些类型的蓄电池可以通过蓄电池指示器查看液位和蓄电池状况;

③蓝色——正常;红色——电解液液位不足;白色——需要充电。

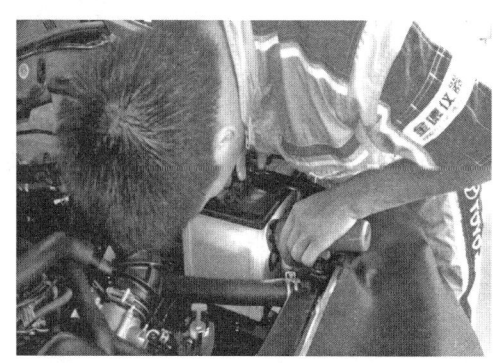

提示

①不要添加自来水,因为自来水中的杂质会降低蓄电池的性能和寿命;

②如果添加的液体超过了规定水平,抽掉多余的部分。液体过多会在充电时造成溢流,腐蚀端子和其他零件;

③蓄电池液含有硫酸,会严重烧伤皮肤或由于氧化腐蚀其他物体。蓄电池液喷溅在皮肤或衣服上时,要立刻用大量的水洗掉。如果蓄电池液接触眼睛用水冲洗数分钟并及时求医。

2 检查蓄电池盒损坏。

检查整个蓄电池盒表面是否有裂纹、泄漏损坏的情况。

提示 在检查时先拿一只手电筒,然后分四个方向照射蓄电池盒,同时进行观察,看其是否有损坏的情况。

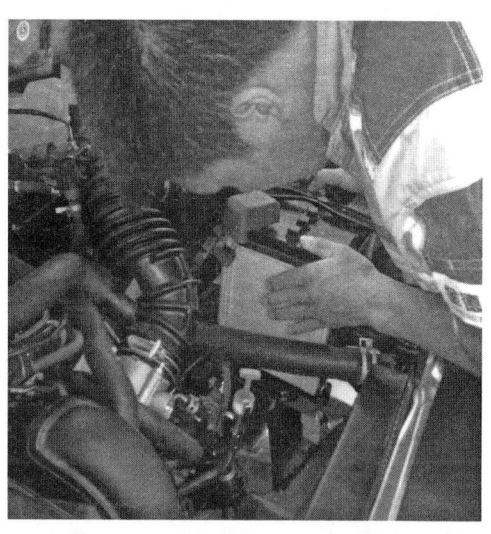

3 检查蓄电池端子腐蚀情况。

检查蓄电池的端子是否有腐蚀的情况。

提示 首先拿开正极端子的罩,然后观察蓄电池的两个端子是否有腐蚀的情况。

4 检查蓄电池端子导线松动情况。

检查蓄电池的端子导线是否有松动的情况。

提示 学生一只手握一个端子,然后晃动检查接线柱与端子之间是否安装正常。

5 检查通风孔塞损坏情况。

第一步:用手松开蓄电池的通风孔塞,如果很紧的话可借助工具。这里只检查单格。

提示 当如果要求检查单格时,一般检查靠近蓄电池正极的那个单格,因为由于电流是从正极输出的。

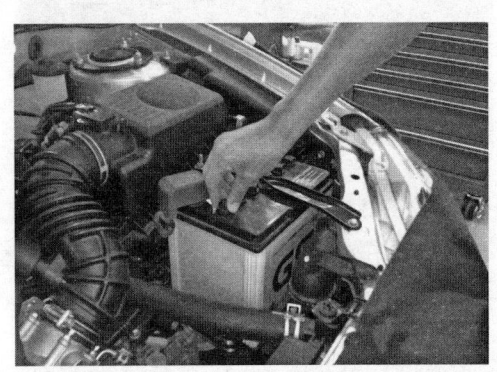

第二步:检查蓄电池的通风孔塞是否损坏。

提示

①检查时用眼睛观察通风孔塞的内外表面是否有损坏;

②对于通风孔塞如果每个都检查,则可在其蓄电池上面一个个地检查过去。

6 检查通风孔堵塞。

把通风孔塞拿过头顶,检查其是否有阻塞的情况。然后将通风孔塞放在工具车上。

提示 在检查时,可以对着光进行观察,这样有利于进行检查。

7 测量1个单格的密度。

第一步:从工具车中拿出用来测量密度的三合一液体密度计,然后清洁密度计的表面,以便进行测量。

提示 密度计在使用前应先校零,在密度计上滴一点蒸馏水,盖上盖板,通过目镜观察零位刻线是否对齐,否则需要调整。

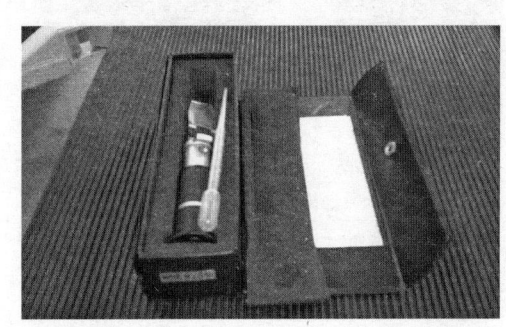

第二步:学生一手拿着密度计,另一手用吸管从蓄电池中吸取少量电解液,以便进行测量。

提示 在吸蓄电池液的时候,应先少量吸取,再挤出重吸。

第三步:将吸管中的电解液从蓄电池中

吸出来后,滴在三合一密度计上一滴即可,再将多余的电解液滴回到蓄电池中去。

提示 在吸管拿过来的过程中,注意不可以将电解液滴落到其他物体表面,如果有滴落立即清洗。

第四步:先将吸管放到工具车上,再将密度计的盖子盒上,准备进行测量。

提示 在盖密度计盖子的时候,要注意轻轻地盖上,不要太用力,也不要太快。

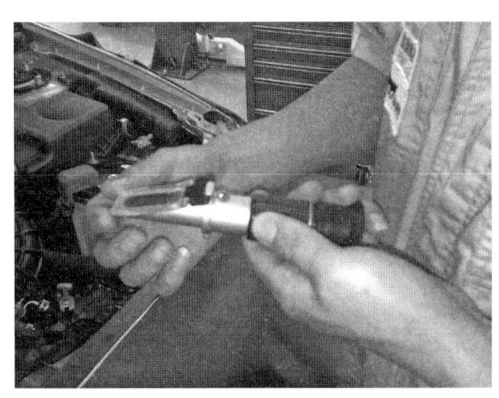

第五步:拿起密度计,学生面对光线比较强的方向,然后通过目镜观察并读出此时电解液的密度值。再与标准值进行比较判断是否正常,如低于标准值,则电量不足,需要进行充电。

提示

①标准值:蓄电池电解液温度为20℃(68°F)时,所有单元的密度应为1.250~1.280;

②确保电池单元之间的密度偏差低于0.025;

③如果测量时蓄电池电解液温度不是20℃,则将该温度下的密度换算成20℃(68°F)温度下的密度。

第六步:用布清洁密度计。操作完成后必须用水进行冲洗,以免腐蚀损坏密度计。

提示 清洁密度计时,一定要先用水清洁吸管,再用吸管吸水冲洗密度计,最后用布擦干净。

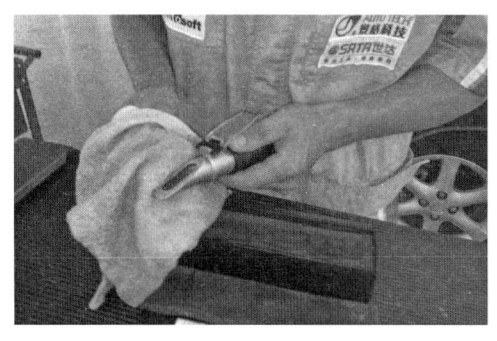

第七步:将三合一密度计装回到盒子里面,放到工具车上。

提示 放回密度计的时候要先盖上扩软垫,再盖盖子。

第八步:从工具车上拿来通风孔塞,将其安装到蓄电池上并旋紧。

提示 此任务很容易忘记,记住拆下的零件必须及时安装回去。

13. 前减振器的上支承

检查前减振器上支承的松动。

第一步:从工具车中先拿来扭力扳手,按照规定的力矩调好,然后锁住。再从工具车中选好短接杆和12mm套筒,准备检查螺母和螺栓。

提示

①在用扭力扳手紧固螺栓、螺母的时候,一只手握住前端接杆处防止掉落,另一只手必须握在手柄处;

②各种扳手的用力方向一定要朝向操作人员自身的方向,以免造成伤害。

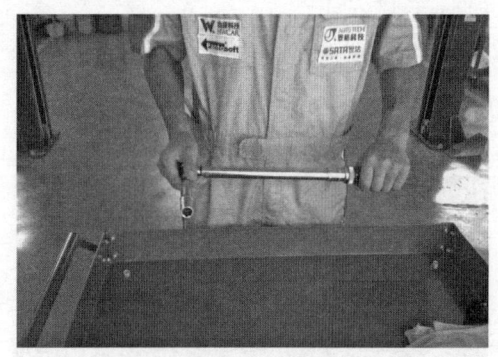

第二步:拿着扭力扳手走到车辆左侧的前减振器上支承处,右手握住扭力扳手手柄,左手握接杆连接处,将套筒套进这个螺栓,然后右手慢慢用力旋紧,当听到"嗒"的一声时就可以停止操作。如果此时没有松动,则正常;如果松动,则将其紧固。最后退出套筒不要太快,防止套筒掉落。

第三步:拿着扭力扳手走到车辆右侧的前减振器上支承处,右手握住扭力扳手手柄,左手握接杆连接处,将套筒套进这个螺栓,然后右手慢慢用力旋紧,当听到"嗒"的一声时就可以停止操作。如果此时没有松动,则正常;如果松动,则将其紧固。最后退出套筒不要太快,防止套筒掉落。

提示

①螺栓类型:6×12mm(数量×大小);

②使用工具:扭力扳手、短接杆、12mm套筒;

③标准值为39N·m。

七 考核标准

任务10　顶起位置7—发动机起动前　考核标准表

顶起位置7［1/3、2/3］　　　（注:汽车在地面位置）　　定期维护任务(共有29项)
考核时间:10min　　　考核总分满分:29分

评分	考 核 项 目	评 分 标 准
	1. 驻车制动器和车轮挡块	
	（1）使用驻车制动器	驻车制动杆未拉起扣1分
	（2）安装车轮挡块	任意车轮的前和后,要求必须和车轮外边缘平齐,不允许超过车轮,否则扣0.5分,如有其中一个挡块未安装扣1分
	（3）安装尾气管	未双手安装扣0.5分,掉落扣0.5分,未安装扣1分
	2. 发动机油	
	加注发动机油(3.7L)	未拿掉毛巾扣0.5分,加机油站位不对扣0.5分,机油倒出加注口扣0.5分,加油加注量不正确扣0.5分,加注完未清洁扣0.5分,机油盖未盖扣0.5分
	3. 喷洗液	
	检查液位	液位尺标线,要求标尺拉出到能看见标记状态,标尺拉出长度不够,无法看见液位尺标线扣0.5分,有液体滴落扣0.5分,未擦扣0.5分,读数错误扣1分
	4. 发动机冷却液	
√	（1）排放发动机冷却液	排放不干净扣0.5分,操作不当扣0.5分
√	（2）加注发动机冷却液	操作不当扣0.5分,加注量不当扣0.5分
	5. 散热器盖	
√	（1）测量阀门开启压力(74～103kPa)	旋开盖子没停扣0.5分,压力测试仪未检查扣0.5分,操作不当扣0.5分,读数不正确扣0.5分

续上表

评分	考 核 项 目	评 分 标 准
√	(2)检查真空阀工作情况	未检查扣1分,检查不到位扣0.5分
√	(3)检查橡胶密封件裂纹和其他损坏	未目视检查扣0.5分
	6. 火花塞	
√	更换(检查与调整间隙)(间隙1.0~1.1mm;紧固力矩18N·m)	高压线拆除不当扣0.5分,火花塞专用工具选择不当扣0.5分,间隙检查不当扣0.5分,如不正确未更换扣1分,火花塞安装不当扣0.5分,紧固力扭不当扣0.5分
	7. 活性炭罐	
	(1)检查是否损坏	未目视检查各表面扣0.5分,未做扣1分
√	(2)检查止回阀的工作情况	未做扣1分
	8. 制动液	
	(1)检查主缸内液面(储液罐)	用手摇晃冷液罐扣0.5分,读数错扣0.5分
	(2)检查主缸液体泄漏	未用手摸检查扣0.5分,检查部位不当扣0.5分
	9. 制动管路	
	(1)检查液体是否泄漏	用手摇晃冷液罐扣0.5分,读数错误扣0.5分
	(2)检查制动器管和软管是否有裂纹和损坏	未用手摸检查扣0.5分
	(3)检查制动器软管和管的安装状况	未用手摸检查扣0.5分
	10. 离合器液	
	(1)检查主缸(储液罐)内液位(与制动主缸储液罐共用)	用手摇晃冷液罐扣0.5分,读数错误扣0.5分

顶起位置7—发动机起动前 任务10

续上表

评分	考核项目	评分标准
	(2)检查离合器各个零件的液体泄漏	未用手摸检查扣0.5分
	11.空气滤清器芯	
	更换(检查)	拆除空气滤清器不当扣0.5分,未正反面检查空滤芯扣0.5分,未更换空滤扣1分,空滤座未清洁扣0.5分,安装方位不当扣0.5分
	12.蓄电池	
	(1)检查电解液液位	未用手电筒扣0.5分,未照检查4个面扣0.5分
	(2)检查蓄电池盒损坏	未用手电筒扣0.5分,未照检查4个面扣0.5分
	(3)检查蓄电池端子腐蚀	未打开盖子扣0.5分,未用手摸检查扣0.5分
	(4)检查蓄电池端子导线松动	未用手摸检查扣0.5分,未晃动扣0.5分
	(5)检查通风孔塞损坏	未检查6个扣0.5分,检查错误扣1分
	(6)检查通风孔堵塞	未检查6个扣0.5分,检查错误扣1分
	(7)(测量1个单格密度)密度值(标准:1.25~1.28g/cm^3)	密度计未校零扣0.5分,密度计未清洁扣0.5分,密度计未调节焦距进行测量扣0.5分,电解液滴落未清洁扣1分,密度读数不正确扣1分,密度计未清洁归位扣0.5分,通风孔塞未安装扣1分
	13.前减振器的上支承	
	检查前减振器上支承的松动(39N·m)	选用工具不正确扣0.5分,扳紧时打滑扣0.5分,方向不正确扣0.5分,手工具碰到车身零件扣0.5分,扳紧错扣0.5分,掉落扣1分,未做扣1分

任务 11　顶起位置 7—发动机暖机、发动机暖机后、发动机停机后

一　任务说明

本任务作业内容同样是顶起位置 7 中的任务，所有的检查任务均是在发动机处于暖机、暖机后和停机后进行的，对于个别任务，还需要辅助人员进行配合操作才能完成。

本任务作业内容包括：

（1）发动机暖机包括轮胎螺母的再紧固、PCV 系统检查、发动机冷却液检查；

（2）发动机暖机后包括自动变速器油检查、空调检查、动力转向液检查；

（3）发动机停机后包括动力转向液检查、发动机油检查、气门间隙检查、空调检查、发动机冷却液检查、燃油滤清器检查、尾气管检查、举升准备检查等。

二　技术标准与要求

（1）车轮螺母紧固——标准力矩 103N·m；

（2）PCV 检查时，按下软管后可听到"嗒嗒"的声音；

（3）自动变速器油检查时液位必须在规定的刻度之间；

（4）动力转向液检查发动机运行和停机时的液位偏差是否小于 5mm；

（5）顶起位置 8 举升高度为将汽车举到超过人的头顶 10cm；

（6）实训时间和考核时间均为 15min。

三　实训教学目标

（1）了解发动机暖机、暖机后、停机后检查任务的重要性；

（2）掌握发动机暖机、暖机后、停机后任务的作业流程和操作方法；

（3）重点掌握自动传动桥、空调、动力转向液任务的检查方法；

（4）学会发动机暖机、暖机后、停机后中各项任务的操作，并能够在规定的时间内完成。

顶起位置7—发动机暖机、发动机暖机后、发动机停机后 任务11

四 实训器材

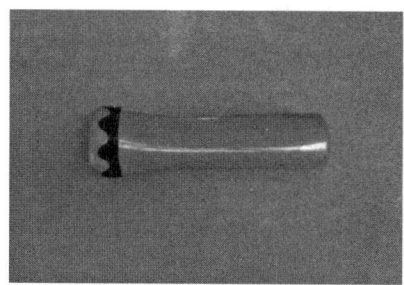
手电筒

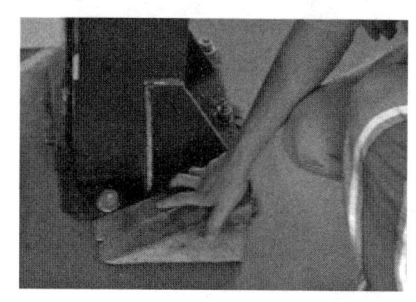
车轮挡块

其他工具及器材:扭力扳手、接杆、套筒、纱布等。

五 教学组织

1 教学组织形式

单人操作每辆车安排4名学生实训。双人操作则可每辆车安排8名学生,自行编排流程。

2 学生站位分工和要求

4名学生,一名进行操作前准备,一名进行操作,两名进行检查评分。

3 实训教师职责

(1)讲解操作任务的作业流程、操作步骤、技术规范和注意事项;
(2)组织、管理学生进行操作;
(3)在实训中进行检查、指导和纠正学生的错误。

4 学生职责变换

4名学生实行职责轮流变换制度,第一遍,1号学生操作,2号学生进行操作前准备,3号学生、4号学生进行检查评分;第二遍,2号学生操作,3号学生进行操作前准备,4号学生、1号学生进行检查评分。这样依次循环进行。

六 操作步骤

(一)起动发动机和发动机暖机期间

起动发动机。

第一步:学生走到左前车门处,将左前车门打开,然后进入驾驶室。

提示 车门打开后注意不要太用力,也不要使车门与举升机的立柱相撞。

第一步：从工具车中先拿来扭力扳手，按照规定的力矩调好，然后锁住。再从工具车中选好短接杆和21mm套筒，准备检查螺母和螺栓。

提示

①在用扭力扳手紧固螺栓螺母的时候，一只手握住前端接杆处，防止掉落，另一只手必须握在手柄处；

②各种扳手的用力方向一定要朝向操作人员自身的方向，以免造成伤害。

第二步：拿着扭力扳手走到左前车轮处，然后左手握住扭力扳手手柄，右手握接杆连接处，将套筒套进上面螺栓，然后左手慢慢用力旋紧，当听到"嗒"的一声时，即可停止操作，此时已经紧固到了规定力矩。

第三步：左手握住扭力扳手手柄，右手握接杆连接处，将套筒套进下面螺栓，然后左手慢慢用力旋紧，当听到"嗒"的一声时，即可停止操作，此时已经紧固到了规定力矩。

第二步：转动点火开关，起动发动机。

提示 在发动机起动之前先喊"起动发动机"，以提示周围的人员引起注意。

第三步：发动机起动后学生走出驾驶室，左手握住车门把手处，关闭车门。

提示 关闭车门时要稍稍用点力，确保车门一次性关上。

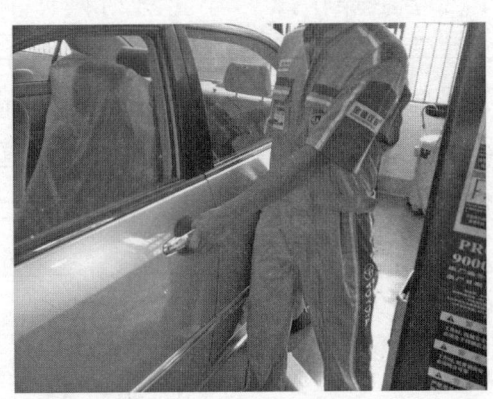

1. 轮胎螺母的再紧固

1 旋紧车轮（前）。

顶起位置7—发动机暖机、发动机暖机后、发动机停机后 任务11

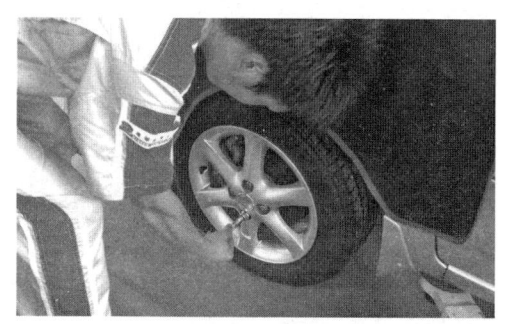

第四步：左手握住扭力扳手手柄，右手握接杆连接处，将套筒套进右面螺栓，然后左手慢慢用力旋紧，当听到"嗒"的一声时，即可停止操作，此时已经紧固到了规定力矩。

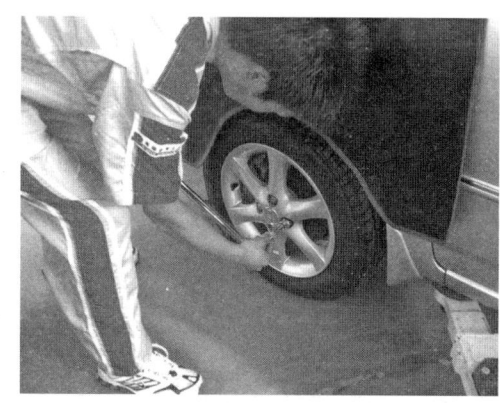

第五步：左手握住扭力扳手手柄，右手握接杆连接处，将套筒套进左面螺栓，然后左手慢慢用力旋紧，当听到"嗒"的一声时，即可停止操作，此时已经紧固到了规定力矩。

提示

①螺栓类型：4×21mm（数量×大小）；

②使用工具：扭力扳手、短接杆、21mm套筒；

③标准值为103N·m；

④轮胎螺母应按对角、交叉、多次的原则紧固，不能一次紧固到位。

2 旋紧车轮（后）。

此任务操作可参考"旋紧车轮（前）"的内容。

2. PCV 系 统

1 检查PCV阀的工作情况。

发动机怠速运转时，用手指夹紧PVC阀软管检查工作噪声，正常的话，会发出"嗒嗒"的声音。

2 检查软管裂纹和损坏情况。

检查软管是否有裂纹或者损坏。

提示 双手慢慢地摸软管，同时观察其是否有裂纹和损坏的现象。

3. 发动机冷却液

1 检查是否从散热器泄漏。

用手摸、眼看检查散热器周围是否有泄漏。如果光线较暗的话可用手电筒照明。

提示

①由于此时的检查是在发动机起动的时候,风扇可能在转且温度较高,因此一定要特别小心;

②检查时必须戴上手套,以防烫伤。

2 检查橡胶软管是否泄漏。

用手摸、眼看检查橡胶软管是否泄漏。如果有泄漏的话用布擦干净,过会儿再来检查。

提示 在检查的时候,单独检查每根橡胶软管。

3 检查软管夹周围是否泄漏。

用手摸、眼看检查软管夹周围是否泄漏。如果有泄漏的话用布擦干净,过会儿再来检查。

提示 检查有夹箍安装的地方时,要注意检查每个软管夹。

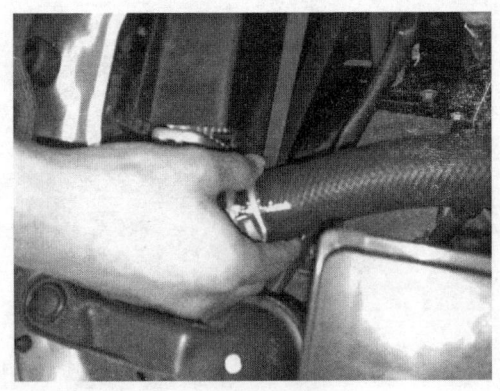

4 检查散热器盖是否泄漏。

用手摸、眼看检查散热器盖是否泄漏。如果有泄漏的话用布擦干净,过会儿再来检查。

提示 检查散热器盖时要小心,不要转动散热器盖。

5 检查橡胶软管裂纹、凸起和硬化。

用手摸、眼看检查橡胶软管裂纹、凸起和硬化。

提示 操作时手慢慢地握紧橡胶软管,然后再放开,感觉其是否有硬化问题。

6 检查橡胶软管连接松动。

用手摸、眼看检查橡胶软管连接松动

情况。

提示 检查时用手轻轻转动和拉拔橡胶软管的连接处即可。

7 检查夹箍安装松动情况。

用手摸、眼看检查夹箍安装松动情况。

提示 检查夹箍时,所有的夹箍都要检查。

(二)发动机暖机后(并运转)

1. 自动传动桥液

检查自动传动桥液位。

第一步:学生走到车辆的左前车门处,打开车门进入驾驶室内。

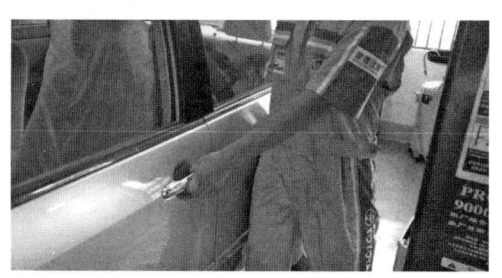

提示 打开车门时动作不要太快,要注意不要和举升机的立柱相撞。

第二步:进入驾驶室后,右手握住自动变速器的换挡杆,准备换挡。此时的挡位在N挡。

提示 此时可先将挡位从N挡换到P挡,如果换不动,可按下换挡锁止按钮。

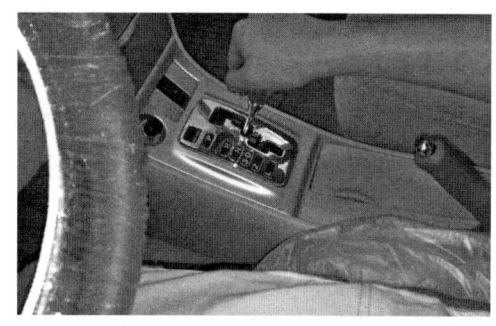

第三步:左脚踩住制动踏板并保持,右手开始换挡位,按P挡、R挡、N挡、3—D挡、2挡、L挡的顺序一直换下来。

提示 在换挡过程中不要换得太快,要等到挡位挂进变速器真正开始工作后再换下一个挡位,可从发动机的运行情况感觉出来。

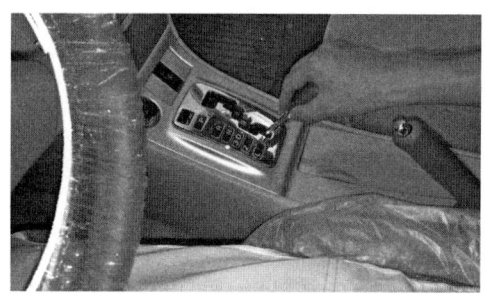

第四步:右手开始换挡位,按L挡、2挡、3—D挡、N挡、R挡、P挡的顺序一直换下来。

提示 在换挡过程中不要换得太快,要等到挡位挂进变速器真正开始工作后再换下一个挡位,可从发动机的运行情况感觉出来。

第五步：右手开始换挡位。按 P 挡、R 挡、N 挡的顺序一直换下来，最后归位到空挡位置。

如果有辅助人员此时喊"OK"，则辅助人员正在进行自动变速器的液位测量。

提示 在换挡过程中不要换得太快，要等到挡位挂进变速器真正开始工作后再换下一个挡位，可从发动机的运行情况感觉出来。

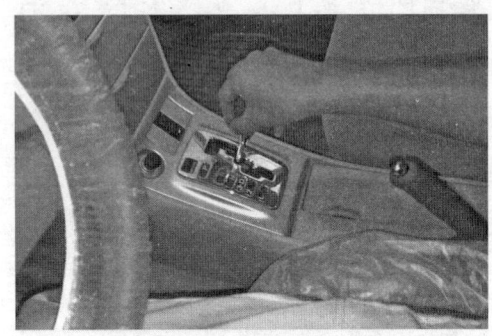

第六步：左手拿一块纱布，右手去拔自动变速器油尺。

提示 注意在油尺处有一个扣子把油尺给扣住了，因此在拔出的时候要先打开这个扣子。

第七步：拔出自动变速器油尺的时候，纱布一直包在油尺上，当油尺拔出后，从上往下擦液位尺。

提示 拔自动变速器油尺过程和擦自动变速器油尺过程中，要防止自动变速器油的滴落。

第八步：把自动变速器油尺擦干净后，再将自动变速器油尺插入到自动变速驱动桥中。

提示 此时插入油尺的时候布要捏住油尺，以防止液位变形，因为这里有一个弯曲的地方，当油尺快插入的时候可以放开布。

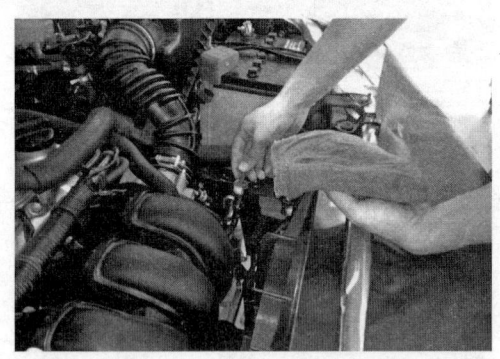

第九步：拔出自动变速器油尺，检查自动变速器油液位在两个刻度线之间。确认自动变速器油液位正常，如果油液不足则加注到正常刻度。

提示 在检查时，自动变速器油位尺沿水平向下方向 45°左右，同时液位尺的顶端放在纱布上面，以防止自动变速器油的滴落。

顶起位置7—发动机暖机、发动机暖机后、发动机停机后 任务11

第十步：检查完后，将自动变速器油尺插回到自动变速驱动桥中。

提示 在操作过程中，如果发现有自动变速器油滴落，必须马上用纱布擦除。

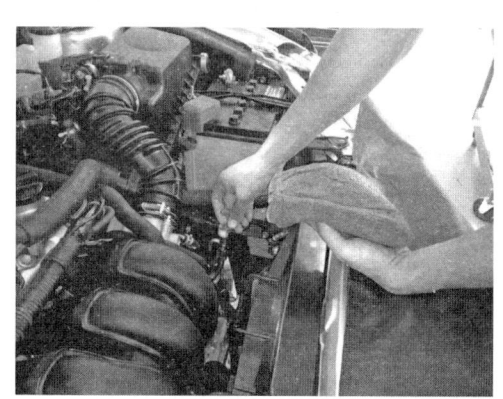

2. 空调

检查空调制冷剂量。

第一步：学生先按下 A/C 开关，使空调进行制冷。

提示 此时即为打开空调。

第二步：学生按下风速开关，将空调的风速调整为最大。

提示 根据不同的风速，开关操作方法有所不同。

第三步：学生按下温度开关，温度控制设置为"最冷"。

提示 这里可以一直按住按钮来调节温度，直到温度达到最低为止。

第四步：学生打开左前车门，走出驾驶室。车门的打开角度为45°。

提示 打开车门时动作不要太快，要注意不要和举升机的立柱相撞。

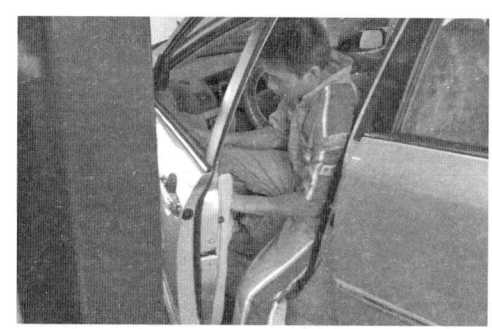

第五步：学生走到左后车门处，打开左后车门，车门的打开角度为45°，且每扇车门打开角度要一致。

提示

①打开车门的时候,对于左侧车门,要用左手打开,右侧的车门,用右手打开;

②门打开时,必须一次完成定位。

第六步:学生走到右后车门处,打开右后车门,车门的打开角度为45°。且每扇车门打开角度要一致。

提示 车门打开时,必须一次完成定位。

第七步:学生走到右前车门处,打开右前车门,车门的打开角度为45°,且每扇车门打开角度要一致。

提示 车门打开时,必须一次完成定位。

第八步:四扇车门全部打开后,学生从车后面绕过来,走进驾驶室里面,等待辅助人员的口令。

提示 此时学生只要坐在驾驶室里面即可,注意观察仪表板。

第九步:此时车外辅助人员走到发动机舱前方去观察空调制冷剂观察孔,检查制冷剂的量。

提示 标准值为:A——只有少许气泡,则正常;B——有很多气泡,则制冷剂不充足;C——没有气泡,则无制冷剂或者制冷剂过多。

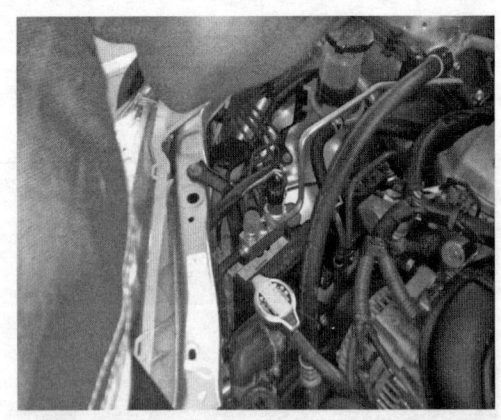

第十步:观察完好后,向驾驶室操作人员发出口令和"OK"手势,然后驾驶室操作人员关闭空调。此时,车外辅助人员再观察空调观察孔,气泡应该是清澈的。

提示 驾驶室操作人员可根据车外辅助人员的手势进行操作。

顶起位置7—发动机暖机、发动机暖机后、发动机停机后 任务11

第十一步：驾驶室操作人员走出驾驶室，到左后车门处，关闭左后车门。

提示 在关闭左侧车门的时候，对于左后车门要用右手来关，然后进入驾驶室。

第十二步：驾驶室操作人员进入驾驶室中，同时关上左前车门。

提示 学生进入驾驶室后，用左手关闭车门。

第十三步：车外辅助人员走到右前车门处，关闭左前车门。

提示 车外辅助人员用右手关闭右前车门。

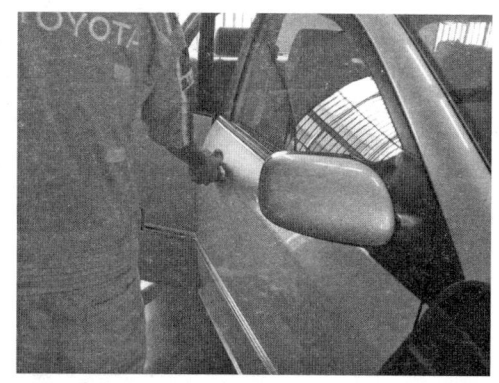

第十四步：车外辅助人员走到右后车门外，关闭右后车门。

提示 车外辅助人员绕过举升器，用右手关闭右后车门。

3. 动力转向液

1 测量动力转向液液位。

第一步：发动机怠速运转时，在保持汽车原地不动的情况下先将转向盘打向左边极限位置，以便使转向液温度上升为 40～80℃（104～176℉）。

提示 不要使转向盘完全停留在任何一侧超过10s。

第二步：发动机怠速运转时，在保持汽车原地不动的情况下再将转向盘打向右边极限位置，以便使转向液温度上升为 40～80℃（104～176℉）。

第三步：发动机怠速运转时，在保持汽车原地不动的情况下将转向盘转回到中间位置，以便使转向液温度上升为 40～80℃（104～176℉）。

提示 此时就可以到驾驶室去检查动力转向液了。

第四步：检查储液罐中的液位是否处在规定的范围内。

提示 此时用眼睛观察动力转向液的液位是否在最大和最小刻度之间。

2 检查是否有液体泄漏。

检查与储液罐相连的软管是否泄漏。

提示 这里用手摸，检查其软管周围、储液罐等是否有泄漏。

（三）发动机停机后

1. 动力转向液

测量液位（检查与发动机转动时的差别）。

第一步：当听到车外辅助人员检查完动力转向液泄漏后，就将发动机熄火。

提示 此时可以听车外辅助人员的口令。

第二步:检查发动机运行和停机时的液位偏差是否在 5mm 以内。此时,检查液体是否起泡或者乳化。

提示 此时进行观察液位差的时候,最好要在储液罐处用眼睛做个记号,以便进行比较。

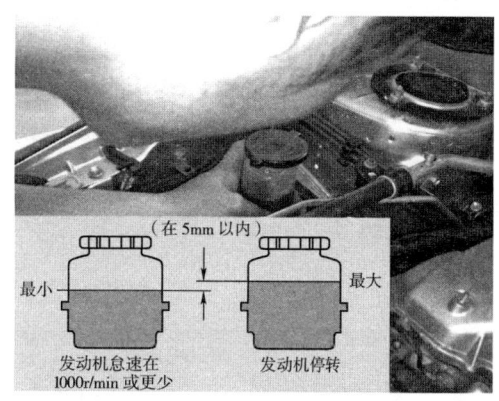

2. 发动机油

检查发动机油位。

3. 气门间隙

调整气门间隙(气门间隙检查):在一个冷的发动机上,使用厚薄规检查和调整气门间隙。

如果发动机平稳转动且没有异常噪声,该检查可以省略。因为凸轮敲击气门会造成气门间隙过大,从而产生噪声。

第一步:拆卸气门室盖。

第二步:将一号汽缸位于压缩行程的上止点(TDC)。

第三步:使用厚薄规检查已经完全关闭的气门的间隙。

第四步:转动曲轴一周,然后测量其他气门的间隙。

第五步:重新安装气门室盖。

提示 发动机停机的情况下,在一个冷却的发动机上进行气门间隙检查。

4. 空调

检查空调制冷剂泄漏情况。

学生检查整个空调管路中是否有制冷剂泄漏,最后用空调检漏仪进行检查。

提示 用手摸整个空调制冷系统的各个管件其表面是否有泄漏,可使用检漏仪进行检查。

5. 发动机冷却液

1 检查冷却液液位(散热器)。

发动机预热后,让发动机冷却下来。然后,拆卸散热器盖并检查冷却液液位是否合适。正常检查冷却液液位时没有必要拆卸散热器盖。

提示

①如果想在发动机仍然发热时拆卸散热器盖,应先在盖上放一块布并且松开45°角,以便释放压力。然后,拆卸散热器盖;

②不要立即拆卸散热器盖,否则滚烫的冷却液将会溅出而致人灼伤。

2 检查冷却液液位(储液罐)。

检查储液罐中的冷却液是否处于规定的范围内。

提示

①散热器处于冷却状态方可检查冷却液液位;

②如果散热器发热,冷却液将会在高液位。

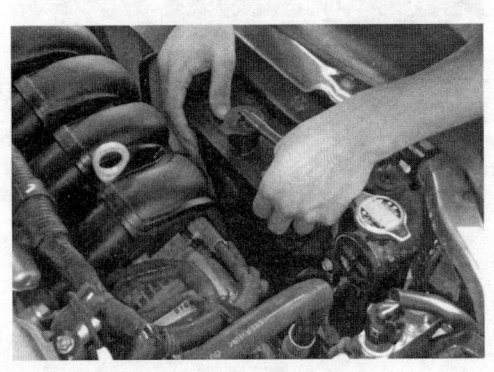

6. 燃油滤清器

更换燃油滤清器。

1 准备工作。

放置灭火器。

由于汽油是易燃物,因此需要做好防护工作。

2 拆除座椅。

向上抬起座椅,使其固定卡扣脱离。

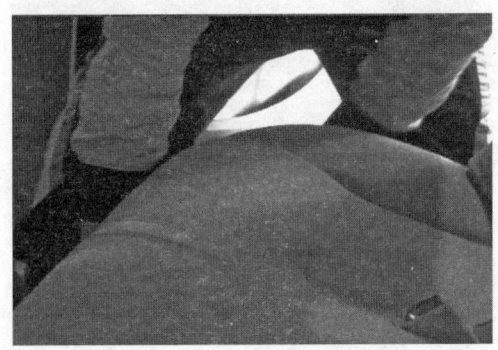

3 断开燃油泵线束连接器。

按压住连接器锁舌,使保险扣分离后向上拉拔,取下线束连接器。

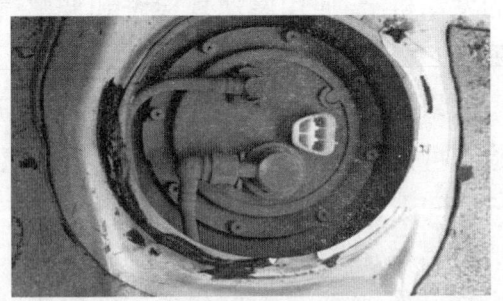

提示 为了防止燃油渗漏,需要断开燃油泵的电气连接器或熔断丝,运行发动机自然熄火后再次起动直到不能起动为止,并且在更换燃油滤清器以前放空燃油管线中的燃油。

4 断开燃油管。

取下燃油管固定卡扣,取下燃油管。

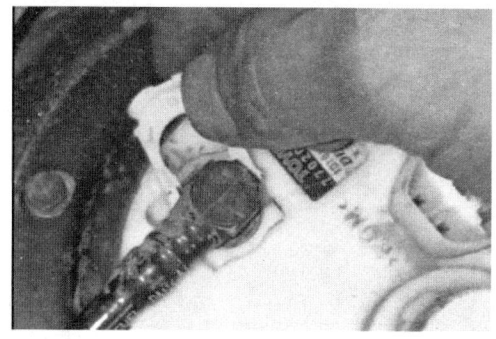

5 断开燃油蒸汽管。

从两边向中间捏紧蒸汽管保险扣,水平用力向外拉拔蒸汽管。

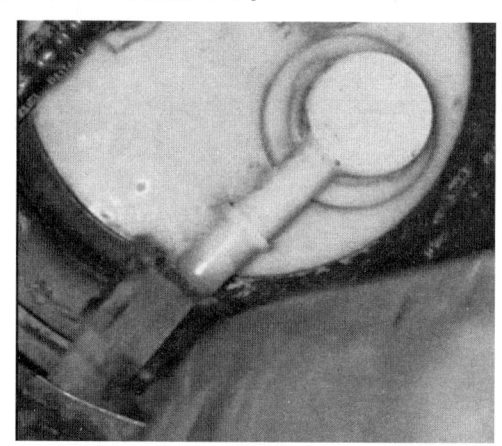

提示 水平用力,否则容易造成滤芯器总成损坏。

6 拆下燃油滤清器总成。

按对角线交叉顺序拆下燃油滤清器总成的8颗固定螺栓,取下燃油滤清器总成。

7 分解燃油滤清器总成。

第一步:拆卸油位传感器。断开油位传感器线束连接器,向下按压取下传感器。

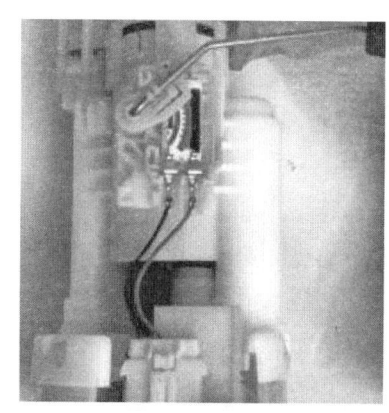

第二步:拆下燃油泵。使用塑料撬棒或一字螺丝刀撬曲使燃油泵固定卡扣分离,取下燃油泵。

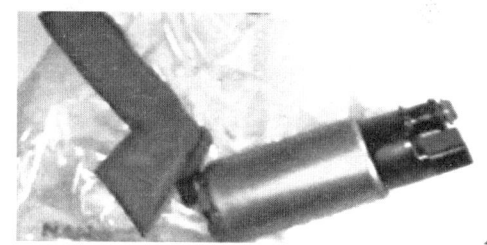

第三步:取下燃油滤清器。使用塑料撬棒或一字螺丝刀撬曲使燃油滤清器泵固定卡扣分离,取下燃油滤清器。

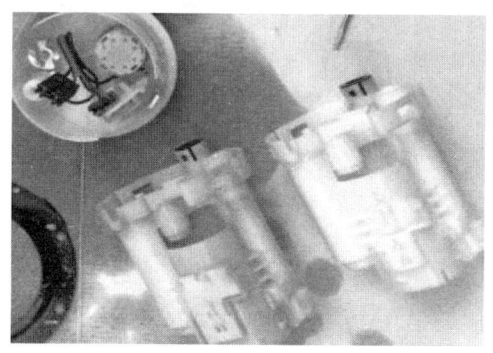

提示 燃油泄压阀安装在滤清器处,需取下。

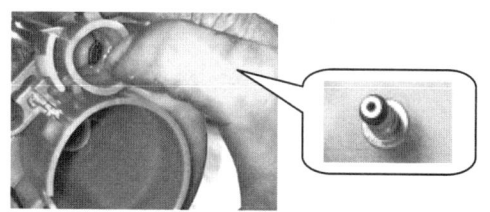

8 组装燃油滤清器。

第一步：确认各零部件是否正常，密封圈是否破损或变形。

第二步：组装燃油滤清器上盖，将密封圈装入上盖，并安装保险扣。

提示 密封圈不能有扭曲现象，密封圈安装不正常的话会造成燃油系统泄压。

第三步：安装燃油滤清器，对齐各个卡扣位置，用力按压滤清器。

第四步：安装燃油泵及泄压阀，将燃油泵线束连接器对齐燃油泵上安装孔，插入线束连接器，确认听到"嗒"的响声。再对齐燃油泵出油孔，将燃油泵安装做滤清器处。将泄压阀安装至滤芯器上，将护罩对齐安装位置用力按压，使其卡扣完全安装到位。

提示 由于燃油系统压力较高，护罩要是未完全安装到位会造成燃油系统泄压。

第五步：安装油位传感器。连接油位传感器线束连接器（需听到"嗒"的响声），再对齐油位传感器的二个安装导向孔后向上退传感器，使其卡到位（需听到"嗒"的响声）。

提示 油位传感器未安装到位会造成燃油表失真故障。

9 安装燃油滤清器总成。

第一步：将滤清器总成放置于油箱内，对齐安装孔，安装8颗固定螺栓，拧紧力矩为1N·m。

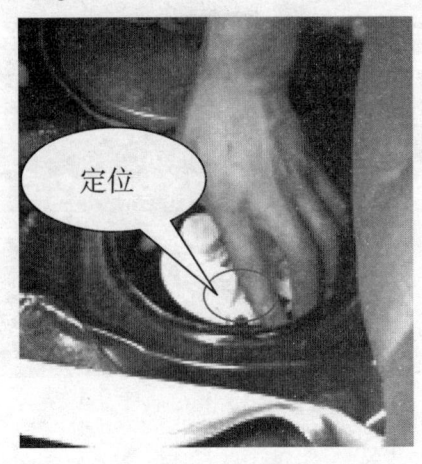

顶起位置7—发动机暖机、发动机暖机后、发动机停机后 任务11

第二步：安装燃油管及线束连接器。

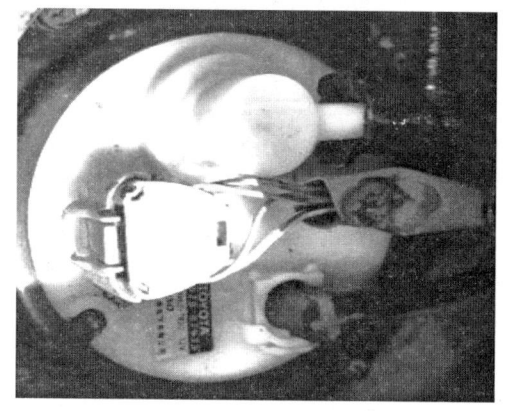

提示 出油管固定卡扣有正反面的区别，凸起的一面向上。

10 检查是否有泄漏。

起动发动机，检查发动机各工作状态，确认是否有油压不足的情况。

11 安装后排座椅。

确认座椅扣是否正常，如果有破损需更换，将后排座椅对齐安装孔后，用力向下按压座椅，直到"嗒"的响声。

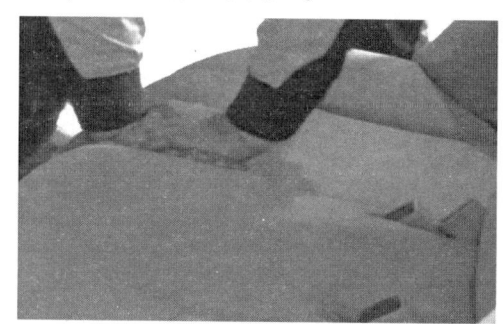

12 整理工位。

将汽油滤清器按要求处理，将灭火器放置于指定位置。

7. 尾气管

拆除尾气管。具体可参考任务3的相关操作步骤。

（四）举升准备

1 举升（OK锁止正常）（把车举到离地面10cm）。

2 检查车身安全（前）。

3 拆除车轮挡块（前）。

4 再次检查举升机支架和锁止。

5 举升（OK锁止正常）（举升到顶起位置8）。

第一步：当检查完所有的支架和锁止后，学生走到举升机操作台，检查车身周围是否有障碍物，然后喊"举升"（周围学生听到后则喊"OK"），当听到"OK"以后，此时学生先拉下锁止手柄，然后再按下举升按钮进行举升操作。

提示 每次举升或下降的时候，一定要喊出来进行示意，此时才可以进行举升或下降，并注意操作的安全性。

第二步：当车辆的举升高度到达超过人头顶10cm处时，可以停止举升，此时已经到达顶起位置8。

提示 先放掉锁止手柄，当听到"嗒嗒"两声的时候再放开举升按钮，停止操作。

七 考核标准

任务11 顶起位置7—发动机暖机、发动机暖机后、发动机停机后 考核标准表

顶起位置7［2/3、3/3］　　（注：汽车在地面位置）　　定期维护任务（共有28项）

考核时间：15min　　考核总分满分：28分

评分	考核项目	评分标准
	（一）起动发动机和发动机暖机期间	
左右	1. 轮胎螺母的再紧固	
√	（1）旋紧车轮（前）(103N·m)	工具选择不正确扣0.5分，力矩选择不当扣0.5分，操作姿势不当扣0.5分，用力方法不当扣0.5分，操顺作序不当扣0.5分，碰到车身扣1分
√	（2）旋紧车轮（后）(103N·m)	工具选择不正确扣0.5分，力矩选择不当扣0.5分，操作姿势不当扣0.5分，用力方法不当扣0.5分，操作顺序不当扣0.5分，碰到车身扣1分
	2. PCV系统	
	（1）检查PCV阀的工作情况	未用手摸检查两次扣0.5分，检查部位不正确扣0.5分，未检查扣1分
	（2）检查软管裂纹和损坏	未用手摸检查扣0.5分
	3. 发动机冷却液	
	（1）检查是否从散热器泄漏	未用手电筒，未用手摸检查扣0.5分

续上表

评分	考核项目	评分标准
	（2）检查橡胶软管是否泄漏	未用手电筒,未用手摸检查扣0.5分
	（3）检查软管夹周围是否泄漏	未用手电筒,未用手摸检查扣0.5分
	（4）检查（散热器盖）是否泄漏	未用手电筒,未用手摸检查扣0.5分
	（5）检查橡胶软管裂纹、凸起和硬化	未用手电筒,未用手摸检查扣0.5分
	（6）检查橡胶软管连接松动	未用手电筒,未用手摸检查扣0.5分
	（7）检查夹箍安装松动	未用手电筒,未用手摸检查扣0.5分
	（二）发动机暖机后（并运转）	
	1.自动变速器油	
	检查液位	挡位换置顺序不当扣0.5分,挡位换好后未报"OK"扣0.5分,油尺标线,注意油尺不上扬,机油加注量以油尺3/4上线,在抽出状态检查,否则扣0.5分,有液体滴落未清洁扣0.5分,读数错误扣1分
	2.空调	
	检查空调制冷剂量	未开空调扣0.5分,风速未最大扣0.5分,制冷未最冷扣0.5分,车门未打开扣0.5分,车门打开角度不一致扣0.5分,空调观察孔检查不到位扣0.5分,车门未关扣0.5分,空调未关扣0.5分,检查错误扣1分
	3.动力转向液	
	（1）测量液位	未将转向盘打到左边和右边的极限位置扣0.5分,打好方向后转向盘未回正扣0.5分,用手摇晃冷液罐扣0.5分,读数错扣0.5分
	（2）检查是否有液体泄漏	未用手摸检查扣0.5分

续上表

评分	考核项目	评分标准
	(三) 发动机停机后	
	1. 动力转向液	
	测量液位(检查与发动机转动时的差别)	未听辅助人员口令扣0.5分,未熄火扣0.5分,用手摇晃动力转向液罐扣0.5分,读数错扣0.5分
	2. 发动机油	
	检查发动机油位	油尺标线,注意油尺不上扬,机油加注量以油尺3/4～4/4为准,在抽出状态检查,否则扣0.5分,有液体滴落未擦扣0.5分,读数错误扣1分
	3. 气门间隙	
	调整气门间隙(气门间隙检查)	使用厚薄规检查和调整气门间隙
	4. 空调	
	检查空调制冷剂泄漏	未用手摸检查扣0.5分
	5. 发动机冷却液	
	(1) 检查冷却液液位(散热器)	用手摇晃冷却液罐扣0.5分,读数错扣0.5分
	(2) 检查冷却液液位(储液罐)	用手摇晃冷却液罐扣0.5分,读数错扣0.5分
	6. 燃油滤清器	
	更换	燃油滤清器更换操作,未换扣1分
	7. 尾气管	
	拆除尾气管	未用双手拆扣0.5分,盖子未拆扣0.5分,未复位扣0.5分

顶起位置7—发动机暖机、发动机暖机后、发动机停机后 任务11

续上表

评分	考 核 项 目	评 分 标 准
	(四)举升准备	
	(1)举升(OK锁止正常)(把车举到离地面10cm)	举升没报扣0.5分,车辆周围障碍物没检查扣0.5分,举升位置不到位扣0.5分
	(2)检查车身安全	前后车身安全未检查扣1分
	(3)拆除车轮挡块	挡块拆除没拆扣1分,未放置到位扣0.5分
	(4)再次检查举升机支架和锁止	支架安装情况未查,锁止未查扣1分
	(5)举升(OK锁止正常)(举升到顶起位置8)	举升没报扣0.5分,车辆周围障碍物没检查扣0.5分,举升位置不到位扣0.5分

任务12　顶起位置8—最终检查　顶起位置9—恢复/清洁

一　任务说明

本任务为顶起位置8和顶起位置9的作业内容。顶起位置8是对于车辆底盘任务的一次复检，而顶起位置9是最后的恢复和清洁工作，将车辆恢复到正常状态。

顶起位置8的作业内容包括：

(1)最终检查(发动机机油、制动器液、各更换零件)；

(2)举升准备。

顶起位置9的作业内容包括：

收音机、时钟、座椅、清洁车身内部、烟灰缸、防护三件套、翼子板布、前格栅布、所有工具设备清洁归位、工单填写等。

二　技术标准与要求

(1)所有的制动系统，必须无泄漏；

(2)所有更换过的零件，必须安装正常；

(3)车辆、工具、设备清洁整理到位；

(4)实训时间和考核时间均为10min。

三　实训教学目标

(1)了解顶起位置8和顶起位置9检查任务的重要性；

(2)掌握顶起位置8和顶起位置9任务的作业流程和操作方法；

(3)学会顶起位置8和顶起位置9中各个任务的操作，并能够在规定的时间内完成。

四　实训器材

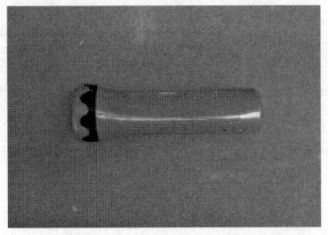

手电筒

翼子板布、前格栅布

其他工具及器材：防护三件套、纱布。

五 教学组织

1 教学组织形式

单人操作安排每辆车4名学生实训。双人操作则可每辆车安排8名学生，自行编排流程。

2 学生站位分工和要求

4名学生，一名进行操作前准备，一名进行操作，两名进行检查评分。

3 实训教师职责

（1）讲解操作任务的作业流程、操作步骤、技术规范和注意事项。

（2）组织、管理学生进行操作。

（3）在实训中进行检查、指导和纠正学生的错误。

4 学生职责变换

4名学生实行职责轮流变换制度，第一遍，1号学生操作，2号学生进行操作前准备，3号学生、4号学生进行检查评分；第二遍，2号学生操作，3号学生进行操作前准备，4号学生、1号学生进行检查评分。这样依次循环进行。

六 操作步骤

顶起位置8（举升器升起较高）：对检查过的部位、更换过的零件以及机油和油液泄漏情况，进行最后一次检查。

复查工作：

(1) 发动机机油；

(2) 制动液等。

（一）底盘（最终检查）

1 发动机机油泄漏。

操作：戴手套去触摸发动机的各部位，检查发动机处、机油滤清器处各个地方是否有机油泄漏。

提示 如果出现漏油现象，可以先用纱布把漏油表面擦干净，然后过一段时间再检查确认是否漏油。

2 制动液泄漏。

第一步：学生走到右前车轮处，检查右前轮的制动系统是否有制动液泄漏。

提示 如果出现制动液泄漏,可以先用纱布把漏油表面擦干净,然后过一段时间再检查确认是否漏油。

第二步:学生走到右后车轮处,检查右前轮的制动系统是否有制动液泄漏。

提示 如果出现制动液泄漏,可以先用纱布把漏油表面擦干净,然后过一段时间再检查确认是否漏油。

第三步:学生走到左后车轮处,检查右前轮的制动系统是否有制动液泄漏。

提示 如果出现制动液泄漏,可以先用纱布把漏油表面擦干净,然后过一段时间再检查确认是否漏油。

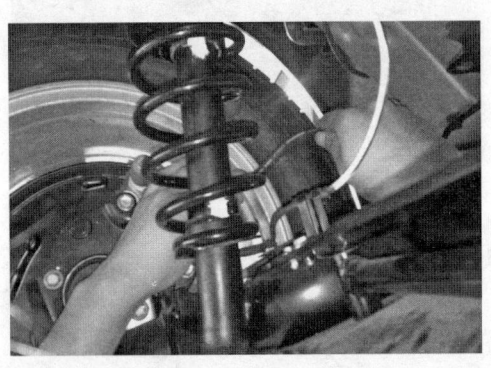

第四步:学生走到左前车轮处,检查右前轮的制动系统是否有制动液泄漏。

提示 如果出现制动液泄漏,可以先用纱布把漏油表面擦干净,然后过一段时间再检查确认是否漏油。

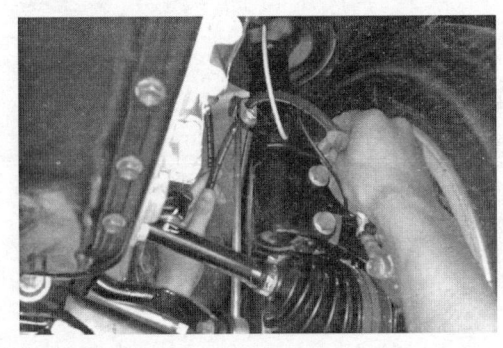

3 更换零件等的安装状况。

操作:检查发动机机油排放塞、机油滤清器等更换零件安装状态是否正常。

提示 如果安装不到位,则重新安装。

(二)举升准备

下降(OK锁止正常)(降到顶起位置9)。

第一步:当检查完所有的支架和锁止后,学生走到举升机操作台,检查车身周围是否有障碍物,然后喊"下降"(周围学生听到后则喊"OK"),这时操作的学生先拉下锁止手柄,然后再按下下降手柄进行下降操作。

提示 每次举升或下降的时候一定要

顶起位置8—最终检查　顶起位置9—恢复/清洁　任务12

喊出来进行示意,此时才可以进行举升或下降,注意操作的安全性。

停止操作,此时已经到达顶起位置9。

提示 当到达地面后,释放锁止手柄和下降手柄。

第二步:当车辆完全降到地面的时候可

顶起位置9(举升器未升起):清洗车辆的各个部分,然后进行车辆的其他维护工作。

恢复清洁操作:

(1)拆卸翼子板布和前格栅布;

(2)调整收音机、时钟和座椅位置;

(3)清洁;

(4)道路测试后,拆卸座椅护套、地毯和转向盘护套。

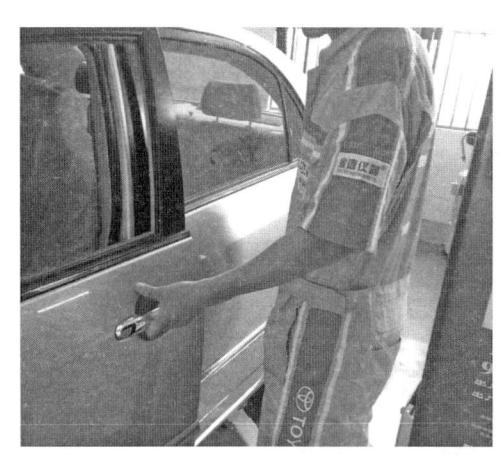

第二步:调整收音机,确定收音机能正常工作,并将频道记忆调整到原始频率。

提示 检查收音机,先打开收音机,然后再调节收音机的频率,检查其是否会收到信号进行播放。

1 调整收音机、时钟、座椅位置等。

第一步:学生从工具车上拿一块布,走到左前车门处,然后打开车门进入驾驶室,再关闭车门。

提示 此时学生左手打开车门,右手拿上布,也可将布放在后袋中。

第三步：调整时钟，确定时钟能正常工作，并将时钟调整到标准时间。

提示 注意调节时钟的时候，要将时钟的小时、分、秒等全部进行调整检查。

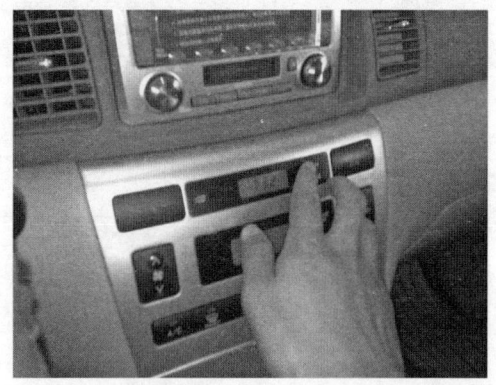

第四步：学生坐在座椅上，然后用手拉动座椅下面的调整杆调整座椅位置。

提示 操作时，用右手来拉调整杆，如果可以调节移动即可。

第五步：将座椅调整到原始位置。即顾客开车进行维护时的位置。

提示 此操作也可以在学生走出驾驶室的时候进行操作。

2 清洁车身内部、烟灰缸等。

第一步：用纱布清洁车身内部，所有在维护过程中接触过的地方都要清洁。

提示 清洁风窗玻璃下表面，还有驾驶室内的各个按钮，变光器开关、刮水器开关、顶灯开关、换挡杆、驻车制动杆等部件按钮。

第二步：打开烟灰缸并清洁烟灰缸。

提示

①车上烟灰缸一般有两个，为前排一个，后排一个，两个都要检查；

②检查时要把烟灰缸从车上拿出来，再进行观察。如果里面有烟灰，则要把烟灰倒掉。如果没有使用过，则清洁一下即可。

汽车钥匙：学生先升起车窗玻璃，再关闭点火开关，拔出汽车钥匙。

顶起位置8—最终检查　顶起位置9—恢复/清洁　任务12

提示 此操作为复位操作。此时一定要先升起车窗玻璃,再关闭点火开关,这一点不要忘记。

3 拆除转向盘套。

学生坐在座椅上面,将转向盘套从上往下拆除。

提示 转向盘套是由薄塑料制成的,极易破损。拆除转向盘时不要生拉,否则会造成转向盘套的损坏。

4 拆除座椅套。

学生从驾驶室走出来,从座椅背开始由上往下拆除座椅套。

提示 座椅套是由薄塑料制成的,极易破损。所以在拆除座椅套时,用力要均匀,拉齐端面后套装。避免因用力过大,端面不齐,导致座椅套损坏。

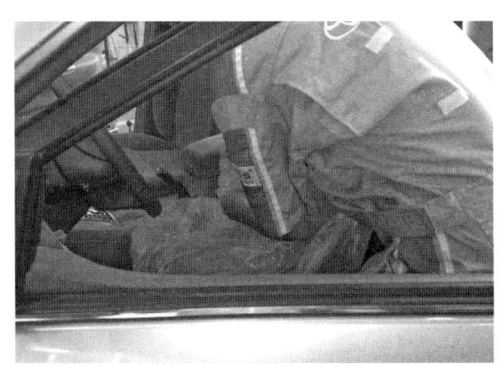

5 拆除地板垫。

学生将转向盘套和座椅套一起放在地板垫上面来拆除。

提示 拆除地板垫的时候,将地板垫对拆,要确保座椅套和转向盘套不要掉出来。

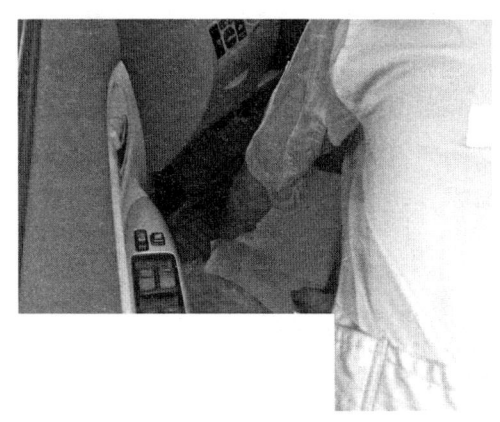

处理防护三件套:

拆除防护三件套后,拿出车外,关上车门。然后将防护三件套扔到废件箱中去。

提示 注意要进行分类处理。将座椅套、转向盘套扔到不可回收处,将地板垫扔到可回收处。

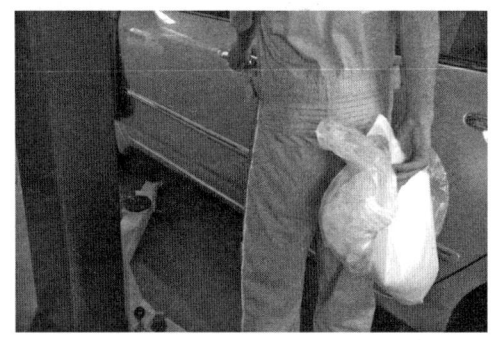

6 拆除翼子板布。

7 拆除前格栅布。

8 关闭发动机舱盖。

9 清洁车身。

学生从工具车上拿一块干净的布,来清洁车身。

提示 从车前方开始绕着车子擦一圈,主要清洁刚才手接触过的地方,特别是门把手之类的地方。

10 拆除举升机支架。

第一步：学生走到举升机左前支架处，然后单脚蹲下，双手推举升机支架。

提示 如果推动有困难，可以将举升机稍稍举高一点点。

第二步：学生用力推动举升机支架，将其推向正前方。

提示 此时回正的时候不要用太大的力，以防撞到立柱。

第三步：学生走到举升机左后支架处，然后单脚蹲下，双手推举升机支架。

提示 此时推支架是往前推，注意要有一定力度保证支架能推到前方。

第四步：学生用力推动举升机支架推向正前方。

提示 此时推的时候力不要太大，要轻轻靠上旁边的支架。

第五步：学生走到举升机右后支架处，然后单脚蹲下，双手推举升机支架。

第六步：学生用力推动举升机支架，将其推向正前方。

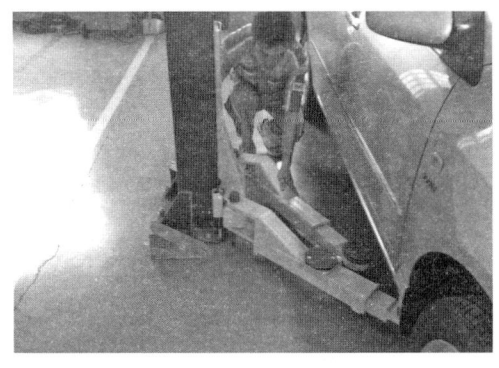

第七步：学生走到举升机右前支架处，然后单脚蹲下，双手拉举升机支架。

提示 在拉支架过程中，不要握支架上的调整块，以防止打滑。

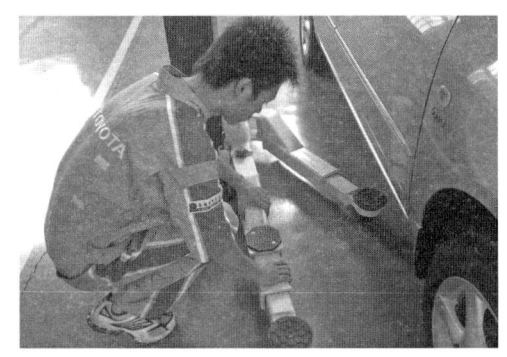

第八步：学生用力拉举升机支架并将其推向正前方，将前后两块支架都复位。

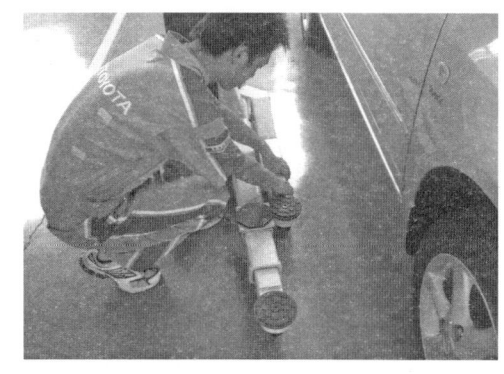

11 整理清洁所有设备工具。

操作：将所有使用过和工具清洁好，然后将其放回到工具车中原始位置，并将工具车和其他设备也全部清洁。

提示

①另外处理好一些废弃物。将所有废弃物进行分类，分别扔到不可回收、可回收、金属三个不同的废件箱中；

②最后填好所有的工单，然后走到黄线外面站好，操作完成后喊"报告：作业完毕"。

七 考核标准

任务12 顶起位置8—最终检查
顶起位置9—恢复/清洁 考核标准表

顶起位置8 [1/1] （注：将汽车举到过人的头顶10cm高度） 定期维护任务（共有4项）
考核时间：10min 考核总分满分：15分

评分	考核项目	评分标准
	（一）底盘（最终检查）	

续上表

评分	考核项目	评分标准
	(1)发动机机油泄漏	未用手电检查扣0.5分,未检查到位扣0.5分
	(2)制动器液泄漏	未用手电检查到位扣0.5分,漏检扣0.5分,未做扣1分
	(3)更换零件等的安装状况	未检查排放塞,机油滤清器扣0.5分
	(二)举升准备	
	下降(OK 锁止正常)(降到顶起位置9)	下降没报扣0.5分,车辆周围障碍物没检查扣0.5分,下降位置不到位扣0.5分

顶起位置9 [1/1]　　　　　(注:汽车在地面位置)　　　定期维护任务(共有11项)
考核时间:10min　　　考核总分满分:15分

评分	考核项目	评分标准
	(1)调整收音机、时钟、座椅位置等	未调节收音机扣0.5分,未调节时钟扣0.5分,未调节座椅扣0.5分
	(2)清洁车身内部、烟灰缸等	未清洁驾驶室内的各个按钮,变光器开关、刮水器开关、顶灯开关、换挡杆、手制动杆等部件按钮每样扣0.5分,烟灰缸两个少检查一个扣0.5分,烟灰缸未拿出检查扣0.5分,如有烟灰未倒扣0.5分
	(3)拆除转向盘套	未拆转向盘套扣1分
	(4)拆除座椅套	未拆座椅套扣1分
	(5)拆除地板垫	未拆地板垫扣1分
	(6)拆卸翼子板布	动作错误扣0.5分,掉落扣0.5分,叠放不整齐扣0.5分
	(7)拆卸前格栅布	动作错误扣0.5分,掉落扣0.5分,叠放不整齐扣0.5分

顶起位置8—最终检查　顶起位置9—恢复/清洁　**任务12**

续上表

评分	考核项目	评分标准
	（8）关闭发动机舱盖	轻轻放下,用双手在中间轻轻按下,否则各扣0.5分
	（9）清洁车身	清洁车身部位不到位扣0.5分,未清洁扣1分
	（10）拆除举升机支架	四个支架有一个没归位扣0.5分
	（11）整理清洁所有设备工具	三件套、油桶、滤清器、排放塞垫片、手套、抹布等废弃物未处理一样扣0.5分,设备工具有一样未归位扣0.5分